区域金融资源集聚的科技创新效应研究

潘 娟◎著

上海财经大学出版社
SHANGHAI UNIVERSITY OF FINANCE & ECONOMICS PRESS

图书在版编目(CIP)数据

区域金融资源集聚的科技创新效应研究 / 潘娟著.
上海：上海财经大学出版社, 2025. 8. -- ISBN 978-7
-5642-4746-1

Ⅰ.F832. 7

中国国家版本馆 CIP 数据核字第 20250BD188 号

□ 责任编辑　杨　闯
□ 封面设计　张克瑶

区域金融资源集聚的科技创新效应研究

潘　娟　著

上海财经大学出版社出版发行

(上海市中山北一路 369 号　邮编 200083)

网　　　址:http://www. sufep. com

电子邮箱:webmaster@sufep. com

全国新华书店经销

上海叶大印务发展有限公司印刷装订

2025 年 8 月第 1 版　2025 年 8 月第 1 次印刷

710mm×1000mm　1/16　15 印张(插页:2)　206 千字

定价:79. 00 元

前　言

伴随着全球经济一体化不断深入与科学信息技术的进一步发展,货币资金、金融机构、金融人力资源、金融信息资源等金融资源在地域空间范围内的运动更加广泛,在一些发达地区逐渐形成了金融资源高度集聚的情况,金融资源集聚已然成为当今"新时代"金融发展的必然产物。各类型金融资源往往受到区位、产业集聚带动、规模经济、信息溢出与共享等原因的共同影响,在不同作用机制下形成区域金融资源集聚;金融资源在集聚的同时,还会形成扩散与溢出效应,对周边地区形成辐射,从而带动区域乃至整个国家的经济发展,金融资源集聚已经成为现代金融发展的必然趋势与结果。

科技创新是转变发展方式、优化经济结构、转换增长动力、建设现代化经济体系的重要战略支撑。作为推动经济发展的动力来源之一,科技创新已成为衡量区域经济发展的重要指标,对于促进区域科技创新发展,带动区域产业结构转型升级,拉动区域经济增长起到至关重要的作用。当区域金融资源在空间上出现集聚并产生了集聚效应、辐射效应、溢出效应、空间关联效应等带来金融资源配置的优化及融资效率的提高,对区域内及周边区域的科技创新活动的开展以及科技成果的顺利转化提供了必要和有效的金融投入和支持,区域金融资源集聚水平、科技创新产出成果呈现相似的空间地理分布,这些因素必然导致区域金融资源集聚对科技创新发展效应结果的差异。为此,本书深入研究金融资源集聚的内涵与构成,阐释了区域金融资源集聚对科技创新的作用机制,构建了区域金融资源集聚水平评价体系,并在此基础上实证分析了区域金融资源集聚对科技创新的个体与时间动态效应、空间溢出与关联效应,提出了区域金融资源集聚的科技创新效应的对策。本书具体研究内容如下:

第一,本书揭示和分析了区域金融资源集聚的科技创新效应形成机制及影响因素。本书基于区域金融资源集聚的动因及形成机制,结合区域金融资源集聚的发展状况及表现形式,分析了区域金融资源集聚产生的经济效应,从集聚效应、辐射效应、溢出效应、空间关联效应四个角度对科技创新的形成机制进行了深入阐述,并对区域金融集聚的科技创新效应的一系列影响因素及可能产生的负效应进行了探讨。

第二,本书构建了区域金融资源集聚水平的测度评价方法和体系。本书通过将客观赋权与主观赋权方法相结合的组合赋权法,综合考虑主观与客观因素对区域金融资源集聚水平的影响,最终选定了基于最小离差和最大广义联合熵的最优组合赋权对传统 Topsis 法的改进的方法,并建立了相应的评价指标体系。

第三,本书结合我国金融资源集聚的发展现状,对区域金融资源集聚评价指标体系进行综合评价分析,利用综合评价结果,从时间与空间两个角度对我国区域金融资源集聚水平的时空演进特征进行分析,并从空间相关性、时空动态迁跃、空间关联强度方面深入分析区域金融资源集聚的时空演进特征。

第四,本书实证分析了区域金融资源集聚的科技创新个体与时间的动态效应与空间溢出和关联效应。运用面板交互固定效应面板模型,在设定个体和时间固定双向固定效应的基础上改进模型,从省域和四大经济区域视角分析区域金融资源集聚的科技创新个体交互效应与时间交互动态效应。在区域金融资源集聚的科技创新空间溢出效应机制与效应发展现状分析基础上,本书运用空间计量模型对区域金融资源集聚的科技创新空间溢出效应与空间关联效应进行实证分析。

　　第五,本书提出了提升区域金融资源集聚水平,促进科技创新发展的对策与建议。主要从完善金融资源集聚的需求拉动和供给推动机制,合理规划金融资源集聚区建设,完善区域间金融资源流动与整合,完善金融市场体系、优化金融生态环境,加强科技创新环境建设几个方面出发,提升区域金融资源集聚水平,促进科技创新发展。

目　录

第1章　绪论/001

1.1　研究的背景、目的及意义 /001

1.2　国内外研究现状 /006

1.3　研究内容和研究方法 /016

1.4　创新之处 /020

第2章　区域金融资源集聚的科技创新效应研究的理论基础和框架/022

2.1　金融资源的内涵和构成 /022

2.2　金融资源集聚及其时空特征 /028

2.3　科技创新效应的阶段和区域性特征 /041

2.4　区域金融资源集聚的科技创新效应研究逻辑与框架 /045

第3章　区域金融资源集聚的科技创新效应形成机制及影响因素/049

3.1　区域金融资源集聚的动因及形成机制 /049

3.2　区域金融资源集聚的科技创新效应形成机制 /061

3.3　区域金融资源集聚的科技创新效应的影响因素 /075

3.4　区域金融资源集聚对科技创新可能产生的负效应 /079

第4章　区域金融资源集聚水平的测度及时空演进/082

4.1　我国金融资源集聚的发展现状 /082

4.2　区域金融资源集聚的测度指标体系 /091

4.3　区域金融资源集聚水平测度方法与模型选择 /098

4.4　区域金融资源集聚水平的测度 /108

4.5　区域金融资源集聚水平时空演进特征分析 /118

4.6　区域金融资源集聚的空间关联格局分析 /131

第5章　区域金融资源集聚的科技创新效应差异性分析/136

5.1　区域金融资源集聚的科技创新效应测度指标与方法 /136

5.2　区域金融资源集聚的科技创新效应分析 /144

5.3　稳健性检验 /156

第6章　区域金融资源集聚对科技创新的空间溢出和关联效应分析/162

6.1　区域金融资源集聚的科技创新空间溢出效应理论分析 /162

6.2　科技创新的空间相关性检验分析 /168

6.3　区域金融资源集聚的科技创新空间溢出效应分析 /172

6.4　区域金融资源集聚的科技创新空间关联效应分析 /181

6.5　稳健性检验 /188

第7章　提升区域金融资源集聚的科技创新效应对策分析/191

7.1　完善金融资源集聚的需求拉动和供给推动机制 /192

7.2　合理规划金融资源集聚区建设 /195

7.3　完善区域间金融资源流动与整合 /198

7.4　优化金融资源生态环境建设 /201

结　论/206

参考文献/209

附　录/223

第1章 绪 论

1.1 研究的背景、目的及意义

1.1.1 研究的背景

1.1.1.1 金融资源集聚的趋势日益显著

伴随着现代科学信息技术的进步,全球经济一体化不断深入,国际资本、金融机构、金融人才、金融信息等金融资源在世界范围内的活动和交流愈加便捷与频繁[1],并在空间的流动和配置出现了由小范围到大集聚趋势迅猛发展的明显特征,金融业务及相关服务行业在集聚区内日益出现专业化、市场化、资本化的发展态势,且不断吸引着资金的流入,最终在一些发达地区的核心城市出现了金融资源高度集聚的状况。金融资源集聚已然成为当今"新时代"金融发展的必然产物,例如以伦敦、纽约、东京、中国香港等为代表的国际金融中心的形成。金融资源集聚已经成为现代金融发展的必然趋势与结果。根据 2019 年第 26 期"全球金融中心指数"(GFCI)报告,全球金融中心排名中,我国香港、上海、北京跻身前十,逐渐形成了亚太区域国际金融中心,呈现出良好的发展态势。值得注意的是,中国内地除了上海和北京外,还有深圳、广州、青岛、天津、成都、杭州、大连 7 个城市进入榜单,其中,深圳、广州排名分别上升 6 位、9 位,均进入全球金融中心 20 强。由此可以看出,随着我国经济现代化发展、金融改革的深化,以及互联网、大数据、云计算为主的信息技术的迅速发展,我国金融业得到了长足的进步,金融资源集聚区正在不断崛起,形成具有一定影响力的金融中心。在我国经济由高速增长阶段转向高质量发展阶段的攻关期,在贸易保护主义抬头的日益紧张的国际环境下,我国金融资源集聚的深化发展,国际、国家以及区域金融中心的建设承担着科技创新持续发展的金融支持的重任,承担着为经济发展提供强有力的金融支撑等更重要的任务,并带动区域以及周边经济的持续、快速发展。

1.1.1.2 科技创新是区域经济协调发展的关键

科技创新是国家创新驱动发展战略的核心,已成为"新时代"下国家创新体系不断发展的关键。十九届五中全会指出,在新一轮科技革命和产业变革深入发展的背景下,我国已进入高质量发展阶段的攻关期。虽然目前制度优势显著,治理效能得到提升,但同时也应看到,我国区域之间自然、经济、社会等条件差异明显,发展不平衡不充分等问题仍然突出,存在创新能力不适应高质量发展要求的状况。十九届五中全会提出改革创新是国家发展的根本动力,坚持创新在我国现代化建设全局中的核心地位,把科技自立自强作为国家发展的战略支撑,深入实施创新驱动发展战略,完善科技创新体制与机制,加快构建以国内大循环为主体、国内国际双循环相互促进的新发展格局,为实现高质量发展提供根本保证,同时继续坚持实施区域重大战略、区域协调发展战略、主体功能区战略,健全区域协调发展体制机制,构建高质量发展的国土空间布局与支持体系和区域协调发展的目标。近 5 年来,以习近平同志为核心的党中央更加重视制定和实施区域发展总体战略,提出并重点实施"一带一路"建设、京津冀协同发展、长江经济带发展三大战略,取得了显著的成效,整体协调的区域发展得到了进一步增强,呈现良好局面与发展趋势。当前我国正处在发展环境面临深刻复杂变化的重要战略机遇期,只有依靠创新引领才能实现区域经济优化发展,在区域发展中补短板、强弱项,建立更加有效的区域协调发展新机制,才能从中拓宽发展空间、增强发展后劲,实现全面协调可持续发展。

1.1.1.3 金融资源集聚对科技创新发展的重要作用日益凸显

区域经济协调发展离不开科技创新,科技创新是转变发展方式、优化经济结构、转换增长动力,带动区域产业结构转型升级,拉动区域经济增长,建设现代化经济体系的重要战略支撑。回顾科技发展的历史可以发现,每一次重要的科学技术革命所带来的财富增长,必然有金融的支持,科技创新活动的开展以及科技成果的顺利转化离不开金融的有效支持和投入。金融与科技创新是交融、互动和共生的,金融不仅促进了科学知识和技术发明转化为商业活动,而且使得金融资本获得了丰厚回报。时至今日,金融资源与科技资源的融合发展已被提升到前所未有的高度,金融资源的集聚所产生的集聚效应、辐射效应、溢出效应、空间关联效应等所带来的金融资源配置的优化、融资效率的提高、金融机构的产品和服务创新、金融风险的控制等优化与改进是否促进了科技创新的发展? 影响科技创新的机制是怎样的? 从目前国内外许多学者和专家的相关研究成果来看,金融资源集聚能提升科技金融发展水平,对科技创新有正向积极作用。但在实践中,由于我国地缘辽阔,资源分布不均衡,区域经济发展程度差异比较明显,金融资源集聚程度以及科技创新呈现相似的空间地理分布,区域金融资源集聚程度往往受到不同区域的经济发展水平、不同金融体系的结构性差异、信息不对称、交易成本、金融深化度等众多因素的影响,这些因素必然导致科技创新发展结果的差异。因此,为实现十九届五中全会提出的加快建设科技强国、完善国家创新体系、提升科技创新能力的高质量发展的要求,本书将深入研究区域金融资源集聚对科技创新的作用机制,加快提升我国区域金融资源集聚水平,实证分析区域金融资源对科技创新的区域差异与空间效应研究,这些研究对促进我国科技创新的进步与区域经济协调发展具有重要的理论和现实意义。

1.1.2　研究的目的及意义

1.1.2.1　研究的目的

本书旨在通过分析金融资源集聚的内涵、时空特征、动因、形成机制及形成模式深化区域金融资源集聚与科技创新关系的认知;通过建立金融资源集聚促进科技创新发展的作用机制,深入分析不同机制下区域金融资源集聚影响科技创新动态效应、空间溢出效应、空间关联效应的运行情况,揭示区域金融资源集聚影响科技创新效应的实现规律;在此基础上,通过实证分析和比较研究,探究区域金融资源集聚影响科技创新效应的内在的、本质的联系,为金融资源集聚促进科技创新的提升提供有效途径和方式,对区域金融资源集聚影响科技创新效应的作用机制的科学性进行验证;拓展和深化金融资源集聚理论,为我国区域金融资源集聚推动科技创新发展提供科学的指导;为区域金融中心的建设提供理论和经验证据的支持;为政府的相关部门制定政策法规等提供理论支持和依据,从而推动我国科技创新水平的不断提高。

1.1.2.2　研究的意义

(1)研究的理论意义

本书从金融资源、金融地理学、区域金融学等相关理论出发,对金融资源的地域空间运动规律进行了深入分析,分别从静态和动态两个角度出发,对金融资源集聚的内涵进行了界定和分析,为金融资源集聚促进科技创新发展的机制探究、实证路径的剖析以及影响机制的设计等奠定了理论基础。本书利用金融资源集聚的系统思维考虑区域金融资源集聚的成长变化,结合地理、经济、社会等因素构建金融资源集聚综合指标体系,探讨了区域金融资源集聚和科技创新的空间布局及其溢出效应、空间关联效应等相互作用,从新的视角探寻区域金融资源集聚影响科技创新效应的作用机制,为构建或优化科技创新的金融支持体系提供理论依据。本书运用组合赋权法、面板交互固定效应模型、空间计量回归模型,从省域、四大经济区域角度分别对区域金融资源集聚影响科技创新时空动态效应进行了实证分析,完善了金融资源集聚促进科技创新发展的理论,在一定程度上也为金融发展理论与金融创新理论的融合提供了思路,为区域金融中心和科技金融服务平台的构建等问题创新了研究的视角,丰富了区域金融资源集聚研究的理论方法。

(2)研究的实践意义

首先,本书对金融资源集聚的科技创新效应进行了研究,这有利于建立起金融资源集聚与科技创新体系的联动机制,发挥二者之间的动态相互影响,充分利用金融资源集聚的集聚效应、辐射效应、溢出效应、空间关联效应,促进金融机构、货币资金等金融资源积极主动为科技创新提供金融支持,缓解科技创新企业研发、科技成果转化等融资压力,降低金融风险,完善金融对科技创新的全方位服务,从而推动科技创新发展。

其次,本书的研究有利于区域经济均衡发展。本书从客观角度比较不同地区、不同阶段的区域金融资源集聚水平及时空发展趋势,对金融资源集聚区域差异产生的原因进行分析,结合区域自身优势与不足,寻找区域金融资源集聚竞争力低下的短板,提升该区域金融资源集聚水平;有助于区域政府、金融部门、相关行业协会等有效发挥相应的职能,完善区域金融资源集聚支持促进地方的科技创新产业化发展,通过科技创新发展带动地方产业结构优化升级,从而带动区域经济增长,这对于在新常态背景下加快完成我国"一带一路""振兴东北老工业基地""西部大开发""中部崛起"等区域经济发展的战略任务具有实际指导意义。

再次,本书的研究有利于国家创新型发展战略的实施。通过对区域金融资源集聚对科技创新个体与时间双向固定效应、空间溢出效应、空间关联效应的实证分析以及多层次金融集聚区的构建,实现金融资源体系的健康运作与发展、金融功能的优化升级和金融资源的有效配置,促进资金、金融机构等与科技创新企业的有效对接,全面提升科技创新水平,对构建区域科技创新体系,加强开放共享和高效利用,促进东、中、西、东北部区域协调发展战略的实施,加快建设创新型国家的发展战略,完成现代化经济体系的建设等重要任务都具有重要的实践意义。

1.2　国内外研究现状

1.2.1　国外研究现状

1.2.1.1　关于金融集聚及其效应的研究

(1)关于金融产业集聚的研究

"集聚"一词来源于产业经济。当产业发展到一定阶段后就会出现集聚的现象。19世纪90年代,马歇尔率先提出了"产业空间集聚"概念,从劳动力市场的集聚、知识技能生产技术的集聚产生溢出效应、专业化分工和服务水平的提升三方面阐述了其原因。[2]产业集聚的发展衍生出了金融资源集聚的雏形,代表着产业集聚的深化,表现为金融产业在特定空间内的集中与集聚产业密切的联系,但金融产业比普通产业要具有特殊性,所以金融集聚的内涵、动因与发生发展机制比产业集聚的每一项要复杂、广泛得多。因此,在产业集聚相关研究的基础上,国内外学者对金融集聚进行了阐释和界定。Kinderleberger(1974)第一次分析了金融集聚的内涵,他认为金融集聚是在产业集聚的基础上应运而生的,在他看来,金融服务、金融机构、金融创新的集聚并逐渐形成一定的经济规模后,对外就可以产生规模经济效应和空间外部性,进而引发更广范围的金融机构、金融服务和金融创新的聚集,这就形成了金融集聚。[3]David(1990)通过企业选址的角度分析了这个现象,他通过观察分析得出结论:金融机构一般会选择更靠近核心市场的地段,以便降低金融交易成本,共享人才及其他相关领域的资源。金融集聚已成为金融产业的一种固有特征。[4]Tschoegl(2000)的视角是规模经济,他认为产业集聚形成了规模效应并衍生出金融集聚,金融集聚也自然能形成规模经济效应,二者形成相互影响协作的效应,促进更广泛的产业集聚和金融集聚。[5]Sasse(2005)认为,通过金融产业大量集聚,在高素质劳动力、高质量的信息获取以及配套的商务服务等诸多因素的作用下,企业能降低成本,从而促进区域经济的发展。[6]Gehrig(1998)认为金融交易对信息极为敏感,信息量巨大、交流及时充分的地区是金融集聚的优选区域。[7]

(2)关于金融资源集聚的形成及动因的研究

金融资源集聚是由多种原因共同作用形成的,学者们从不同角度对金融资源集聚的动因进行了分析。Park(1985)从规模经济的视角进行金融集聚形成及动因的探索,他认为,在产业集聚的基础上,势必要增加金融服务的数量和质量,这就形成了初期的金融集聚形成规模经济,进而促进了共享区域内基础设施,降低交易运营成本,加强金融机构合作,促进行业间交流,形成国际金融集聚(中心)。[8]后来,Davis 与 Gallman(2001)对金融集聚动因进行了更深入的研究,他们指出,一个区域的金融市场越完善,区域内金融工具的效率就会更加提高,金融创新更容易。金融服务更能精准地为产业服务,各种生产要素流动周转得越快,金融集聚的形成和发展就越高效。[9]金融地理学家劳拉詹南(2001)关注到区域间金融资源的流动性是形成一定区域金融集聚的主要动因。[10]Bossone、Mahajan 和 Zahir(2003)认为地理位置的临近使得交易相关方可以创造和使用更多对信息敏感度高的金融产品,从而提供更恰当的服务,促进进一步的金融集聚。[11]Leyshon(1997)认为不同社会阶层的收入差别会引起的不同消费需求,进而会吸引不同金融机构进入,形成金融资源集聚现象。金融素养与金融文化等要素也会对本区域金融资源集聚(中心)的形成构成影响。[12]Porteous(1999)从金融地理学角度出发,认为信息流是形成金融业资源集聚的重要动因。[13]

(3)关于金融中心的研究

当金融资源实现高度集聚时,金融服务产业会以集聚形式发展,最终会形成金融中心。经济学家 Dufey 和 Giddy(1978)认为国际金融中心是指某一国家或地区金融机构与金融交易高度集中的地点,通常是由一国国内的主要金融中心,因优越的地理位置、便捷的国际通信网络扩张发展而成的。[14]Reed(1978)按照金融涉及的范围将金融中心分为全球金融中心、国际区域金融中心、国家金融中心、区域金融中心、地方性金融中心五类。[15]Kaufman(2001)通过大量的研究发现,中央银行所在地一般会形成金融中心,首都所在地也有这个情况,另外商贸中心、交通枢纽城市也是如此,这些可以归结为区位因素。[16]J. J. Woo(2015)通过划定和分析四个国际金融中心(IFCs)的政策制度,他认为迈向更清晰和更批判性理解社会政治关系是影响IFC发展的第一步。[17]Jan Fichtner(2016)以开曼群岛离岸金融中心为例,从银行、直接投资和证券投资三个主要角度分析了金融中心的作用。[18]Photis Lysandrou 等(2017)通过金德伯格对金融中心的经典分析以及最近的专业金融中心理论,建议金融中心部署歧视性商业惯例,以便与规模经济中心进行高度竞争。[19]Laura-Marie Töpfer(2018)等人从伦敦金融中心成为人民币离岸中心与人民币国际化的选择性制度进行了研究。[20]Xiaoyang Wang(2019)聚焦国际金融中心(IFC)的主要特征、范畴与政策体制,分析了上海成为国际金融中心的动态优劣势。[21]

(4)关于金融资源集聚效应的研究

Economides(1988)认识到金融资金倾向于在流动性较强的市场进行金融交易,但较高的市场进入成本会阻碍投资者进入流动性强的市场,投资者会向流动性较弱但成本低的市场扩散,这是集聚扩散双向效应的体现。[22]Park 和 Musa(1989)研究发现,集聚可以通过信息服务以及金融设备设施等实现有效共享,这种共享可以实现交易成本的降低,增强其合作的密切程度,进一步实现集聚规模效应。[23]Pandilt(2002)等人认为金融服务业的成长与新进入者的数量会受到集群效应的影响而增加,集聚又会自我发展,最终发展为金融中心。[24]Marius 和 Nicole 研究分析了特定的对象,即欧洲劳动密集型产业,其产业带来了金融部门的集聚,并且二者联系产生了强大且积极的生产效应。金融资源集聚本身具有一定的负面效应。[25]Gehring(2000)认为可以根据信息敏感程度,将金融交易区分为敏感型与不敏感型两类,敏感型集中于信息高度流通地区,不敏感型散布在周边郊区,此类机构对监管差异更为敏感,不利于金融资源的集聚。[26]Naresh 和 Gary(2001)认为金融集聚的作用体现为分散交易风险,当产业和金融集聚时,信息不对称的影响就下降很多,降低了交易风险。[27]

1.2.1.2　关于金融资源集聚的经济增长和科技创新效应的研究

(1)关于金融资源集聚的经济增长效应的研究

Martin 和 Ottaviano(1996)发现地区金融资源集聚的形成与地区的经济增长有关。[28]Beck 和 Levine(2000)认为金融制度越完善,金融集聚越能发展,并能促进经济增长。[29]Rioja 和 Valev(2004)也肯定了金融集聚与经济增长的共同发展关系,但指出二者并非线性关系。[30]Apergis 和 Filippidis(2007)进行了实证分析,对比了发展中国家和 OECD 国家的样本数据,得出金融产业集聚在相对落后国家促进经济增长的作用更明显。[31]Ye Changhua(2018)等人也用实证分析法进行了研究,研究发现金融资源集聚对中国城市化的影响具有地理区域差别,东部和中部地区的金融资源集聚对人口城市化和经济城市化都有较大的积极影响,而西部地区的金融资源集聚对人口城市化和经济城市化的影响很小。[32]

(2)关于金融资源集聚的科技创新效应的研究

学者们对金融资源集聚与科技创新的联系展开了大量研究。Audrestch 和 Feldman(2010)指出集群内部知识溢出带来的经验共享能促进科技创新发展。[33]Rousseau(1997)等学者将 GDP、科研人员与科研经费作为输入变量,学术出版物与专利作为输出变量,根据不同国家数据构建模型来分析国家科研投入,并评价产出的效率高低。[34]Hartmann(2003)和 Timmer(2003)研究了美国和韩国的高技术的创新效率,用 DEA 方法测量了两国企业的创新效率并给予了相应的分析。[35,36]Wang 和 Huang(2006)运用 DEA 的方法,选取以 OECD 为主的 30 个国家(自变量是各国 R&D 指标),测度了 30 国的 R&D 效率,并用回归分析控制外部环境因素的影响。[37]Gaoke Liao 等(2019)使用空间杜宾模型检验了互联网金融对区域金融资源配置效率的影响,研究发现,区域金融资源配置效率存在明显的空间集聚和溢出效应,发展互联网金融可以提高区域以及邻近地区金融资源配置的效率和技术进步。[38]

1.2.2　国内研究现状

1.2.2.1　关于金融产业集聚的研究

(1)关于金融产业集聚的动因研究

在特定的区域条件和金融资源下配置、组合、协调特定的金融机构及其相关企业,这种时空动态变动被称为金融企业集聚。[39]由于形成金融产业集聚的原因多重而且复杂,因此国内诸多学者从不同角度进行了阐述。黄解宇和杨再斌(2006)认为金融集聚的内在动因主要有不对称信息与默示信息、产业集聚的形成发展、金融本身的高速流动性以及空间外在性等。[40]丁艺(2010)认为金融业为了追求自身利润最大化必然要进行金融集聚。[41]王曼怡(2010)用规模经济理论、产业集群理论、区位经济理论和交易费用理论分析了北京金融产业集聚的动因,认为经济全球化的外在助推力、政府引导力、经济发展内在驱动力、总部带动力等是促进北京金融产业集聚的原因。[42]谭朵朵(2012)认为金融产业集聚是由外生动力和内生动力两个方面促成的,外生动力主要包括规模经济、市场机制、区位因素、人力资本和政策环境等因素;内生动力包括行业竞争、技术创新和知识溢出等因素。[43]赵建吉等(2017)研究发现金融产业集聚不同阶段的动因不同,政府支持与制度安排推动了金融资源集聚的起步,金融机构衍生是金融业集聚与集群化发展、快速发展阶段的重要内生动力,区域产业分叉是全面提升阶段的主导力量。[44]吴茂国等(2018)认为区域间资本流动加速,资源流动范围扩大成为金融产业集聚的重要动因。[45]王艳华等(2020)认为,对外开放水平、人力资源、信息流动、规模经济、政府行为等因子伴随着经济发展水平的提升,对金融产业集聚的空间格局影响逐渐凸显,而城乡居民储蓄、工业化水平等因子的作用却截然相反。[46]

(2)关于金融中心的形成和功能的研究

金融资源集聚是金融中心的基础,当金融资源集聚发展到一定程度后才能形成金融中心。张凤超(2005)认为金融支点是由于金融资源的运动而形成的,随着集聚水平的深化,金融支点会演变为金融增长极,而随着集聚水平的继续深化发展,金融增长极会演变为金融中心。[47]孙国茂等(2013)认为金融资源的聚集演化结果最终会成为金融中心,我国金融中心的形成主要由于政府的引导和制度造成的。[48]王宇等(2014)基于中国金融市场的特征,认为上海国际金融中心建设已成为我国金融中心建设典范。[49]陈祖华(2010)认为区域优势是国际金融中心形成过程中的重要条件。[50]周天芸(2014)运用区域金融中心发展指标进行实证分析,结果表明,从短期的角度看金融中心的发展和区域经济的增长之间的关系是单向的,但从长期来看,关系是双向的。[51]另有张明喜等(2016)、胡苏迪等(2017)对我国科技金融中心的功能、特征、发展状况等展开了深入研究,并借鉴国际经验,为我国科技金融中心的建设发展路径提出了建议。[52,53]

(3)关于金融产业集聚的效应的研究

刘红(2008)认为,金融资源集中的福利补偿效应和金融资源扩散的涓流效应是金融资源集聚的辐射效应,"市场拥挤效应"对地区经济增长具有负面效应。[54]韩霜(2010)研究发现,金融集聚的辐射效应和极化效应在金融资源集聚的过程中存在相互作用。[55]王有鸿和费威(2012)指出金融产业的效应可以通过集聚效应和扩散效应来实现。[56]赵晓霞(2014)认为,构建高水平的金融集聚区可以通过内部经济效应和规模经济效应的途径实现,而且高水平的金融集聚区能够推动地区经济发展方式的转变。[57]高小龙等(2017)研究发现,金融集聚对技术创新具有明显的促进作用,这些作用来自产业集聚效应、服务创新效应、信息扩散效应和人力资本效应。[58]张玄和冉光和等(2019)研究发现,金融集聚的初始时期,极化效应占重要地位,区域间的金融资源竞争激烈;随着金融集聚的发展,涓流效应作用显著。[59]

1.2.2.2　关于金融资源的构成和配置的研究

(1)关于金融资源的内涵的研究

金融资源的内涵与界定由我国学者白钦先率先提出,他认为"金融是一种资源,是一种社会资源,是一国的战略性稀缺资源",自此明确了"金融资源"的定性与定位。金融资源具备社会资源的属性,资源配置的手段体现了其特殊性,对金融资源进行有效配置并注重金融"生态",可以促进金融的可持续发展。[60]陆家骝(1998)从金融体系角度阐释金融资源,认为一个国家的金融体系即这个国家的金融资源。[61]崔满红(1999)对金融资源的属性进行了界定,认为金融是社会资财的货币化形态表现。[62]张荔等(2011)在前人研究的基础上,从当代经济金融的现实背景、金融的本质、一般资源属性与特殊资源属性、当代主流经济学的完善、当代金融学理论的结合、科学的金融发展观、量性金融发展与质性金融发展的统一、空间上金融资源的配置、金融可持续发展理论的基础几个方面对金融资源的内涵展开了全面而深入的分析。[63]高朋(2013)认为金融集聚是金融资源空间运动的静态结果。在他看来,金融集聚是金融资源在区位优势及其他优势条件下实现一定规模和集中度的动态演化的过程。[64]张清正(2015)则从金融资源角度出发,认为金融中心是由于市场和非市场的联系所形成的空间上聚集并相互合作与竞争、地理上高度集中的产业聚集体。[65]

(2)关于金融资源的构成的研究

白钦先将金融资源分为货币及货币本金的基础性核心金融资源、包括金融机构和组织在内的实体制度性中间金融资源、整体功能性高层性金融资源三个层次。[1]陆家骝(1998)认为金融资源主要由四部分构成,包括货币资产和货币制度在内的货币体系,金融机构、金融人员以及非货币金融资产,金融管理的组织与体制与金融意识。[61]崔满红(1999)将货币资源与资本资源分开,分别从制度资源与金融资源角度进行了阐述。[62]王认真(2018)从实体性硬件金融资源与功能性软件金融资源两个角度划分金融资源体系,认为广义货币资本和金融组织体系与金融工具的实体性硬件金融资源诸要素与功能性软件金融资源相互影响、相互作用,有利于金融功能的有效发挥。[66]

(3)关于金融资源配置的研究

金融资源配置受到金融功能与金融部门配置效率的影响,往往具有明显的"地理特征",在空间上呈现非均衡性分布,政府部门的协调与市场机制作用的发挥至关重要。[67]当然,政府的过度干预也会导致金融资源配置地区差异扩大。[68]何风隽(2010)认为金融资源的再配置功能在社会资源和自然资源的流动、分配、使用中发挥更重要的作用。[69]唐松(2014)从空间角度分析了金融资源配置对区域经济增长差异产生溢出效应。[70]王宇伟等(2018)研究发现,金融资源的行业错配与产权错配,导致我国2008年以来在较为宽松的宏观政策环境下金融资源被过多地配置到了资产增加值率和周转率较低的企业,因此提高金融资源的配置能力是降低企业部门债务风险的关键所在。[71]李宛聪和袁志刚(2018)从中国资产负债扩张的角度分析了中国金融资源配置模式的演变以及直接融资渠道与间接融资渠道对金融资源配置的影响。[72]杨友才等(2019)通过PVAR模型研究发现,金融资源配置效率对经济增长的贡献度最大。[73]孙英杰和林春(2019)对中国金融资源配置效率进行SYS-GMM计量分析,结果表明"互联网＋"对金融资源配置效率有显著的正向促进作用。[74]

1.2.2.3 关于金融资源集聚的经济增长和科技创新效应的研究

(1)关于金融资源集聚的研究

张凤超(2005)认为,伴随着金融资源向某一区域运动,在金融资源集聚水平不断提高的过程中,区域会出现主要包括金融支点、金融增长极、金融中心等不同的金融集聚等级。[47]闫彦明(2006)分析了各类金融资源集聚与扩散的内在规律,认为各类金融资源流动的结果形成了金融资源集聚区,最终导致国际金融中心的兴衰与演替。[75]丁艺等(2009)认为金融集聚是结合金融资源与地理条件下的协调、配置、组合时空动态变化过程。[76]张清正(2015)运用金融地理学的方法研究了金融资源集聚的问题,结果发现,我国中西部地区的聚集度远远低于东部地区,主要原因是中西部地区的经济发展水平落后于东部地区。[65]李延军和李海月(2016)认为促进区域金融资源的集聚的重要因素是劳动要素和政府支持。[77]张帆(2016)通过研究认为中国金融产业集聚呈现出集聚加强、集聚平稳和集聚减弱三个阶段性特征,经济发达区域的金融集聚效应明显,以北京和上海为代表的国际金融中心促进了本地金融资源集聚的同时,对周边省域的金融产业集聚也具有很强的辐射带动作用。[78]

(2)关于金融资源集聚对经济增长作用的研究

刘红(2008)发现金融资源集聚不但能使中心区的经济得到增长(途径是通过"循环累积因果关系"),而且还能刺激周边的经济增长。[54]周凯和刘帅(2013)研究发现,银行业集聚和实用外资集聚比证券业与保险业对中国规模以上工业企业经济效益产出具有更显著的溢出效应,更能促进经济增长。[79]黄解宇等(2015)从集聚的演进和资源的空间转移的角度研究了金融集聚与经济增长之间的关系,并用实证研究方法研究了金融集聚的中观机制、微观机制作用。[80]张克雯(2018)通过金融产业集聚与经济增长的双向互动关系模型研究发现二者具有相互促进作用,但这种促进作用的差异较为明显。[81]何宜庆和李政通(2019)从经济生态效率与要素投入角度研究了金融资源集聚与经济发展之间的关系,结果表明,经济发展不平衡的原因是由极化效应与涓流效应造成的。[82]

(3)关于金融资源集聚对科技创新作用的研究

金融资源集聚对于科技创新的支持作用是被广泛认可的。杨志群(2013)认为金融集聚提升了区域的金融发展水平,并进而推动了区域内企业的技术创新的发展。[83]戚湧和郭逸(2015)研究发现,我国区域间金融资源投入科技创新效率差异较大,我国科技资源市场配置的效率水平还较低。[84]王仁祥和白旻(2017)研究分析了金融集聚水平的测算,认为金融集聚对科技创新的效率产生了重要的影响。[85]张玉喜和赵丽丽(2015)从政府、企业、社会资本三个领域研究了货币资金投入对科技创新的影响效应。[86]潘娟和张玉喜(2018)从科技金融投入角度出发,分析了政府、企业、金融机构对科技创新效率的影响。[87]张玄等(2019)研究发现,民营企业生产技术进步可以通过增加信贷资本总额、改善融资环境带来的金融集聚实现。[59]王凯和庞震(2019)从银行、证券、保险对科技创新空间溢出效应角度分析发现我国金融集聚与科技创新存在地理空间分布上的正相关性和异质性。[88]张甜迪(2019)研究发现金融集聚系数高的地区对科技创新有着显著的促进效应,但金融集聚系数偏低的地区有逆向挤出效应。[89]郭文伟和王文启(2020)以粤港澳大湾区为例,从银行、保险业等金融子行业角度出发研究了金融集聚对科技创新的影响作用。[90]

1.2.3 国内外研究现状述评

通过对相关文献的梳理可知,国内外学者对金融资源配置理论、金融产业集聚的形成与发展问题、金融集聚对区域经济增长与科技创新问题、金融资源配置与区域创新能力问题等方面进行了一系列研究,并在金融资源概念的界定、属性、特征、发展阶段、表现形式、形成机制等方面取得了一定的研究进展,这些成果为本书的研究开展做了有益的探索和铺垫。相关研究主要存在以下不足之处:

其一,鲜有学者从金融资源的构成角度逐层分析金融资源集聚与科技创新的关联性,缺乏具体的省域、四大经济区域视角的区域金融资源集聚的科技创新个体与时间动态效应、空间溢出效应、空间关联效应分析。金融资源集聚的形成动因与机制众说纷纭,且仍没有形成系统的区域金融资源集聚促进科技创新发展作用机制的研究与分析,缺乏从金融地理学视角对区域金融资源集聚的时空演进特征分析。

其二,在研究对象上,目前学者较多关注以银行、证券、保险几个领域为主导的金融产业集聚,且大多采用行业数据或宏观总量数据,许多研究集中在金融行业的某项投入指标与科技创新体系中某个变量之间的关系上,比如创投风险投资、资本市场、金融支持投入等与科技创新专利申请数量、高新技术产品出口额等的关系,局限性较强。因为金融资源涵盖了金融机构、货币资金、金融人力资源、金融信息资源、金融文化与制度资源等资源构成要素,所以这些研究缺乏对我国区域金融资源集聚水平的全面综合评价。

其三,在实证方面,虽然不少文献实证分析了金融集聚对科技创新的影响、区域差异、空间溢出效应等,但由于金融集聚的衡量多用某一金融领域的熵指数作为指标,或集中于金融集聚对企业创新效率的影响分析,缺乏对我国区域金融资源集聚水平对于科技创新的不同发展阶段的影响的分析,因此具体影响情况仍然不得而知。同时,由于我国省域、地区之间差距较大,因此难以提出针对性更强的对策。

1.3　研究内容和研究方法

1.3.1　研究的思路

本书以区域金融资源集聚作为切入点,以区域金融资源集聚与科技创新作为研究对象,在梳理了国内外金融资源集聚影响科技创新理论研究的基础上,依照提出问题→分析问题→形成机制→评价分析→模型构建→实证分析→对策建议的路径对区域金融资源集聚的科技创新效应与运行机制展开深入研究。首先,回顾金融资源理论、产业集聚理论、金融地理学理论、空间经济学理论、科技金融理论等相关理论,阐述区域金融资源集聚的内涵、构成、特征、动因、效应以及形成机制,在此基础上分析区域金融资源集聚影响科技创新的作用机制及其他影响因素;其次,运用面板交互固定效应模型实证分析我国省域金融资源集聚对科技创新的个体与时间维度的动态效应影响;再次,运用空间计量模型实证分析区域金融资源集聚对科技创新的空间溢出效应、空间关联效应,考察我国区域金融资源集聚的时间动态性、空间流动性、溢出性等显著特征以及区域差异产生的原因,对区域金融资源集聚影响科技创新的实践提供相应的理论支撑;最后,根据实证结果和经验分析提出相应的政策建议。

本书研究框架如图 1.1 所示。

区域金融资源集聚的科技创新效应研究

⇩

研究背景、目的、意义
国内外研究现状分析

⇩

区域金融资源集聚的科技创新效应理论基础

⇩

理论分析　→

金融资源集聚的内涵和构成
金融资源集聚及其时空特征
科技创新效应的区域性特征

←　文献研究

⇩

区域金融资源集聚对科技创新的效应形成机制及影响因素

⇩

机制分析　→

区域金融资源集聚的动因及形成机制
区域金融资源集聚的科技创新效应形成机制
区域金融资源集聚的科技创新效应的影响因素
区域金融资源集聚对科技创新可能产生的负效应

←

区位理论
规模经济理论
极化涓流理论
信息腹地理论

⇩

区域金融资源集聚水平的测度及时空演进

⇩

评价分析　→

我国金融资源集聚的发展现状
区域金融资源集聚的科技创新效应测度指标体系构建
区域金融资源集聚水平测度方法与模型选择
区域金融资源集聚水平的测度
区域金融资源集聚水平时空演进特征分析
区域金融资源集聚的空间关联格局分析

←

最优组合赋权
Moran's I指数
引力模型

⇩

区域金融资源集聚的科技创新效应的区域差异性分析

⇩

区域差异
与动态效
应分析　→

区域金融资源集聚的科技创新效应测度指标与方法
区域金融资源集聚的科技创新效应分析

←　面板交互固定
效应模型

⇩

区域金融资源集聚的科技创新空间溢出和空间关联效应分析

⇩

空间效应
分析　→

区域金融资源集聚的科技创新空间溢出效应理论分析
科技创新的空间相关性分析
区域金融资源集聚的科技创新空间溢出效应分析
区域金融资源集聚的科技创新空间关联效应分析

←

空间滞后模型
空间误差模型
空间杜宾模型

⇩

对策建议　→

完善金融资源集聚的需求拉动和供给推动机制
合理规划金融资源集聚区建设
完善区域间金融资源流动与整合
优化金融资源生态环境建设

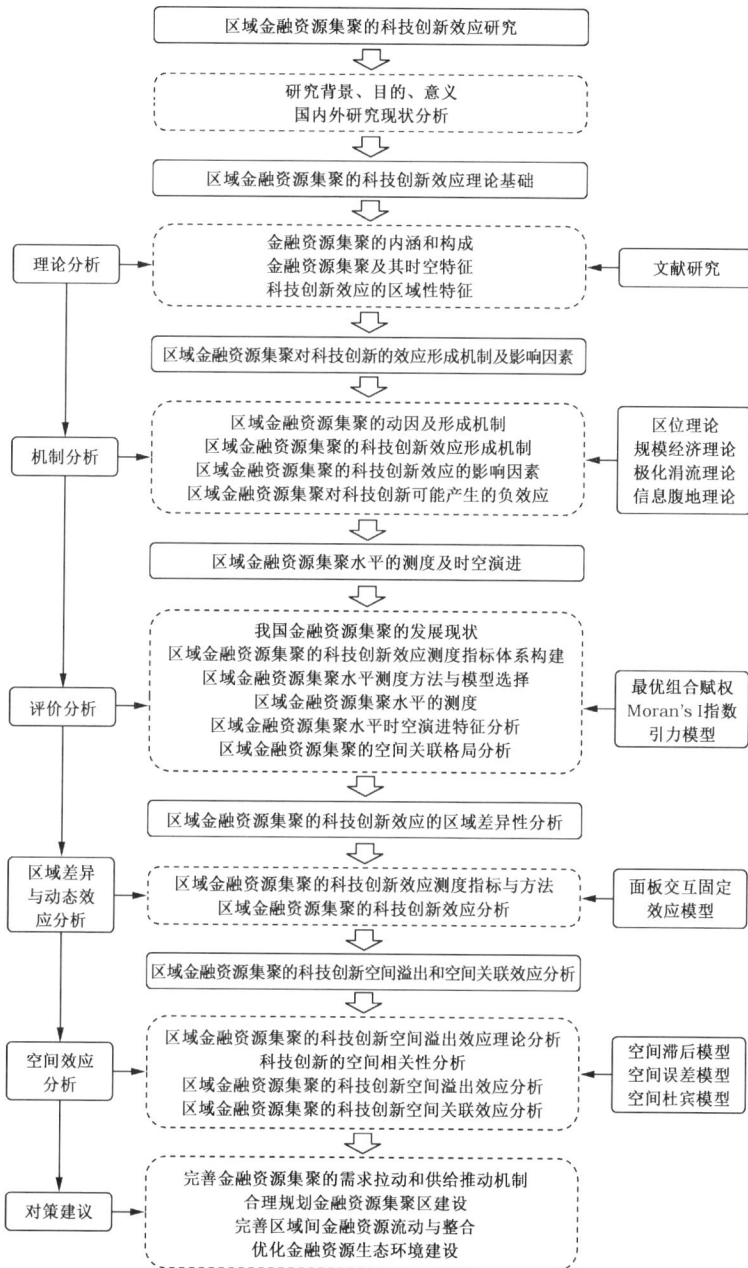

图 1.1　本书研究框架

1.3.2　研究主要内容

1.3.2.1　区域金融资源集聚的基础理论与框架分析

第一部分包括本书的第1、2章,该部分主要描述了本书的研究背景、目的和意义,提出了研究的问题,在对国内外研究现状详细阐述的基础上,介绍本书的研究思路、结构安排、研究方法、技术路线以及研究的主要创新点和难点。然后在相关文献研究的基础上,分别介绍了金融资源理论的内涵与构成,界定了金融资源集聚的内涵与区域的概念和范围,阐述了区域金融资源集聚的空间特征与时空演进特征。接着对科技创新主要从科技创新的阶段性、区域性特征进行了分析。最后对区域金融资源集聚的科技创新效应研究的逻辑体系、研究框架进行详细解析。

1.3.2.2　区域金融资源集聚的科技创新效应的作用机制分析

第二部分是具体作用机制的分析。第3章在对区域金融资源集聚的形成动因进行深度剖析的基础上,从供给推动机制和需求拉动机制两个角度对区域金融资源集聚形成机制进行了解析。本章还从集聚效应、辐射效应、溢出效应、空间关联效应四个方面深入分析了金融资源集聚影响科技创新效应的作用机制,并从政府、市场、科技资源状况、地区基础设施建设、对外开放程度等方面对金融资源集聚影响科技创新的因素进行了分析,进而提出了金融资源的过度集聚可能对科技创新产生负效应。

1.3.2.3　区域金融资源集聚水平的测度及时空演进分析

第三部分构建了科学的区域金融资源集聚发展水平的测度指标体系,第4章选用了由层次分析法构成的主观赋权法与变异系数法、熵值法、离差法、标准差贡献率法四种客观赋权法,运用基于最小离差和最大广义联合熵的最优组合赋权模型进行组合赋权,得出我国区域金融资源集聚的更合理的赋权值。同时,还对传统Topsis法进行改进,得出金融资源集聚程度的综合评价值,并对评价结果分别进行时序、空间演进特征、空间相关性以及空间关联格局分析,分析了我国区域金融资源集聚的空间特征。

1.3.2.4 区域金融资源集聚的科技创新效应实证分析

第四部分是对区域金融资源集聚影响科技创新的个体与时间效应、空间溢出效应、空间关联效应影响的实证评价。第 5 章根据本书的研究目的与数据分析情况,运用面板交互固定效应模型,对区域金融资源集聚影响科技创新个体交互效应、时间交互动态效应从省域与四大区域角度进行差异性对比分析,并从中找到区域金融资源集聚未能较好地推动科技创新发展的原因。第 6 章在区域金融资源集聚的科技创新空间溢出效应理论分析的基础上对科技创新空间相关性进行了分析。本章采用地理距离权重与空间关联权重分别进行空间计量分析,在对结果进行稳健性检验的基础上,对估计结果进行了细致剖析。

1.3.2.5 提升区域金融资源集聚的科技创新效应的对策分析

第五部分主要针对实证分析中发现的问题提出对策与建议,具体包括:完善金融资源集聚的需求拉动和供给推动机制,合理规划金融资源集聚区建设,完善区域间金融资源集聚流动与整合,优化金融生态环境建设,提升区域金融资源促进科技创新发展。

1.3.3 研究方法

1.3.3.1 规范分析与实证分析

本书在梳理区域金融资源集聚相关理论和研究成果的基础上,归纳总结了金融资源集聚的内涵、表现形式、动因、特征、效应、形成机制,对我国区域金融资源集聚影响科技创新作用机制进行了分析,对如何提升区域金融资源集聚水平、促进科技创新发展等给出了规范性的政策建议。本书还对我国区域金融资源集聚发展水平的测度以及区域金融资源集聚对科技创新的个体与时间的动态效应及空间溢出与关联效应进行了实证分析。

1.3.3.2 组合赋权分析

本书采用最优组合赋权方法,利用最小离差和最大广义联合熵的最优组合赋权模型,将主观赋权 AHP 法与熵权法、离差法、标准差法、变异系数法四种客观赋权方法相结合,得出最优组合赋权,优化改进传统 Topsis 方法,对我国区域金融资源集聚水平进行了综合评价分析。

1.3.3.3　面板交互固定效应模型分析

在区域金融资源集聚影响科技创新的作用机制分析的基础上,本书运用面板交互固定效应模型从省域和四大经济区域视角对我国区域金融资源集聚的科技创新效应进行了动态效应分析。

1.3.3.4　空间计量分析

本书运用空间相关性检验方法,对我国区域金融资源集聚与科技创新的空间相关性进行分析。本书引入地理距离权重、空间关联权重加权作为空间矩阵,构建了区域金融资源集聚的科技创新空间计量模型,分别从省域和四大经济区域视角展开区域金融资源集聚对科技创新的空间溢出与空间关联效应的实证分析。

1.3.3.5　多学科理论和方法的综合运用

本书综合运用了金融学、金融地理学、区域金融学、新经济地理学、科技创新等理论,深入分析了区域金融资源集聚影响科技创新效应机制。另外,本书运用多种综合评价方法、计量经济模型等实证分析方法评价了区域金融资源集聚影响科技创新效应的效果,实现了多学科的综合运用。

1.4　创新之处

其一,揭示了区域金融资源集聚的科技创新效应的形成机制。本书在区域金融资源集聚的理论分析的基础上对金融资源的构成要素进行了解析,从集聚效应、辐射效应、溢出效应、空间关联效应四个角度出发,揭示出区域金融资源集聚的科技创新效应形成机制,包括通过金融资源集聚产生的空间集聚、辐射效应、溢出效应、空间关联效应在规模经济效应、创新激励、融通资金、信息知识溢出和揭示、风险管理、便利交易等方面激发科技创新动力,提升科技创新效率,促进了科技创新发展。

其二,构建了区域金融资源集聚水平的组合赋权评价指标体系,并测度了我国区域金融资源集聚的水平。本书在货币资金规模密度、金融机构和组织密度、金融人力资源规模和结构密度、金融服务机构规模、金融基础设施和条件五大方面选取指标,选取 AHP 层次分析法的主观赋权方法与变异系数法、熵值法、离差法、标准差贡献率法四种客观赋权法,并运用基于最小离差和最大广义联合熵的最优组合赋权模型进行组合赋权,全面综合评价我国区域金融资源集聚水平。对区域金融资源集聚水平指数运用引力模型计算得出区域金融资源集聚的最大引力联结线,从空间角度分析了我国金融资源集聚的空间关联度。

其三,实证分析了区域金融资源集聚的科技创新效应的区域差异及时空动态效应。基于 2001—2018 年面板数据,运用面板交互固定效应模型,分别从省域和四大经济区域层面对我国 18 年间区域金融资源集聚的科技创新个体与时间交互效应的影响进行深入研究,并对比分析了各个省域的情况以及体现出的时空动态效应。

其四,实证分析了区域金融资源集聚的空间溢出与空间关联效应。运用空间计量模型,分别对我国 2001—2018 年间省域与四大经济区域金融资源集聚对科技创新的空间溢出效应、空间关联效应进行了空间自回归(SAR)、空间误差模型(SEM)、空间杜宾模型(SDM)分析,并对估计结果进行了比较。最后,进行了稳健性检验,验证了实证结果的可靠性与稳定性。

其五,提出了提升区域金融资源集聚水平、促进科技创新发展的对策架构。结合实证分析,本书提出应完善金融资源集聚的需求拉动和供给推动机制,以创新和经济发展需求决定金融资源集聚的方式、形态,金融供给侧改革和创新推动金融资源集聚发展,提高金融资源的集聚效应与辐射效应,完善区域间金融资源流动与整合,优化金融资源生态环境、创新环境建设等方面,着力提升我国区域金融资源集聚水平,推动科技创新的全面发展。

第2章 区域金融资源集聚的科技创新效应研究的理论基础和框架

2.1 金融资源的内涵和构成

2.1.1 金融资源的内涵

"资源"在新古典经济学中通常被认为是社会财富的本源。狭义的资源概念通常指自然资源,即一定的社会经济技术条件下人们所发现的有用途、有价值的物质。伴随着科技的不断进步与发展,现代经济学将资源范围逐渐扩大,形成了广义的资源概念——人们可以用来创造社会财富的各类自然要素和社会要素总和。[91]除了传统的资源分类,制度、知识、信息、政策、金融等都被划入资源的范畴,突破了传统资源经济学的范畴,逐渐形成新资源理论体系,实现了资源经济学的飞跃发展。

"金融资源"作为一个金融学的专有名词,最早是由比利时经济学家雷蒙德·戈德史密斯在其著作《资本形成与经济增长》中提出的。他在该书中分析了金融资源和传递渠道对经济增长速度和特征的影响,而后进一步指出包括金融机构的形式、性质及其相对规模、各种金融工具在内的金融结构即为该国的金融资源。[92]但戈德史密斯所提出的金融资源是狭隘的。国内学者白钦先明确提出了金融资源的定义,"金融是一种资源,是一种稀缺性资源,是一国最基本的战略资源"[1],崔满红、陆家骝、曾康霖、张荔、商庆军等诸多学者均对金融资源的内涵提出了自己的观点,得到了普遍的认同。随着现代经济日益高速发展,金融资源在层次、特征、功能、体系等方面都出现了很多变化。金融资源的范畴不仅包括货币资金、金融组织和机构、金融工具、金融人力资源,还包括金融信息资源、金融制度资源以及约定俗成的金融文化资源等,否则金融资源的内涵是不完善的。综合上述思想,本书认为金融资源是一种特殊的社会资源,它以经济资源为基础,包含各类金融资源要素与社会要素。金融资源兼具自然属性与社会属性,是具备社会资源配置功能的稀缺资源。

2.1.2　金融资源的构成

国内经济金融学者如白钦先、陆家骝、崔满红等对金融资源的构成进行了不同角度的深入论述,本书综合前人研究成果,立足于金融功能与本质特征,参照金融资源更广义的内涵,将金融资源分为以下几个方面。

2.1.2.1　货币资金与资本资源

货币资金与资本资源主要是指广义的货币资本,是金融资源构成中最基础的层次。[1]首先,货币是价值和使用价值的统一体,是人们对商品和服务的购买力的体现,货币具有交换媒介、贮藏价值、价格标准、清偿债务等职能,获得了一定的货币资金,即可获得一定商品和服务的支配权。其次,货币资本以货币资金形式存在,是产业资本生产循环过程的流通资金。再生产与消费后的剩余货币资金是金融活动产生和发展的前提条件。再次,货币资金是金融资源的微观基础,是金融资源活动的最基本表现,银行、证券公司、保险公司、创业投资公司等金融机构和金融市场运行均由货币资金运动联系起来。最后,金融体系对金融资源的配置也是建立在货币资金的利率引导及有效配置基础上的。

2.1.2.2　金融机构组织及金融工具

金融活动最直接的表现形式是货币资金的运动和借贷,货币资金的运动和借贷离不开金融机构、金融市场、金融工具、金融信息等载体。金融机构和组织主要包括各类银行和非银行金融机构。金融工具主要包括传统金融工具以及创新金融工具。一方面,金融工具作为货币资金运动的载体,需要借助金融组织体系提供的外部环境;另一方面,金融功能的发挥离不开金融组织体系与金融工具。实体性、制度性金融资源需要维持在一个合理的结构内,要符合经济发展的需要与趋势。

金融机构分为银行类金融机构和非银行类金融机构两大类,银行类金融机构主要有国有和民营商业银行,非银行类金融机构主要包括证券、保险、基金、期货、信托、支付清算等机构,还包括为金融服务的相关法律、征信、评估、会计、审计、信息服务等金融中介服务机构以及金融监管部门等。金融机构属于一种实体性金融资源,金融资源丰富地区,金融机构与其分支机构的数量相应较多,且比较密集。

金融工具是金融市场中交易的对象,亦称为"信用工具",是伴随着信用关系发展起来的,体现了债权人与债务人之间的借贷关系。根据国际会计准则委员会的定义,金融工具是使一个企业形成的金融资产,是金融资源运动与配置的对象。根据不同的种类,金融工具的流通性、风险性、收益性、偿还性等各方面也不尽相同,主要包括现代信用货币(纸币与银行活期存款)和有价证券(股票、债券、保险、商业票据、期货)等。现代经济体制下,金融工具属于广义范围的金融资产。金融市场是所有金融交易活动的总称,也是金融资源运动、配置的载体,为金融资源的运动、集聚提供交易场所。

2.1.2.3　金融人力资源

现代人力资源的含义首先是由管理大师彼得·德鲁克于 1954 年在《管理实

践》一书中加以明确的。人力资源是一种特殊的资源,经过有效激励和开发利用,其能为企业创造经济价值。英国经济学家哈比森认为,人力资源是不断积累的资本,是国民财富的最终基础,也是推动经济、社会发展的主动力量。金融人力资源即金融业从业人员,通常依附于各种金融机构和组织,其是金融资源的基础和根本,会随着金融资源的运动而发生转移。没有金融人力资源就没有金融业的持续、稳定、创新发展,伦敦金融城发布的报告表明,在国际金融中心的六大影响因素中,人力资源因素排名第一。人力资源通常跟随着金融机构的集聚、兼并、整合等发生流动,同时,金融人力资源的流动也具有一定的独立性。技术水平的不断进步为金融交易活动的跨地域开展提供了技术支撑,在一定程度上突破了传统地域的限制,金融资源集聚区内的人力资源也会随之呈现出向周边低成本地区转移的动态变化,实现金融人力资源的地域运动。

2.1.2.4　金融信息资源

信息资源涉及企业的生产与经营活动过程中所产生、获取、处理、传输、存储以及使用的一切信息资源,它广泛存在于经济、社会各个领域和部门,是人类社会信息活动中积累起来的、以信息为核心的各类信息活动要素的集合。在信息化技术不断发展的今天,各类信息资源呈现多样化发展的态势,数据量大概以每年 40% 的比例井喷式增长,2019 年全球数据量近 41ZB(1 个 ZB 等于 10 万亿亿字节),数据信息资源已成当今经济社会的重要资源之一。

金融信息资源是指组织和管理货币流通、各种金融证券交易活动、信用活动,以及资金结算过程中的指令、数据、消息、信号等,它广泛存在于金融机构、金融市场、金融服务机构、金融交易等各个环节,并伴随大数据时代的信息技术不断发展。金融信息资源通常具有纸质文件、书籍、电子数据、文档等形式。金融信息资源能够有效提升金融服务效率、强化对实体经济的服务能力,帮助金融机构更好地识别风险,降低金融服务成本,提升金融服务覆盖能力。[93]金融信息资源在互联网背景下以大数据、云计算、区块链、人工智能为主导的爆发式增长,深刻改变了传统金融行业。作为金融资源的重要组成部分,金融信息资源与金融数据、知识与信息的交互形成溢出与扩散效应,对推动区域金融业进一步完善与发展起到了重要的作用。

2.1.2.5 金融制度资源

制度是为人们的相互关系而设定的行为约束与规范,它能提供一系列规则减少交易成本费用和不确定性,以界定人们的选择空间和约束人与人之间的相互关系,促进生产及再生产活动。制度资源是较为宽泛的概念,它是人类社会的制度、体制、政策、规章等要素资源的总和,对人类社会的进步与发展起到促进与制约的作用。金融制度资源是一个国家和地区用法律的形式确立的金融体系结构,是制度资源的丰富与拓展,是金融体系有效运行的保障性资源,主要包括金融制度、金融政策、市场秩序、信用制度等要素。先进地域的金融制度创新模式、金融政策、法律法规等起到了良好的示范作用,必然会超出地域空间的界限,向落后地域扩散、传递和推广。[47]只有完善的金融制度保障体系才能保证金融资源的高效率流动与配置,进而实现金融整体的高效发展与融合。作为金融行为的制度性规范或契约,金融制度构成了功能性金融资源的组成部分。

2.1.2.6 金融文化资源

文化资源由"文化"和"资源"两个部分构成。广义的文化是指人类在社会历史实践中所创造的物质财富和精神财富的总和;狭义的文化是指社会意识形态以及与之相适应的制度和组织机构。可以说,文化属于一种社会资源,是人们劳动创造的物质成果及其转化[94],也是人们从事文化生活与生产的必备资料。

金融文化资源属于文化资源的一部分,包括在金融体系运行过程中各个金融机构开展金融活动所需的金融知识、良好的信用文化、创新文化、学习文化、合作文化、金融伦理等。金融文化资源是金融资源的重要构成要素,这些要素不是"金融"与"社会要素"的简单加总,它们是由地理人文因素长期积累形成,并在不同地域呈现较大的差异。金融文化是金融领域的一种共性文化思想的体现,可以反映人们在金融活动中的精神和理念,表现为人们经济与金融行为中所遵循的、约定俗成的交易习惯、信用道德意识、金融规则等"非正式约束"。金融文化在与区域的不断整合过程中根植于当地的社会文化当中。金融文化资源促使金融资源系统与经济系统相互协调,引导着人们的行为规范、思维方式、价值观念等,这会促进人们在一定的文化理念与界限标准下,把握住金融的核心元素,优化金融管理制度与经营理念,提高金融资源功能效率。

　　通过对金融资源的各个构成要素之间关系的综合分析,我们可以清晰地看出金融行为与各类资源要素的互动和关系,金融资源的各个组成要素并不是各部分的简单加总,而是各部分的有机组合与统一。货币资金与资本资源、金融机构组织及金融工具、金融人力资源均属于基础性的金融资源;金融信息资源依托基础性金融资源而产生,既相互影响又各自独立;金融制度资源对所有金融资源在制度、法律法规等方面进行约束与控制,在可控范围内规范其行为;金融文化资源在金融交易习惯、习俗中潜移默化地产生,可以形成独特的金融文化氛围,影响其他金融资源的发展。各类型金融资源的不断融合、合理配置,形成统一的金融资源整体,进而形成金融资源的综合体,从而大大提升整体金融资源的金融价值与功能,并在金融资源的运动与活动中体现出来。金融资源各个构成部分的相互关系如图 2.1 所示。

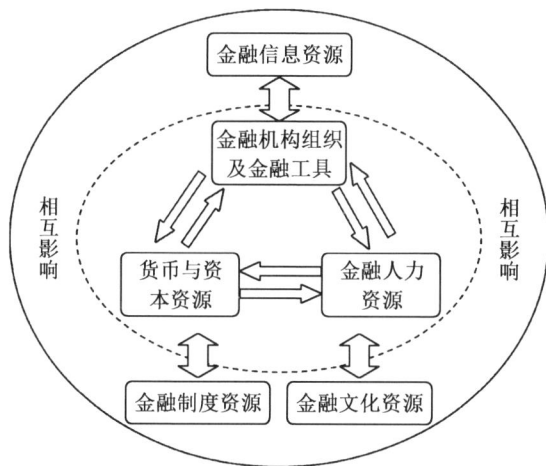

图 2.1　金融资源构成要素及其关系

2.2　金融资源集聚及其时空特征

2.2.1　金融资源集聚的内涵

金融资源集聚的内涵并没有清晰的界定,以往学者们较多地关注金融资源的某一个方面。金融集聚的最早提出者 Kinderleberger 认为金融集聚是指金融机构及其他金融参与者形成一定的经济规模效应和空间外部性,进而吸引金融机构大量进驻导致金融产业集聚。[3]丁艺[41]、谭朵朵[43]等学者均从银行、证券、保险三大行业入手分析金融集聚程度,他们认为金融集聚不只是金融产业扩大和发展的过程,同样也是金融产业和系统在其规模、结构、功能在时空上不断演进并与地理因素、文化环境以及其他行业相融合、作用、促进的结果。刘红(2008)从金融资源论角度阐释金融集聚,认为金融集聚的范围应更丰富和深刻,因此应在一定地域内金融产业密集系统变化的基础上,从企业规模、就业规模和产品规模三个角度来度量金融集聚。[54]张清正(2013)突破了金融集聚等同于金融产业集聚的局限观点,认可金融机构、金融产品、金融工具、金融人才等金融资源与地域条件的相互协调、配置、组合的时空动态变化。[65]

由以往学者们对金融资源集聚的相关研究可以发现,他们大多认为金融集聚核心是金融产业集聚,而金融产业集聚是在产业集聚发展到一定程度后逐步建立起来的。金融产业作为众多产业中的一类,其集聚属性同产业集聚具有相似的属性及过程。我们通过对金融集聚、金融产业集聚的内涵对比分析可以发现,金融集聚与金融产业集聚属于金融资源集聚的组成部分,金融资源的范畴较金融产业更为广泛,金融资源集聚的内涵要比金融集聚、金融产业集聚更为丰富和深刻。

金融资源集聚是静态与动态的结合(即金融业在某些特定区域达到一定规模和集中度的现象和状态),又是金融资源与地域条件协调、配置、组合的时空动态

变化。金融资源既包括货币资金、各类银行与非银行金融机构、金融人力资源等
金融资源流动的主体,也包括金融市场、金融工具、金融信息资源等无形的金融交
易活动的金融资源配置的载体。货币资金在不同区域间的财富分配格局和经济
水平差异会导致其在利率差异的作用机制下产生地域流动,寻求利益回报最大的
投资;以金融机构、金融市场、金融工具等为代表的金融资源跟随货币资金的流
动,在金融效率机制的作用下进行地域运动,引导这类实体性金融资源不断向利
率水平高、资金需求大的区域倾斜;金融机构设立分支机构、选址、兼并重组、规划
布局,金融人力资源依附于各种金融机构和组织,并伴随着金融机构的集聚、兼
并、整合等而发生一致的流动性特征;金融信息资源伴随着金融市场与金融交易
活动而溢出,并且由于先进的金融信息具有搜集、整理、加工、处理等服务功能,亦
会不断促进各类型金融资源在地域上集中。同时,先进地域的金融制度创新模
式、金融政策、法律法规等起到了良好的示范作用,必然会超出地域空间的界限,
向落后地域辐射、传递、推广,并向其他区域的金融意识、金融文化、金融管理经
验、职业素养等要素渗透、融合。以金融资源集聚的作用机制来看,金融资源各项
要素的地域运动是系统的、联结的,体现了整体性与一致性,是金融资源内部协调
和组织功能调整的必然结果。金融资源在地域空间上不断地集聚,最终形成金融
资源集聚中心。

　　综上,本书认为金融资源集聚的内涵可以从静态和动态两个方面进行界定,一
方面界定为一个相对静态和结果,另一方面可以界定为一个动态的趋势和过程。
金融资源集聚的静态结果是指货币资金、金融机构和组织、金融人力资源、金融信
息资源、金融制度和文化资源等要素最终在这一区域内形成一定的规模和集中度
的相对静止状态,此区域内的金融资源要素密集程度显著高于其他地区的平均水
平。金融资源集聚的动态过程是指金融资源在诸多动力因素驱使与作用下,在一
定地域空间内流动、聚集、组合、协调、整合,并且不断"嵌入"这一区域的经济、文
化、制度、法律法规、信用、金融基础设施与服务等社会因素中,进而在这一区域空

间内形成地域上金融资源高密度、系统性变化的动态的趋势和过程。

2.2.2　区域金融资源集聚的时空特征

区域的概念最先出现在地理学领域中,其后在经济学、社会学、文化学等众多领域逐渐发挥了重要的作用。目前,经济学界广泛接受的区域概念来自1922年《全俄中央执行委员会直属俄罗斯经济区划问题委员拟定的提纲》:一个国际领土范围内具有明显经济特征的完整地区。这里的区域内涵蕴含着经济区特征,在地域空间范围内具有一定经济功能。金融资源是有限的,区域金融资源也具有显著的空间属性,表现为一个相对完整的地理单元,无论是货币资金、金融机构、金融工具,还是金融制度与文化等类型的资源都是以空间为单位存在与发展的。因此,本书研究的区域主要是依据经济发展程度、市场化进程、经济政策推行实施范围以及可操作性所划分出的各省区等行政区域以及东部、中部、西部和东北地区四大经济区域。省区行政区域是中央政府对地方宏观调控、经济管理的一个重要的地域层次和单元,中央政府可通过行政权力向省级地方政府推行相应政策、法律、法规等制度性资源,各个省域发展具有相对独立性;四大经济区域是以四大经济带为基础的地域层次和单元划分,各区域在经济发展过程中逐渐具有了相对独立的经济利益单元或主体,经济区域内部经济与社会联系相对紧密,存在合理分工与协作高度依赖,同时又存在激烈竞争,对外表现为相对独立的经济形态和系统。[95]不同区域及其与周边区域之间不断地进行资金、劳动力、信息等各种资源要素的运动与流转,其内涵、层次性、功能的特殊性也决定了不同区域的金融资源在集聚过程中具有重要的时空特征。

2.2.2.1　区域金融资源集聚的空间特征

(1)金融资源集聚的空间非均质性

金融资源在区域空间的分布存在着密度上的差异,呈现出非均质的特征。新经济地理学派的代表保罗·克鲁格曼对空间区位的动态均衡展开过研究。黄家骅

(2010)认为"人为性""移动性""软环境"相对于"自然性""沉淀性""硬环境"等要素禀赋的动态变化推动了非均质空间经济的动态演进,对于金融集聚或扩散具有更重要的作用。[96]经济的非均衡发展导致金融资源区域差异越来越显著,货币资金在利率与市场机制的引导下由周边落后区域向经济发达区域流动;金融机构和组织跟随货币资金流动而布局选址,增设分支结构;金融人力资源伴随着金融机构分支机构的设立、金融市场交易的活跃等需求参与货币资本的地域运动;区域金融信息资源在金融交易与活动中大量溢出,形成信息腹地;金融文化与金融制度等资源伴随金融机构、金融人力资源的集聚运动形成集聚区内独特的金融文化氛围并与当地社会文化融合。金融资源集聚区域内,货币资金、金融机构和组织、金融人力资源等在经济发展空间集聚效应和惯性作用下,在地域演化上愈来愈具有集中趋势,集聚区域内各类金融资源的密度远远超过周边区域低密度区域,从地域空间角度来看,金融资源地域之间呈现出非均质性特征。

(2)金融资源集聚的空间层次性

货币资金、金融机构、金融人力资源、金融信息资源等不同类型的金融资源引起自身的特征、运动方式的差异而导致其运动的速度与规模等产生地域性差异,呈现非均衡性和非连续性分布,进而形成了金融资源集聚分布呈现不同的空间层次性,表现出显著的差异化特征,不同层级的金融资源集聚区域承担着不同的金融功能。

金融资源集聚空间分布层次根据不同的因素,大体划分为各个层级的金融中心、经济区、省域内的金融资源集聚区、区域内的金融集聚区或金融功能区,它们各自在不同的空间区位和层次上发挥不同的作用。

首先,各层级金融中心,例如国际金融中心、国家金融中心,是金融体系的枢纽,在一定区域范围内发挥着金融体系的重要作用及功能,帮助货币资金、金融人力资源、金融信息等资源在全国范围内甚至世界范围内流动。

其次,经济区、省域内的金融资源集聚区主要由一定区域范围内的金融资源集聚运动促成,最后形成经济区或省域金融资源集聚区。例如我国以西安、重庆、成都为中心打造的中西部金融资源集聚区等。

再次,区域内的金融集聚区或金融功能区,这是以金融小镇、金融街、金融产业园等形式为代表的微观层次。其主要表现为金融资源在城市某个特定区域聚拢和集中,例如西安的中西部陆港金融小镇、北京金融街等,主要服务于省内、城市内部金融需求。金融资源集聚在空间不同分布层次之间有明显的差异性,各个层次之间的金融资源流动是双向存在的,且相互促进、影响。金融资源集聚区的不同层次结构逐渐成长发展,在一些城市、区域、国家乃至全球逐次递进,形成立体空间金融资源集聚联结网络整体,在各自不同的层次发挥不同的金融功能与效应。

(3)金融资源的区域间流动和整合

货币资金、金融机构和组织、金融工具等不同类型的金融资源在帕累托最优效率的改进机制作用下,总是遵循"看不见的手"的指挥和引导,在地域间不断地进行流动、配置与组合。[47]这个变化必然促使货币资金、金融机构和组织由落后地区流向投资回报率较高、区位和条件优越的核心区域集聚运动,从而带动金融人力资源向集聚区运动,形成金融信息资源的大量集中,从而吸引更多的金融交易主体进入集聚区。此过程会产生大量的金融人力资源需求,从而吸引金融人才在区域间不断地流入集聚区,形成区域间金融资源的流动。区域内集聚的大量金融主体与各个机构相互合作、相互依存,取长补短、互相协调,在区域间流动、转移,不断整合,并在不同层次空间出现单极的金融中心和多维的金融腹地,形成空间关联,具备了显著的金融系统性特征,进而演化成为一个有机整体。

(4)金融资源集聚的空间辐射性

法国经济学家佩鲁认为各地区经济增长并不是均匀分布的,而是通过"增长极"的形式以不同的强度出现的。"增长极"的增长迅速并通过不同的强度辐射周围地区,带动周边地区共同发展。[83]金融资源在各个层级的金融资源集聚区达到了一定的集聚程度后,会在空间网络中,由中心腹地向周边落后地区辐射。

2.2.2.2　区域金融资源集聚的时空演进特征

(1)金融资源集聚的极化演进性

金融资源的集聚运动是一个动态的、极化演进的过程,在空间地域分布上呈现明显的非均质性。佩鲁的"增长极"理论可谓金融资源"极化"的理论基础,该理论认为,一定的经济部门或产业空间在一定时期起到了支配和推动作用,促使金融资源集聚逐渐出现了极化演进特征。[97]金融资源集聚的极化演进发展体现了时间序列的顺序与阶段,也是金融资源集聚的传承与深化,最终实现金融资源集聚的最高级阶段和形式。当货币资金、金融机构集聚达到一定程度时会形成规模经济效益,大大降低企业融资成本,提高金融市场交易效率与投资回报率,在此过程中,金融信息资源在核心集聚区大量溢出,企业、金融机构、客户为更便捷迅速地获取金融市场信息源而向集聚区运动,相应地,金融人力资源规模伴随着金融机构的集群落户、金融市场交易的活跃快速上升,逐渐形成自我强化机制,强化了金融资源的吸聚力,从而吸引周边区域大量的金融资源不断流入核心地区,进而出现极化演进效应,进一步推动了金融增长极的发展,最终形成金融中心,成为金融资源集聚极化演进发展的典型代表和最高级形式。

(2)金融资源功能的优化演进

从金融功能角度看,金融资源集聚的过程同时也是金融功能不断丰富与演进的过程。金融功能的发挥通常以金融机构作为主要载体,在金融资源集聚发展的初级阶段,伴随金融资源集聚的层次和水平不断上升,大量的金融机构和组织、货币资金、金融工具、金融人力资源等不断涌入金融腹地,金融信息资源不断溢出。虽然金融资源各构成要素之间存在较大的异质性,但多元化、多主体、高效率金融市场交易的要求改变了原有单一化的金融功能,不同的金融机构和组织通过集群形式交易,金融功能不断演化与发展。金融资源的集聚不仅是金融资源数量的增长,更是金融资源在质量方面的提升,是数量和质量共同成长的动态过程。量的成长表现为金融机构数量的增加、规模的扩大、产品种类的丰富化、服务的多元化等。质的增长表现为各类型金融资源的整合,并与区域金融文化与制度融合,成为有机整体的过程,体现为金融资源各项功能的不断优化与改进。正如 Merton、Robert C. 和 Bodie Zvi 所说,"金融机构的形式随金融功能而变化,金融功能比金融机构更为稳定"。金融功能是伴随着金融资源集聚的不断深化发展而逐步演进的,金融资源集聚发展的过程可以理解为金融功能逐步显现、扩展、提升、深化的演进过程。[98]尤其是自 20 世纪 70 年代后,随着知识经济时代的到来,计算机网络技术为金融功能的进一步高级演进提供了技术支撑,金融功能借助现代化的金融基础设施、金融工具、金融手段和方法等,得以全面优化升级演进,金融资源的功能伴随各类型金融资源的不断集聚发展,在由初级到高级、由简单到复杂的时空演进过程中不断优化,向更高层次的金融功能演进发展。

(3)金融资源集聚时空演进的多样性特征

金融资源的集聚不仅是不同类型的金融资源的简单组合,更具有复合性与多样性的特征。金融资源在不同地域具有不同的禀赋差异,在诸多动力因素的推动下,各类型金融资源运动的方向、强度、速度、规模等必然会呈现出较大的地域差异,客观上导致金融资源各要素在时空演进与地域运动中呈现差异性和层次性特征。通常情况下,货币资金、金融信息资源、金融人力资源地域间流动性较强,而金融机构,尤其是金融制度资源、金融文化资源的流动性相对较差。

第一,货币资金通常受到利率水平的影响。经济发展水平较高、产业发达、投资回报率较高的地域对货币资金具有较大的吸聚力;金融人力资源通常伴随着金融市场的繁荣与发展、金融机构及其分支机构的设立而呈集聚式上升;金融信息资源在信息腹地出现大量溢出后,能依托电话、互联网等发达的通信基础设施,更为便利地实现跨区域的流动,此类型金融资源在地域间流动所受限制较少,流动性相对很强,流动效率较高,较易出现跨区域流动与转移。

第二,金融机构运动一方面通过集中开设分支机构开展金融相关业务,从而实现了金融机构和组织的地域运动;另一方面,当金融资源不断集聚,金融功能随之不断丰富与演进,单一的、少量的金融机构已经不能满足金融市场的需求,金融机构出现集群式发展,金融创新与金融产品亦随之呈现出多样化的快速发展倾向。当集聚核心区金融机构竞争激烈,集聚达到一定程度后向周边地区扩散,金融机构向周边设立分支机构,因此,金融机构的地域流动性相对较强。

第三,金融制度资源与金融文化资源的地域运动性较差,二者的地域运动实质上是通过对先进地区的金融制度与金融文化的学习与借鉴等途径实现的,新制度的推广与实行虽然往往是依靠政府行政手段实施的,但极有可能发生"水土不服"的现象,与本地原有制度与地域特色发生冲突与对抗;金融文化资源是人们在金融活动中所遵循的约定俗成的交易习惯、金融规则等"非正式约束",而这种金融文化理念的形成通常根植于当地社会文化之中,是一个长期的不断融合与演进的过程,因此,金融制度资源与金融文化资源通过学习、借鉴、融合等方式进行地域空间的运动是缓慢的成长过程。

2.2.3　区域金融资源集聚的发展及表现形式

2.2.3.1　区域金融资源集聚的发展阶段

金融资源集聚伴随着区域经济的发展而发展,具有明显的阶段性特征。金融资源集聚实质是金融效率在整个区域内的空间调整和提高,影响了区域金融资源集聚发展的进程与阶段。中国香港作为国际金融中心,目前仅次于纽约与伦敦,排名世界第三,在世界经济中发挥了举足轻重的作用,香港金融中心演变发展的历程是金融资源集聚区发展的典型实例。本书以香港国际金融中心发展历程为例,根据目前金融资源集聚、发展、整合的发展过程,按照生命周期的理论观点,将金融资源集聚划分为以下四个阶段:金融资源集聚产生阶段、金融资源集聚整合阶段、金融资源集聚成熟阶段、金融资源集聚溢出阶段。以上每个阶段都具有显著的不同特点,发挥着不同的金融功能和作用,具体如图 2.2 所示。

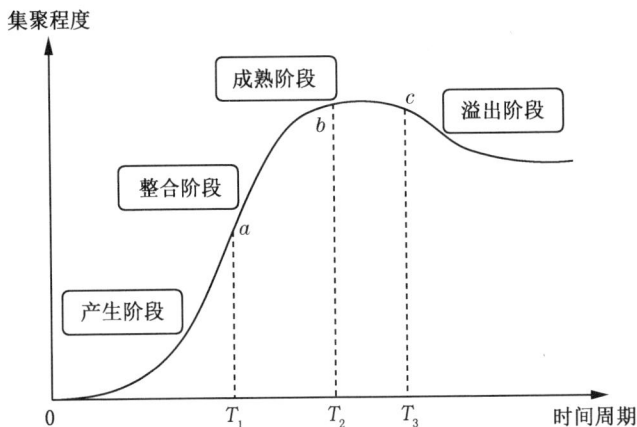

图 2.2　金融资源聚集发展阶段示意图

（1）金融资源集聚的产生阶段

在这一阶段，金融资源地域运动首先对集聚区进行定位和选择，在选定区域内，金融货币资金、金融机构与组织、金融人力资源、金融信息资源、金融中介服务机构等在规模和数量上出现相对集中趋势，金融系统的服务质量与交易运行效率也相应地提升与改善。此阶段中，由于经济发展水平较低，生产条件落后，基础设施不健全，整体金融资源规模有限，金融机构、货币资金等在数量和规模上出现了相对密集态势，但仍然无法形成规模经济效益，也并没有实现各类型金融资源的整合、协调，金融资源集聚的效应尚不显著。图 2.2 中，此阶段 0—a 段曲线凸向横轴，表示金融资源集聚水平不断提升，并且呈递增速度在增加。

20 世纪 50—60 年代，中国香港处于金融资源集聚的产生阶段。1950 年以前，作为贸易往来的自由港，香港因便利水路交通运输成为亚洲航运与贸易中心，通过转口贸易为主为经济腾飞奠定了基础。60 年代，香港开始了工业化进程，香港经济在工业化的基础上起飞，并开始有大量外资金融机构进驻，它们通过与本地银行合作或收购银行的方式在香港开展业务。60 年代后期，香港的股票市场一改低迷状态，1968 年香港股市的全年成交额超过 9 亿元，是 1967 年的 3 倍之多。70 年代,在港的财务公司高达 2 000 余家。股市的繁荣吸引了大量的货币资金与金融机构和组织,形成了金融资源集聚的初级阶段。

(2)金融资源集聚发展的整合阶段

在这一阶段中,货币资金、金融机构、金融人力资源等金融资源要素快速向特定区域集中,当金融资源的规模与数量达到一定程度后,各类型金融资源之间不断整合,金融的人力资源、财力、中介服务机构等各类型金融资源与所在区域的金融制度、金融文化等社会因素不断融合提升,金融资源的集聚随即进入整合阶段,金融业运行效率不断提升,金融资源集聚带来的经济效益逐渐体现出来。由图 2.2 可见,金融资源集聚发展阶段(a—b 段),仍然保持持续上升态势,这说明金融业的规模和数量仍然呈现较大幅度的增加,但金融资源集聚水平上升的速度呈现递减趋势。

20 世纪 70—80 年代,香港金融资源集聚阶段处于整合阶段。1973 年的股市暴跌给香港经济造成了巨大冲击,香港为了稳定金融体系与金融市场出台了《证券条例》《保障投资人士条例》《收购及合并守则》和《接受存款公司条例》,1974 年香港证券交易所联会成立,港府于 1978 年允许对外资银行颁发牌照,吸引了大量的国际银行以及国际资本流入香港。1981 年香港修订《银行业条例》与《接受存款公司条例》,建立三级体制,将银行机构分为持牌银行、持牌接受存款公司、注册接受存款公司三类,强化利率控制与货币供应。香港推出的一系列政策制度、监管法规,促进了香港金融中心的发展,香港股市于 1981 年提升至全球第 7 位,已升级为亚洲区域金融中心,可以看出此阶段香港的金融资源集聚主要是金融制度、法律法规、外资等类型的集聚。

(3)金融资源集聚发展的成熟阶段

在这一阶段中,金融资源集聚进入了相对稳定的发展阶段,金融体系内部的货币资金、金融机构、金融人力资源等金融资源要素已经整合、协调,大大提高了金融运行效率,区位内的交通基础设施、信息通信、金融中介服务等已经较为完善,金融产业集群效益大大降低了运行成本,金融资源集聚也成为金融创新的源泉。由图 2.2 可见,此阶段 b—c 线段部分的金融集聚程度位于圆弧顶部位置,金融资源集聚的边际效应递减,金融资源集聚度的增长已经出现停滞状态,甚至已有下降的趋势。

20 世纪 80 年代,香港金融资源集聚处于成熟阶段。香港取消外汇管制,将港元与美元脱钩,实行浮动汇率制,促进了港币的自由兑换,香港初步建立了国际化外汇市场,在此期间,香港非官方市场也得到了飞速发展,涌现了杠杆外汇买卖形式的外汇投资公司,专业外汇人才大量集聚,推动了外汇市场的整体飞速发展。香港的黄金市场也在经济高速增长的背景下迅速发展,香港成为世界黄金交易中心,金融市场发展更为迅速和专业,已成为亚洲区域的重要国际金融中心。

(4)金融资源集聚发展的溢出阶段

在这一阶段,金融资源集聚区域内金融产业已经到了一定的规模,进入了相对成熟阶段,集聚速度放缓,"循环累积"带来巨大的经济效应促使区域形成了经济核心区,与周边的落后地区形成巨大差异。随着区域经济发展水平的不断提高,核心区由于极化效应造成资源过于集中,引发过度拥挤、行业内部竞争加剧的状况,出现了规模不经济现象。在面临较大的成本上升时,企业会有路径依赖,出于稳定的心理大多数企业如果放弃则面临较大的风险,故金融资源集聚到达了成熟阶段就会保持现状,在图 2.2 中,该阶段 c 段呈水平状向右侧延伸。

香港在 1997 年回归之后,金融市场与体系更加稳定,在经历了政治环境变化、股灾冲击、甚至亚洲金融危机后,香港金融市场亦稳定运作。同时,随着内地大量企业赴港上市融资,经贸合作逐渐加深,内地与香港在证券、银行、外汇、保险等诸多方面展开了深入合作,香港以其成熟的金融市场操作规则市场监管模式,不断巩固其国际金融中心的地位。

2.2.3.2　区域金融资源集聚的表现形式

根据不同的金融资源集聚水平,金融资源集聚在不同的地域空间范围内会呈现出空间层次性的特征,当金融资源不断向某一区域运动时,此特征愈加明显,因而会出现不同的表现形式,在不同层级发挥溢出效应。具体表现形式如下。

(1)各个层级的金融中心

在金融资源集聚形成的过程中,大量的金融机构、货币资金、金融交易等金融活动集中到某一区域并达到一定程度后,会逐渐形成较完善的金融市场和金融体系构架,一个金融中心就应运而生了,这是金融资源集聚的最终表现形式和客观结果。根据英国智库 Z/Yen 集团和中国(深圳)综合开发研究院共同编制的全球最权威的国际金融中心地位指数(Global Financial Centers Index,GFCI),通过对金融中心金融机构实力、金融市场规模、金融产业绩效、金融市场规模、金融生态环境等方面的分析,金融中心的层级主要包括国际金融中心、国家金融中心等形式。

首先,国际金融中心是相对全球范围而言的,它聚集了全球的金融资源,属于广义的区域金融中心,是金融资源集聚的最高级表现形式。[99]根据国际金融中心的业务辐射范围,其又可以分为全球性的国际金融中心和区域性的国际金融中心,前者为全球提供金融业务服务,例如,伦敦、纽约是目前公认的全球性国际金融中心;后者则是在一定的国际范围内提供金融业务服务,如新加坡、东京、上海、香港等。国际金融中心所在城市往往是一国的经济、政治、文化中心,通常是国际化大都市。2019 年第 26 期"全球金融中心指数"(GFCI)评出的全球前十大金融中心分别为纽约、伦敦、香港、新加坡、上海、东京、北京、迪拜、深圳和悉尼。国际金融中心除了具有金融中心的一般功能之外,还具有国际化特征,如可以提供高效率的国际资本借贷、融资服务、国际支付清算系统,健全完善的国际金融交易市场、金融服务系统等,对全球具有较强的经济辐射影响力,直接决定了经济中心的地位,吸引了全球金融资源的聚集,反映了"金融极化"演进发展的普遍性与必然性。

其次,从国家金融中心角度来看,国家金融中心是指具有全国性金融影响力和辐射力的金融中心,是一国金融资源集聚与交易活动的枢纽。[100]国家金融中心能集聚全国各个区域、省域的金融资源,其交易活动覆盖全国,具备国内最便捷的金融支付结算、最先进的金融基础设施、完善的金融资产管理经验与相对完善的金融功能体系,与全国各区域、省域均有经常性、密切的业务往来,是一国金融市场的枢纽,也是金融资源集聚的高级表现形式。国家金融中心的金融资源集聚呈现极强的"马太效应",导致国家金融中心的金融资源集聚水平越来越高。根据 2019 年"全球金融中心指数"(GFCI),以上海、北京、深圳为代表的国家金融中心金融机构实力超过其他 28 个省域金融中心的总和,其中,金融市场高度集中,包括货币、股票、债券、黄金、外汇、衍生品市场等在内的市场都集中于上海。国家金融中心承载着一国金融与国际接轨的重任,在金融市场国际化的大趋势背景下,国家金融中心如能在国际范围内辐射力、影响力逐步提高,则可逐渐升级国际金融中心。

(2)经济区、省域内的金融资源集聚区

经济区、省域内的金融资源集聚区通常在国家区域经济发展战略的推动下形成。区域金融资源集聚区在国内某一经济区或省域范围内发挥着金融交易枢纽的作用,其能吸纳集聚资金,活跃金融市场,降低金融交易成本,对区域内产生较强的金融吸引力,且对区域内的经济运行、资金流通、信息交流、商品流通等经济和金融活动起到中枢指导作用,对外在一定区域范围内则发挥金融辐射的作用。这种金融资源聚集区主要服务于国内的某一个区域,可以跨省、跨区等。[101]近年,我国以板块、行政区域为重点的发展战略正在逐渐发生深刻的变化,城市群建设和中心城市正成为更为重要的区域经济发展空间形式,例如,长三角城市群、珠三角城市群、京津冀城市群、成渝城市群等,金融资本、金融产业、金融人力资源更多汇集于重点区域,以北京、上海、成都、西安、武汉、杭州等城市为代表的区域中心城市建设,成为所在区域内金融资源集聚区的枢纽中心。

(3)区域内的金融资源集聚区或金融功能区

区域内的金融资源集聚区是指货币资金、金融机构和组织、金融人力资源、金融信息等资源逐渐在某一个城市或城市的某一区域形成金融资源集中的现象,其表现形式多样,具体包括金融小镇、金融街、金融产业园、金融城、金融岛等。伴随着地方经济的发展,不少地方政府积极制定了金融发展的规划和目标,很多城市和地区的金融小镇、金融街、金融产业园等有特色的金融资源集聚区如雨后春笋般迅速发展起来,如上海、杭州、西安等城市的特色金融小镇;南宁以"政府+运营公司+第三方机构"为多方联动机制和形成模式组建面向东盟的中国—东盟金融城;青岛崂山区新兴金融业态的财富金融管理核心的金家岭金融区;长沙市"持牌金融+基金小镇+金融科技+中介机构"四柱支撑产业格局的"湘江基金小镇"等。金融功能区具有依托地方特色发展需求、因地制宜、政策灵活、独具特色的金融服务体系、集聚地方资本等优势,能充分发挥金融资源集聚的效应,打通资本和企业的连接,更好地促进科技创新的发展,有效支撑区域经济结构调整与区域经济发展。

2.3　科技创新效应的阶段和区域性特征

2.3.1　科技创新效应的内涵

"效应"是指在一定的环境下某些动因所产生的特定的结果,多用于描述自然或社会现象。科技创新的本质是知识的积累与创新改造,在技术不断积累的过程中实现产品创新并最终推向市场,发挥技术的应用价值与市场价值,从而促使科技创新效应的产生。

当代科技创新理论是经济学家熊彼特(Schumpeter J. A.,1912)首次提出的。熊彼特对创新理论进行了全面的解释,形成了完善的创新理论体系。他认为"创新"是建立一个全新的生产函数,将一种从没有过的全新生产要素和生产条件的"新组合"加入生产体系。随着技术不断进步,科技创新理论不断深化发展,逐渐形成了完整的创新理论。20 世纪 80 年代以来,全球进入了知识经济时代,信息技术、生物技术、新能源技术等高精尖科技不断涌现,现代技术的发明离不开科学理论基础,使得"科学"与"技术"之间的界限越来越模糊。科学和技术之间相互渗透、相互融合,导致科学与技术一体化,逐渐发展形成"科技创新"。

科技创新效应是一个相对宽泛的范畴,是科技创新对自身、接受者或经济社会的影响。[87]众多学者对科技创新效应展开了不同角度的分析,杨武和王玲(2005)从技术溢出对企业的影响角度出发,从正负科技创新效应两方面分析发现,科技创新正效应可以提高企业技术水平,降低成本,增加科技创新产出,而负效应则会降低企业边际收益,打击企业创新积极性,进而导致企业创新减少。[102]Cooke(1998)的观点具有一定代表性,他认为科技创新效应通过创新主体的协同、创新要素的集聚、产业的关联、创新组织网络四个效应发挥作用。[103]谷建全(2014)认为科技创新具有创新主体的集聚效应、技术扩散效应、创新系统的集成效应、自主创新的动力引擎效应及模仿扩张效应。[104]

在前人的研究成果基础之上,笔者认为科技创新效应体现了科技创新研发能力与效率、科技创新技术的推广与扩散、科技创新成果的转化与价值实现。

2.3.2　科技创新的发展阶段

科技创新是一个从新产品、新工艺的研发、科技成果转化、市场开发在内的完整过程。科技创新具有不同的创新主体,主要包括企业、科研机构、高校等。科技创新核心过程主要分为三个阶段:一是研究开发阶段,即基础研究阶段,知识的创新与产生是新技术孵化,是核心科技创新的初始环节;二是成果转化阶段,这一阶段是科技创新成果转化为生产的关键环节,能为新技术的应用奠定基础,在这个阶段中,技术集成化推动新技术将转化为新产品;三是市场开发阶段,即新产品规模化生产阶段。新产品进入市场销售,实现了创新价值。[89]当新产品投入市场后,技术成果在企业逐渐扩大应用范围,产生扩散,当科技创新成果被广泛接受和认可时,科技创新产品会逐渐成为社会的大规模生产,进入规模化生产阶段,科技创新效应具体流程如图 2.3 所示。

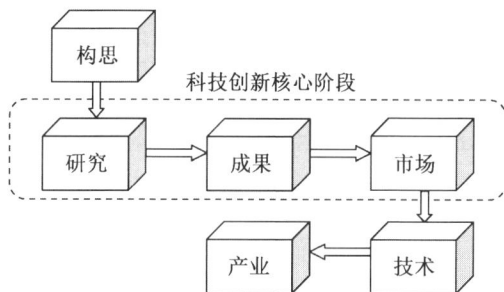

图 2.3　科技创新发展阶段

2.3.2.1　研究开发阶段

科技创新的研究开发阶段通常由科学研究和技术开发组成。研发机构根据现有的技术、市场的需求以及社会的经济发展状况,发现以及利用各种创新技术机会和市场机会,探索研究开发、转化生产的可能性。新技术的开发是研发机构研究开发新产品的实践化阶段,在这一阶段,研发机构将新的设计与构想转变为新的样品或产品模型,并对初始设计的样品或模型进行测试、评价、筛选、修改等方面的工作,最终确定进一步开发的样品或模型。

2.3.2.2　成果转化阶段

科技创新的成果转化阶段是指企业把新产品的模型或样品进行组织化生产、转变成新产品的过程。企业对将要投产的样品进行测试、设计工艺流程、制定产品标准、设计和制造工装及模具等一系列工作,统称为生产化阶段。随着科技的不断进步,企业生产组织能力不断更新发展,企业对新产品的生产化效率不断提高,产品质量不断提升,实现规模化的生产,最终走向市场。科技创新成果转化阶段是科技创新过程中非常重要的一个阶段。

2.3.2.3　市场开发阶段

科技创新的市场开发阶段是企业将生产出来的新产品投放市场,成功销售转化的商业过程。新产品的功能、效用、包装、定价等都关系到新产品是否能够顺利被市场认可和接受,当企业制定了正确、完善的新产品市场经营战略和规划并实现新产品的成功销售,逐渐打开市场,即实现了科技创新成果的最终转化。这种转化不仅为科技创新前期研发资金投入带来了回报,并能为下一次科技创新活动提供资金与奠定基础。

2.3.3　科技创新效应的区域性特征

众所周知,科技创新效应的产生是一个复杂、系统的综合性过程,具有投资周期长、风险大、成本高、收益大等特点,需要大量的财力与人力的长期投入与支持。我国区域经济差异明显,不同的区域拥有的科技创新资源具有显著的区域性特征。

首先,我国科技创新资源地域分布不均衡。由于东部地区经济发达,具有完善的基础设施,高校、研发机构、科技创新型企业较为集中,具有较好的科技创新基础与示范效应。无论是具有明显行政指引性的政府财政科技资金的投入还是通过金融市场融资的科技创新经费投入,以及科技创新研发等人员大部分都集中于东部发达地区,这导致东部地区产生了较好的科技创新产出综合效应,其平均水平远远高于中西部地区。

其次,科技创新效应在区域之间扩散、溢出、相互关联与影响。技术领先企业或地区获得极大经济效益可以起到"羊群效应",引起技术落后企业和地区的效仿,从而带动科技创新联动发展;科技创新人力资源在不同的企业和地区之间转移,能带动科技创新技术和信息的转移与扩散。技术扩散在地域之间的表现是空间上的转移与运动。发达地区前期对科技创新投入了大量资金、人力等资源,承担了很大风险与成本,为获得科技创新带来的垄断利润、技术研发成本的补偿,发达地区在一定时间内也会及时将技术向技术落后地区转让,形成区域之间的技术扩散,从而推动科技创新的全面发展。

2.4　区域金融资源集聚的科技创新效应研究逻辑与框架

2.4.1　区域金融资源集聚的科技创新效应研究逻辑

区域金融资源集聚的科技创新效应研究是一个整体性的系统工程,具有动态性、结构性的原则,其系统的各个内部资源要素是相互联系、具有特定功能和结构关联的有机整体。首先,区域金融资源集聚的产出与发展具有重要的区域性特点,与省域个体特征紧密相关,同时区域金融资源集聚对科技创新的影响也是一个动态的过程,包括产生、整合、成熟、溢出四个阶段,在每个阶段都具有显著不同的特点并发挥不同类型金融资源集聚的功能与作用,对科技创新的不同阶段产生影响效应。其次,区域金融资源集聚对科技创新也呈现出相应的时间维度的动态效应的影响,伴随着时间的发展,各类型金融资源在不同动力因素推动下在地域运动上具有明显的时空演进特征。再次,区域间金融资源的空间非均质分布导致资源空间地域分布差异性,不同类型的金融资源进行区域间的流动与整合,形成一定的空间溢出与扩散效应。

从研究逻辑与思路来看,要在区域金融资源集聚对科技创新效应作用机制进行分析基础上,首先开展个体和时间维度的双向固定效应研究,利用交互项分别对省域和四大经济区域的个体与时间进行对比与动态变化分析,并对其实证结果与产生原因进行分析;继而从我国区域金融资源集聚对科技创新所产出的空间溢出效应与空间关联效应两个角度,对区域金融资源集聚对科技创新产生的空间效应进行实证及原因分析。按照此分析思路,区域金融资源集聚的科技创新效应研究的逻辑结构应为"效应与作用机制的理论分析—个体与时间动态效应分析—空间溢出与空间关联效应分析"。

2.4.2　区域金融资源集聚的科技创新效应研究框架

2.4.2.1　区域金融资源集聚的科技创新效应研究框架的构建

基于上述分析可知,本书要解决的核心问题可以总结为:基于区域金融资源集聚的时空动态演进发展的特征,结合面板交互固定效应模型方法,设置金融资源集聚与省域的个体交互项的对比分析,并设置金融资源集聚的时间交互项,在时间维度下对金融资源集聚的科技创新的时间动态效应分析进行系统刻画,而后基于地理距离空间矩阵对区域金融资源集聚的科技创新空间溢出效应与基于空间关联强度权重矩阵的空间关联效应分别进行测度,最后基于个体与时间交互项动态效应与空间溢出和关联效应的结果进行分析。

为实现上述目标,本书尝试构建区域金融资源集聚的科技创新效应研究的总体框架。本书的逻辑思路如下:第一,为深入分析区域金融资源集聚对科技创新的作用机制的影响,对金融资源集聚的内涵进行深入阐述,从金融资源的货币资金、金融机构、金融工具、金融人力资源、金融信息资源、金融文化与制度资源等构成要素角度及其之间的相互关系、形成动因等方面深入分析产生的集聚效应、辐射效应、溢出效应、空间关联效应等,探讨各个效应之间彼此关联,以此探寻区域金融资源集聚作用于科技创新的作用机制及其运行机理。第二,对我国区域金融资源集聚与科技创新进行空间相关性检验,为描述区域金融资源集聚的空间关联强度,引入引力模型,该模型通过构造相应的区域空间关联,对我国区域金融资源集聚的空间关联效应进行测算和量化分析。第三,采用面板交互固定效应模型,从省域个体与时间两个维度,对我国省域与四大经济区域金融资源集聚的科技创新动态效应进行对比分析,深入探讨区域金融资源集聚对科技创新影响的个体效应与时间动态效应。第四,分别从空间溢出与空间关联角度出发进行实证分析,对比分析区域金融资源集聚的空间溢出效应。最后,为获取区域金融资源集聚对科技创新效应的实证结果进行分析,针对前文区域金融资源集聚对科技创新效应的集聚效应、辐射效应、溢出效应、空间关联效应形成机制以及政府政策、市场化水平、科技资源状况、地区基础设施建设等诸多影响因素,进行其促进以及阻碍科技创新的结果验证分析,最终提出有针对性的政策建议。研究框架如图 2.4 所示。

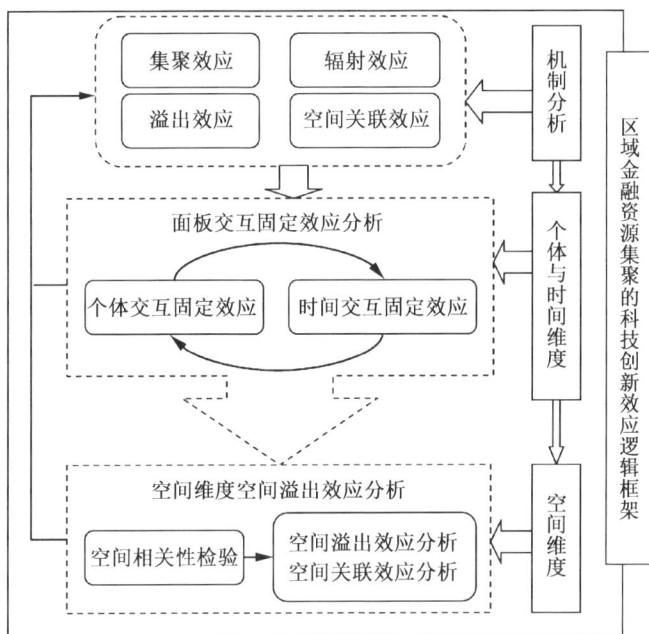

图 2.4　区域金融资源集聚的科技创新效应研究框架

2.4.2.2　区域金融资源集聚的科技创新效应研究框架的解析

基于本书的逻辑思路,按照"效应作用机制理论分析—个体与时间动态效应分析—空间溢出效应分析"的顺序,从个体、时间、空间三个维度分别进行实证分析,将区域金融资源集聚的科技创新效应与作用机制研究贯穿于整个研究过程,形成一体的逻辑研究框架,主要包括三个板块,具体分析如下:

(1)区域金融资源集聚的科技创新效应作用机制的理论分析

从金融资源的货币资金资源、金融机构组织及金融工具资源、金融人力资源、金融信息、金融制度资源、金融文化资源等构成要素,对其在区域中从不同领域与角度所产生的集聚效应、辐射效应、溢出效应、空间关联效应进行深入分析与挖掘，从根源上对区域金融资源集聚的效应作用机制进行分述解析，探寻区域金融资源集聚影响科技创新发展的驱动路径，为后文中的个体与时间动态效应、空间溢出效应、空间关联效应的实证分析奠定坚实的理论基础。

（2）区域金融资源集聚科技效应的实证分析

基于面板交互固定效应模型，从省域和四大经济区域角度出发，通过个体交互效应与时间交互效应进行区域金融资源集聚的科技创新效应的实证分析，研究区域金融资源集聚对科技创新的影响效应以及演化发展规律，展开由外向内、由理论向实证、系统性、全面性的分析，从省域、四大区域、个体交互、时间交互逐层进行区域金融资源集聚影响科技创新的动态效应分析，构成个体与时间维度的动态分析的完整内容。

（3）区域金融资源集聚的科技创新空间溢出效应与空间关联效应分析

区域金融资源集聚在空间上呈现非均质性，具有多层次结构，通过区域金融资源的空间流动对科技创新的研发、转化、价值实现过程产生一定的空间溢出影响。故本书从实证分析角度探讨了二者之间的空间溢出效应的影响效果，全面分析政府干预、市场化水平、人力资源、交通基础设施、信息化水平、对外开放对于科技创新的共同影响，对区域金融资源集聚对科技创新空间溢出效应、空间关联效应的作用过程与效果提供合理性的反馈信息，形成了区域金融资源集聚对科技创新效应影响的实证分析的核心部分。

根据研究逻辑与框架分析，区域金融资源集聚的科技创新效应的三个板块是不断推进的，区域金融资源集聚的科技创新效应的四大作用机制之间相互联结、相互作用，集聚效应、溢出效应加强区域之间的空间关联，促进各类型金融资源要素向集聚区流动，进一步带动集聚效应产生，从而产生强度更大、范围更广的溢出效应，形成"集聚—溢出—关联"的空间效应反馈机制，并对科技创新的发展形成推动促进作用。

第3章 区域金融资源集聚的科技创新效应形成机制及影响因素

3.1 区域金融资源集聚的动因及形成机制

3.1.1 区域金融资源集聚的动因

从金融资源集聚的形成和发展历程来看,金融资源集聚是一个地区经济与金融自然发展的必然趋势,这种发展态势往往在多种动因以及影响因素的综合作用下的结果,基于第2.2.2节中区域金融资源集聚的空间与时空演进特征分析,对金融资源集聚的动因进行如下分析。

3.1.1.1 区位优势

区位理论最早是由德国经济学家杜能(J. H. Von Thunen,1826)提出的。区位是空间经济学、区域经济学等理论中涉及的基本概念,具体指生产部门分布地点的优化选择,或一国或地区综合生产布局的选择。Choi(1986)认为,金融机构在选址时区位是重要的影响因素,其主要包括地区间贸易流量、空间距离、当地的金融市场规模和效率以及文化差异等。货币资金、金融机构、金融人力资源、金融信息资源等各类型金融资源的跨区域流动已成为金融资源理论的动态描述,区位的优势将构成金融资源流动的重要影响因素。具体来讲,金融资源集聚运动的区位优势可以从自然区位、经济区位、行政区位三种角度分析。

首先,自然区位是金融资源产生集聚运动的首要动力因素之一。优越的自然区位会影响金融机构的经营成本和交易成本,如交通成本、通信成本、交换成本。[105]成本低廉的金融交易、交通通信、获取商业信息费用的优势,能吸引周边区域货币资金、金融机构向区域内流动、聚集。例如,纽约作为连接欧洲和美洲的自由贸易港口,拥有广阔的经济腹地与便利的水陆交通运输等,形成天然金融资源集聚的区位优势,最终成为世界排名第一的国际金融中心。当然,自然区位带来的成本优势会随着交通、互联网通信技术的发展而日益缩小,对货币资本与金融机构的集聚运动的影响趋于弱化,但我们仍然不能否认自然区位因素对金融资源的吸引。

其次,经济区位是吸引区域金融资源集聚流动的重要市场因素。发达的实体经济形成优越的经济区位优势,能够为金融资源的集聚与发展提供承载空间,是区域金融产业发展、金融资源集聚的根基所在。货币资金是从实体经济中游离出来的闲置资本,它们在实体经济中流动运转,被称为当代经济发展的动脉血液,发达的实体经济为金融业发展提供了充足的货币资金供给。大量资金往来交易需求、活跃而稳定的金融交易市场环境等能吸引周边货币资金、金融人力资源等向实体经济发达地区流动转移,从而为金融资源的集聚与发展提供推动力。除一些离岸金融中心(例如知名的英属维尔京群岛、开曼群岛等)外,以伦敦、纽约、东京为代表的世界各知名金融中心的产生与发展均是建立在良好的区位经济优势基础之上的。

再次,行政区位的优势通常与政府的行政指引、区域发展政策密切相关。货币资本、金融机构、金融人力等资源的流入与流出在很大程度上受到政府的行政指引。[106]行政中心通常具有较强的行政区位优势,政府行政级别越高,该区域的交通运输、通信、医疗卫生、教育等基础设施越健全与完善,外在经济效应越强,越有利于区域内金融产业的建设与发展。金融机构在行政中心设立总部,能带动货币资金、金融人力资源等向行政中心集聚流动,在行政区位的区域或城市,金融相关政策的制定与执行通常具有较强的行政权力和调控能力。

3.1.1.2　产业集聚带动

产业集群的发展带动相应的金融资源发生集聚运动。Pandilt N. R. 认为产业集聚区域内的各个经济主体之间彼此关联,既竞争又合作,它们与其他相关产业和中介机构等在区域内一起形成了集聚态势。[107]

首先,产业集聚使得大量的企业和金融机构等主体在一定空间范围内集聚,以合作、合资或者联合等方式生产,形成产业链关联发展。集聚区域内部企业因较接近原材料、信息资源、公共资源、人力资源等各项要素,由此降低生产成本,实现了产业集群区域外部经济效应的共享。其次,产业集聚可以方便企业购买和寻求资源、技术、劳动力,减少企业间的交通运输成本、信息交流成本。同时,企业由于空间距离的靠近而交往密切,容易建立稳定信任的伙伴关系,减少谈判环节并降低谈判成本,从整体上降低交易成本,带来投融资效率的提高,从而吸纳周边货币资金、金融机构涌入产业集聚区。再次,产业集聚内部企业是合作与竞争的矛盾关系,在合作降低成本、提高经济收益的同时,竞争的压力必然提升集聚内企业积极研发、技术创新的动力,实现企业的转型升级,实现新的利润增长点,促使金融机构不断推陈出新,积极调动其他区域货币资金、金融人力资源向产业集群区域转移,进而实现金融机构被迫提升产品质量,提高行业的服务水平,更好地为产业集群内企业创新发展服务。

3.1.1.3　规模经济动因

规模经济理论是在产业集群理论基础上产生并发展的,是聚集经济效应论证的进一步延伸。当企业大量集中在一特定区域,形成稳定且具有一定规模的集合体时,单位产品的平均成本随生产规模的增加而递减,从而使生产效率得到提高,产生一定的规模优势,进而吸收和推动同一产业中的其他企业向该区域聚集。韩国经济学家 Park(1989)认为规模经济是推动国际银行业发展和国际金融中心形成的重要动因。[8]规模经济动因又分为外部规模经济动因和内部规模经济动因两个方面,下面具体从这两个角度阐述金融资源集聚的形成。

(1)外部规模经济动因

当大量金融机构和组织在区域内空间集聚,商业银行、证券公司、保险公司、创投公司、风投公司等机构之间可展开跨行业的银团业务,不同部门之间频繁的协作关系会促进金融机构之间组成合理的分工与联合,形成企业外部规模经济,带来人力资源、信息资源的蓄水池效应,实现金融人力资源与金融信息资源的共享。金融辅助性产业或社会中介服务机构(例如投资咨询公司、会计师事务所、律师事务所、资产评估公司、信用评估公司等)因分享其外部规模经济效益而得以迅速发展扩张,进一步提高规模经济效应,从而促进区域内金融体系与金融功能实现质的飞跃与突破,最终形成良性循环,吸引更多金融资源流入集聚区域。

(2)内部规模经济动因

内部规模经济因素属于内生型因素,来自企业个体和行业内部的规模经济效应提高。单个企业一方面通过上市、增资扩股、兼并收购等方式扩大融资规模,实现带动货币资金、金融机构等金融聚集,即通过资源的充分利用提高组织和经营效率,形成企业内部内生性的规模经济。另外,金融机构通过建立多层次的分支机构扩大分支机构的数量,分摊总的经营成本,有效降低运营的成本,实现规模经济效应,进而实现金融资源的不断集聚。

3.1.1.4 信息的溢出与共享

金融业不同于传统行业,其对于信息具有高度的依赖性。Porteous(1995)从信息腹地与信息不对称角度来解释金融资源集聚形成原因。他认为金融机构需要及时、准确地获得信息源,但传递路径延长会对信息传递准确性、时效性等产生错位。虽然当今电子通信快速发展,但仍然不能充分解决金融交易的物理距离问题。[108]从信息经济学角度来看,金融资源集聚区一般来说都是信息传播的源头与收集地。大量金融机构和组织集聚,造成知识和信息、技术等的外溢,在信息产生和传递的渠道不断发展的情况下,有效信息更容易溢出与扩散,这能减少信息不对称和降低成本,从而吸引众多金融机构和组织的不断涌入,而其他金融信息服务机构、律师事务所、会计师事务所、资产评估机构等金融资源配套服务设施等同样可以获取信息溢出和共享带来的便利交易、降低成本等益处,在一定区域内实现了集中,合理地解读了金融信息资源的溢出与共享成为金融资源集聚的重要动因。

3.1.1.5　总部经济带动

总部经济是一种比较新的经济形态,它是指某区域通过创造各种有利条件,吸引跨国公司和外埠大型企业集团总部进驻,形成企业总部在区域内集群分布,生产加工基地以各种形式安排在成本较低的周边地区或外地,从而形成合理的价值链分工的经济活动。[109]一些大型跨国集团公司的国际贸易行为常常对为其提供金融服务的金融机构的业务活动产生重要影响,集团总部的决策引导了资金、劳动、技术等各种要素的流动方向和资源配置途径,大型跨国公司总部对集聚地的要求是能为其提供高效率的服务保障,并要求相应的金融机构为企业运营提供良好的资金运作和管理服务。同时,大型跨国公司类型的优质客户也是金融机构竞相争夺的对象,是金融机构和组织的重要利润来源,因此大型跨国公司与金融机构是互相依存的利益关系。总部的设立会带动相应的金融机构紧随其后,这也被称为金融机构的"客户追随"现象,例如实体产业地理区位转移与金融资源的集聚紧密相关,金融机构往往追随优质客户设立分支机构。因此,一个国家、地区的跨国公司总部数量成为衡量金融资源集聚的重要指标。

3.1.1.6　优越的政策制度与环境

（1）优越的政策与制度引导

政策与制度一直都是影响金融资源流动的重要因素,良好的政策环境与灵活的制度能引导金融资源形成集聚性运动。首先,政府部门可以通过相应的政策扶持和优惠政策使区域率先获得制度资源,吸引货币资金、银行、证券、保险、金融服务中介等金融机构的进驻,推行吸引金融人力资源引进政策,实施倾斜的政策和体制,控制及引导货币总量和流动方向,能扩大金融市场的规模,逐渐形成丰富的多媒体金融信息资源与金融人力资源储备,能进一步壮大金融资源发展的规模与质量,加快金融资源集聚区的发展。其次,一个国家或地区的金融制度和体制、法律法规等制度性要素可以直接影响区域内金融活动的自由程度、金融创新的活跃度、金融交易的效率、货币资金的流动速度等。一般情况下,金融制度越灵活,金融活动越自由,货币资金的流动性就越大,金融市场也就越活跃,这能为金融机构和客户减少信息不对称,提高金融人力资源吸引力,加速金融资源集聚实现。良好的政策环境与灵活的制度是实现金融资源集聚的动因之一。

(2)完善的基础设施保障

基础设施一般指为城市的生产部门与居民生活提供的共同条件和公共服务的工程设施,是各种经济活动及其他社会活动正常开展的工程性与社会性基础设施的总称。良好的生活附属设施、交通设施、通信设施、医疗教育等基础设施建设,有利于货物的快速运输,保障了商业贸易中心的形成与扩大发展,提高企业之间、金融机构与企业之间、不同的金融机构之间的密切联系,从而扩大了本区域金融需求,提升了金融业利润,吸引了更多的金融资源不断进驻。先进的通信设施包括通信基站、光缆、卫星、无线电系统装置等,它们共同组成发达的通信网络设施,能够保障金融信息快速的收集、汇总、分析、转达,信息技术化手段的进步为金融信息交流抢占了先机,确保了金融交易活动的高效率运作。一个地区完善的基础设施建设可以为金融业发展提供基础保障,为金融资源的集聚创造必备条件。

(3)丰富的人力资源储备

金融人力资源是金融业发展的要素,也是金融资源的核心资源之一。Gehrig(1998)研究指出,区域内的金融集聚可以创造出一个金融人才市场,金融人才在各个金融机构之间流转加强了金融机构之间的联系,降低了企业人才培训成本,可以实现金融业内的人才共享,提高整个金融机构的运行效率,从而加快了金融资源的集聚。[6]丰富的人力资源是区域金融业持续发展的重要支撑,伴随着经济的不断发展与科技的不断进步,金融业的经营环境与竞争不断变化,对金融业人才的技能、素质要求都有了很大变化。金融人力资源尤其是高水平的金融复合型人才、跨学科人才的储备与汇集更是金融业可持续与创新不断发展的动力源泉。与金融业相关机构和服务组织的人才储备,例如数据处理计算机管理人员、管理决策、市场营销、职业经理人、法律、投资、评估等多方面的复合型优质人力资源会吸引金融机构在该区域内设立总部或分支机构,金融人力资源的储备已成为金融资源集聚的重要动因之一。

3.1.2　区域金融资源集聚的形成机制

金融资源是特殊的资源。由 3.1.1 节的分析可知,金融资源的集聚高度受到区位、规模经济、产业集聚、信息溢出与共享、总部经济带动、优越的政策制度和环境诸多因素的影响,在这些因素的综合作用下,货币资金、金融机构、金融信息、金融人力资源等各项金融资源在地域间运动,进一步形成金融资源在空间上的集聚,其具体形成机制包括供给推动机制与需求拉动机制两个方面。

3.1.2.1　供给推动机制

金融资源集聚的供给推动形成机制主要是由政府的政策主导和推动实现的。当区域经济发展处于初期或中期阶段时,金融产业正处于起步阶段,产业与经济的发展缺乏货币资金、金融机构等金融资源的有力支持,单纯市场机制的自发调节周期长、效率低,不能满足金融资源集聚快速发展的需要。国家或当地政府会根据整体经济发展战略,对金融资源集聚区的形成与发展进行合理规划和布局,给予相应的扶持政策吸引货币资金、金融机构、金融人力资源等资源的流入,通过区域金融制度的完善吸引大量的货币资金以及金融机构等资源向核心集聚区流动,从而促进各类型金融资源在一定的空间区域范围内集聚运动。

具体来讲,金融资源集聚的供给推动机制可以从以下几个路径实现:

第一,金融制度资源的主导。政府率先对区域经济发展战略进行空间布局,实施优惠的土地财税政策,完善金融市场与管理体制,鼓励金融创新,优化金融运营环境等,形成良好的金融制度资源,引导货币资金、金融机构、金融人力资源、金融服务中介组织等相关机构等不断向核心区集聚。政府主导进行合理的产业布局与规划设计,推行产业园或产业集群发展的优惠措施,快速形成产业集聚,充分发挥产业的规模经济效益优势,产生大量货币资金交易与金融机构的服务需求,增加投融资机会,增加货币资金与金融机构的供给。

第二,金融信息资源供给。政府政策引导金融机构与企业大量聚集,成为信息源载体,交易过程中溢出大量有价值信息,进而形成信息腹地,促使依赖信息较大的金融市场交易、金融机构、客户等金融主体为降低信息不对称与交易成本而向信息腹地集聚运动。

第三,地方经济发展。政府区域规划战略积极推动地方经济发展,发达经济体游离出大量的闲置资本,为地方经济发展提供充足的货币资金。同时,发达的交通、通信基础设施有利于商业贸易、金融交易的顺利完成,提高金融交易效率,加快了货币资金的流通速度,实现了集聚的流动。

第四,政府推行优惠的地方人才引进政策,为区域带来了更多的人力资源储备,在环境、基础设施等外在条件的共同作用下,有效吸引金融人力资源向集聚区流动转移,例如近年来以成都、西安、重庆、武汉等城市为代表的"抢人大战"。

具体路径发展趋势详见图 3.1。

在政府主导下的供给推动金融资源集聚形成的优势是目标明确、政策积极、主动有效,突破了金融业自身发展的局限,依靠政府主导力量,结合本地的区位、资源、交通通信基础设施、人力资源等优势快速实现了区域金融资源集聚。当金融资源集聚进入后期阶段,区位影响显得更为重要,在具有区位优势的地区选址的金融

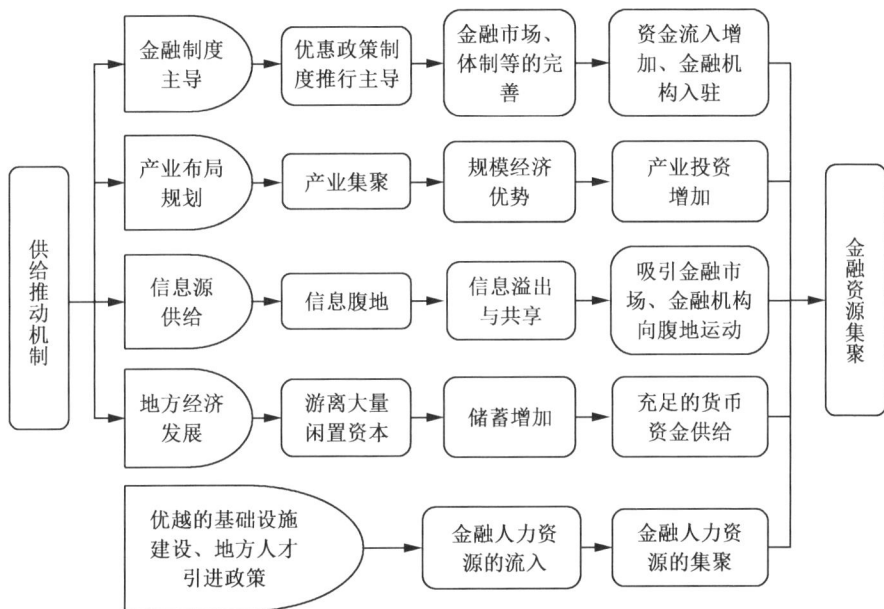

图 3.1　供给推动的金融资源集聚形成机制

机构通常具有一定的稳定性,选定后对后进入的金融机构具有一定的导向性和惯性影响,因此,在金融资源集聚发展前期阶段,政府提供宽松的政策和制度环境,可以加快金融资源集聚区升级为协同与自我维持发展阶段。当金融资源在区域内进一步集聚时,加强金融监管机制,增强金融功能,降低金融资源流通成本,提供优质基础设施服务,可以加速实现金融资源集聚的有序发展,进一步吸引金融机构、金融资源不断聚拢和集中,进而加快区域金融集聚区的建设。

　　以新加坡为代表的国际金融中心是政府主导型金融资源集聚模式最成功的范例。新加坡的成功很大程度上得益于政府提供的政策支持与政策环境对金融资源的集聚产生的推动作用。20 世纪 60—70 年代,新加坡政府重点推动金融服务业发展,确定发展成为亚太地区金融中心的战略,积极推动金融中心建设。1968 年新加坡政府抓住美国急需回流亚洲美元的机会,吸引外资银行进驻,准许美洲、花旗、渣打、汇丰、华侨等银行新加坡分行发行亚洲货币(ACU),美元市场享受不缴存款准备金、不缴纳利息税、不受外汇管制、减免税收等各种优惠措施。美元亚洲市场正式成为新加坡建立亚太国际金融中心的起始点。70 年代初,新加坡政府推出了《新加坡金融管理局法》,为更好地发展亚洲美元市场提供了法律保障,推动了新加坡离岸金融市场的发展。从 1972 年开始,新加坡逐步放宽了银行外汇交易管制,至 1978 年,外汇交易管制全面取消,实现了外汇市场的进一步整合,促进了新加坡外汇市场的蓬勃发展。80 年代后新加坡又积极发展金融期货和离岸基金管理,1984 年,为了弥补作为国际金融中心的期货市场的空缺,新加坡政府针对亚洲金融市场的特点成立了独具特色的金融期货市场(新加坡国际金融交易所是涉及期货和期权合约、货币、利率、股指、能源、黄金等交易品种的一家国际性交易所),并不断推出各项监管条例,大力鼓励发展金融业务,禁止新加坡政府对金融业实行了高级别监管约束,为金融资源的集聚创造了有利的政策环境,大力促进了金融业发展。[110]

3.1.2.2　需求拉动机制

美国经济学家 Patrick(1966)认为"需求拉动机制"表现为随着经济日益增长,社会各部门对金融服务的需求增加,从而进一步需要金融体系规模的扩张。[111]金融资源集聚形成的需求拉动机制认为,伴随着经济的持续增长与产业的不断发展,企业对于货币资金需求、金融功能、金融中介服务、金融市场等方面的需求不断增加和升级,从而拉动区域内货币资金、金融机构和组织、金融人力资源等资源要素不断流入集聚区,金融业规模也随之不断扩大,实现集聚区内,金融产品和工具不断创新,交通信息成本降低,金融监管制度不断健全,金融市场随之完善发达,当金融资源集中到一定程度时会自然产生金融资源集聚。需求拉动机制发挥作用的基础是天然的区位优势,较好的经济基础形成经济腹地,在经济较发达且金融产业比较完善的条件下从自发的需求开始,依靠经济发展的极化效应带动金融资源向金融资源集聚区转移,这种转移是不断累积循环的结果,因此金融资源集聚区的形成比较缓慢。具体来看,金融资源集聚的需求拉动机制可以从以下几个路径实现：

第一，区位优势接近市场需求。优越的地理位置有利于各种经济活动的开展与扩大，虽然当今信息通信技术迅速发展，大大降低了通信成本，但金融市场的交通与交易成本等与区位地理位置仍然密切相关，地理位置优越的区位更加接近市场，将吸引金融机构、金融市场、货币资金等金融资源向具备区位优势地区集聚运动。

第二，经济发展需求。发达的实体经济是金融资源集聚形成的重要基础。发达的实体经济增长持续稳定，活跃的市场产生了大量的资金与金融机构服务需求，吸引周边区域货币资金向经济发达区域流动转移，从而形成需求拉动的金融资源集聚趋势。

第三，产业发展需求。产业规划设计、新兴产业园的建设均离不开金融体系的支持。产业发展需要大量货币资金组织生产，研发创新，以加快产业转型升级，这就需要相应的金融中介服务机构、金融市场等提供金融交易、结算等金融服务。

第四，信息源接近需求。金融资源集聚区域内的金融交易需求，如企业投融资需求，国际贸易结算、保险担保等，对于信息溢出依赖性强的金融机构具有较强的吸引力，这能促使金融机构、金融交易双方向信息腹地集聚运动。

第五，金融规模扩张需求。区域经济的发展与信息科技水平的不断进步能带来金融市场的活跃与繁荣，导致金融交易与结算爆发式增长。随着金融规模的不断扩大，大量复合型、多功能的金融人力资源需求产生，吸引周边地区金融人力资源的空间集聚流动。

在市场需求机制的作用下，当金融资源不断集中，金融功能的各方面需求也不断升级，由此激发金融市场的全面发展，进而促进金融制度的创新，最终实现了金融资源集聚核心区的形成。金融资源集聚的过程是与金融业相关的货币资金、金融机构、金融人力资源、金融信息资源、中介服务机构等集聚的过程，其中，货币资金、金融人力资源、金融信息资源等类型的金融资源由于地域限制少,在区域间流动速度较快,更易形成空间集聚状态。金融机构通常通过设立分支机构方式进行地域运动,相对较为缓慢,而金融制度资源与金融文化资源等类型的金融资源通常与地域社会文化、人们行为习惯、信用体系等联系紧密,并与地方政府政策直接相关,在先进地区金融制度与金融文化的良好的示范效应作用下,不断进行制度创新,潜移默化影响金融业与金融市场的发展,进而逐渐促进了金融制度资源与金融文化资源的形成与成熟,进一步推动和巩固了金融资源集聚的规模和稳定发展。其路径发展趋势如图 3.2 所示。

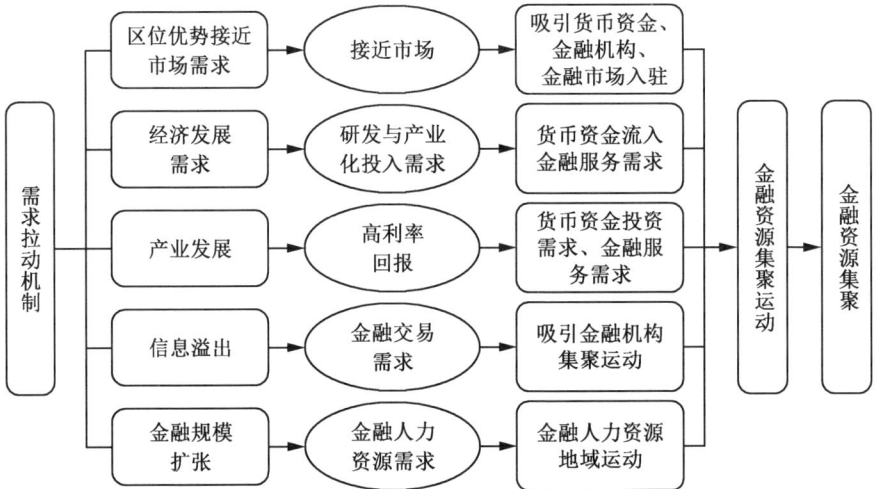

图 3.2　需求拉动型金融资源集聚形成机制

当今世界最大国际金融中心纽约就是在需求拉动机制作用下发展形成的典型范例。纽约金融中心发展从 17 世纪末进入初始阶段,纽约港和伊利运河修建的区位优势,使纽约成为繁荣、活跃的商贸中心,大大降低了纽约与内陆商品货物的运输成本,带动了大量的人员、货物、资金的流动,形成了强大的经济腹地,纽约也因此逐渐成为美国最大的经济中心和最大的新兴城市。纽约经济腹地的迅速发展为货币市场提供了充足的资金来源,推动了证券业的迅速发展,使其在交易所的交易量、发展规模、影响力等诸多方面于 19 世纪初超过费城。美国证券交易中心于 1825 年正式落户纽约,繁荣的港口贸易、发达的商业、工业化水平的提高、人口的爆发式增长,不断壮大的腹地经济吸引了大量的金融机构、保险机构、信托公司等服务组织落户纽约。截至 1853 年,纽约已有 50 多家银行机构,吸收了美国 85％以上的股份有限银行经常性存款,以及欧洲的存款与投资,充足的流动资金培育了庞大的货币资金市场,推动了纽约金融制度与体制的改革(如"安全基金制度""自由银行制度""安全清算制度"等),大大提高了纽约金融市场的运行效率,控制了风险,吸引了大量资金不断流向纽约,纽约逐渐成为美国最大的金融中心。第二次世界大战后,在世界各国经济急需恢复的背景下,美国凭借着强大的经济实力和世界贸易规模,通过布雷顿森林体系使美元成为世界最主要的国际储备货币和国际清偿货币,美元需求急速扩大,纽约通过美元成为世界资金的资本输出中心、借贷中心、结算和交易中心,进一步吸聚了全球的金融资源,并超过伦敦成为全球最重要的金融中心。[96]

3.2　区域金融资源集聚的科技创新效应形成机制

机制在经济学中是指系统内部各个子系统构成要素之间的相互作用关系和功能。金融资源集聚的科技创新效应形成机制,即金融资源集聚内部构成主体、科技创新主体、二者之间的相互联系、内部构造、功能的相互影响、阶段的不同作用等。科技创新的发展与进步离不开金融支持,金融资源为科技创新提供了更多的融资条件与较低的融资成本,从而保障了科技创新的发展。金融资源通过集聚效应、辐射效应、溢出效应、空间关联效应不断强化自身的功能,对科技创新的个性化主体在创新的不同阶段给予重要的金融支持,从而对科技创新产生了正向效应,推动科技创新的发展与进步。区域金融资源集聚促进科技创新的形成机制构成如图 3.3 所示。

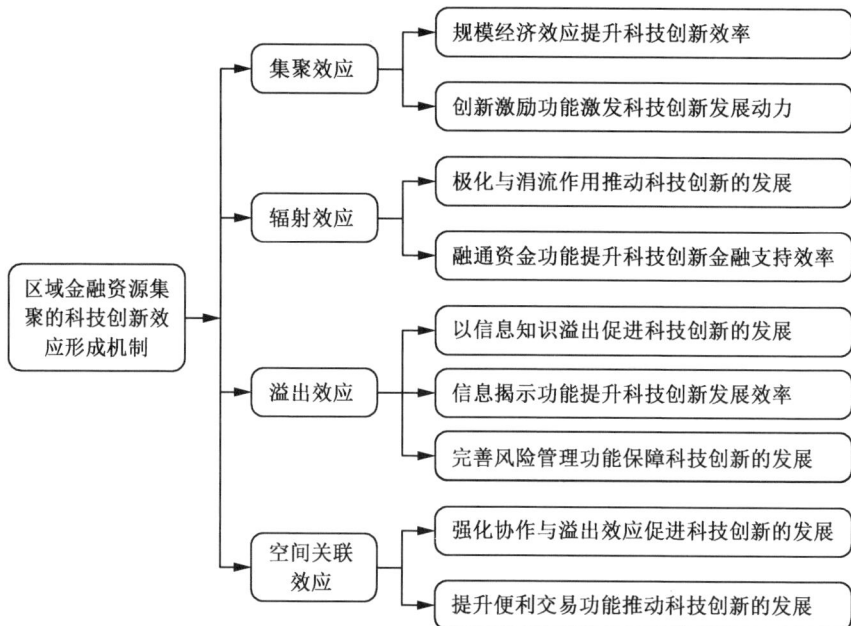

图 3.3　区域金融资源集聚的科技创新效应形成机制

3.2.1　金融资源以其空间集聚效应促进科技创新

集聚效应通常是指因企业、居民的空间集中而带来的经济利益或成本节约。[48]金融资源的集聚效应可以理解为货币资金、金融机构、金融人力资源、金融信息资源等各类型资源及其相关活动由于在空间活动中处于相对密集的状态而对科技创新产生的影响。具体来说，金融资源集聚的集聚效应可以从规模经济效应作用机制、创新激励功能作用机制两个方面分析。

3.2.1.1　金融资源集聚通过规模经济效应提升科技创新效率

集聚效应引起规模经济效应进而形成科技创新效应的机制主要体现在两个方面，即外部规模经济效应和内部规模经济效应。

（1）外部规模经济效应

一方面,在供给推动机制与需求拉动机制的作用下,区域内大量的货币资金、金融机构和组织、金融人力资源、金融信息资源等各资源要素逐渐形成了地理位置上的临近,且不断地集中、积累和扩大,进而形成一定的规模经济效应,同时也促成了信息源腹地的形成,为科技创新活动的开展提供了充裕的货币资金供给和良好的外部基础条件,企业融资成本下降,有利于科技创新活动的积极开展。

另一方面,金融资源集聚体系内单一金融微观主体在地域空间上较为接近,区域内科技资本市场和科技担保机构引导货币资金与资本流入科技领域,所产生的规模经济效应为科技创新企业和活动提供更完善、全面、多元化的金融服务,并与科技创新主体之间进行资源共享与协同创新合作,增强了资金的供给能力,为科技创新企业的研发、科技成果的顺利转化提供了有效的融资保障机制,从而有效地推动了促进科技创新的发展。

（2）内部规模经济效应

首先,从行业内部的规模经济效应来看,金融机构和组织随着自身规模的日益扩大,逐渐形成庞大的金融机构主体,产生了一定的行业内部规模经济效应,大大提高了金融机构内部各个部门与组织之间的运营与配合效率,拉动中小金融机构以及外围金融机构的运营效率改变,促进区域内部金融业整体运营效率提高,为科技创新企业提供更高效率的金融交易。

其次,金融机构的内部规模经济效应能够形成单笔的大规模、低成本融资,分摊整体单位的平均成本,分散金融机构内部以及所面临的金融市场的波动与创新带来的风险,降低投资项目结构的多样化风险,大大提高风险的应对能力,使有较高回报但同时具有高风险的科技创新型企业得到数量更多、成本相对更低的融资支持。区域金融资源集聚的规模经济效应推动科技创新发展的作用机制如图 3.4所示。

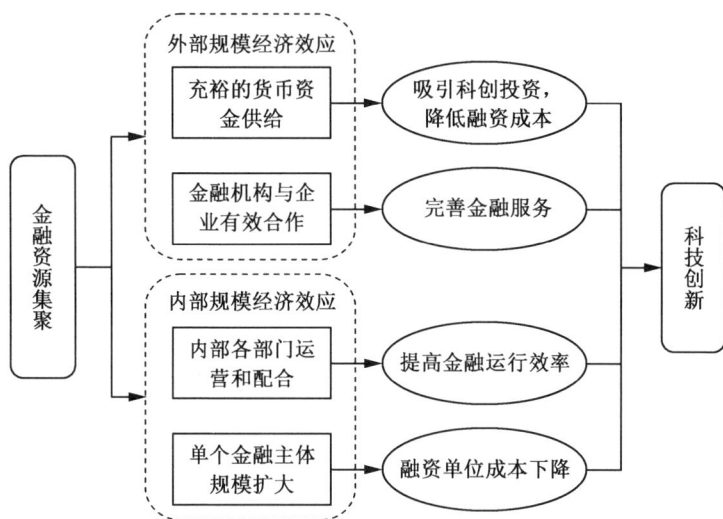

图 3.4   金融资源集聚推动科技创新的作用机制

3.2.1.2   金融资源集聚通过创新激励功能激发科技创新发展动力

金融资源的集聚效应激发了创新激励功能,对科技创新效应的形成发挥了重要作用。首先,金融机构、货币资金、金融信息、金融人力资源、金融中介服务机构和组织等大量集聚于区域内,在市场竞争机制的作用下,为获得更大的市场份额,集聚区域内各个金融机构和组织竞相采用新技术、新方法,创新金融产品和金融工具,提高金融服务质量,提升为科技创新企业服务的能力,强化了资本市场对科技创新型企业的管理。改革与创新科技创新项目的中长期资金等配套措施解决了科技创新发展缺乏长期资本的引领与催化制度的难题,增强了资本市场对科技创新企业的支持性与包容性。金融资源集聚效应催化了产品创新、制度创新、工具创新等一系列激励功能,促进了货币资金与资本同科技创新企业、项目的融合,填补了金融资源与科技创新对接的"缝隙"。[112]

其次,金融资源集聚的创新激励功能对科技创新效应的形成机制也体现在科技创新成果转化与价值实现阶段。企业、研发机构从事科技创新活动的最终目的是通过科技成果的转化、新产品的销售实现利润最大化,科技创新成果在市场得到认可是对科技创新研发的巨大利润回报。以金融资源集聚的创新激励推动科技创新发展的作用机制由图 3.5 所示。

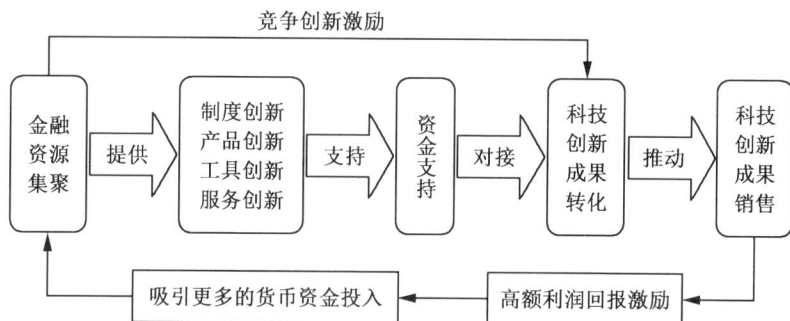

图 3.5　金融资源集聚通过创新激发科技创新的作用机制

基于以上金融资源集聚效应所产生的规模经济效应与创新激励功能提升了科技创新水平,激发了科技创新发展的动力与潜力,本书提出如下研究假设 1:区域金融资源集聚能够通过货币资金量规模、金融机构和组织规模、金融服务中介机构规模等金融资源的规模经济效应对科技创新发展产生正向的促进作用。

3.2.2　金融资源集聚以其辐射效应促进科技创新

金融资源集聚区在“极化作用”下形成增长极,到达一定程度后对周边地区产生相应的辐射效应,从而带动了货币资金、金融机构、金融信息、金融人力资源等向周边区域流动,大大提高了金融系统的融通资金的功能,分散了金融机构投入科技创新领域的风险,为科技创新提供有力保障。金融资源集聚的辐射效应对科技创新效应的形成机制主要从极化与涓流作用、融通资金功能两个方面分析。

3.2.2.1　金融资源集聚通过极化与涓流作用推动科技创新发展

金融资源集聚区在“极化”作用下吸引金融机构、货币资金、金融人力资源、金融信息、金融工具等要素资源不断向区域核心区集中,达到一定程度后形成增长极,在辐射效应影响下发挥"涓流"作用,使得金融机构的货币资金通过从核心区域向周边区域输出,金融资源逐渐向周边地区辐射,具体作用机制包括以下几个方面。

第一,"涓流"作用引导金融机构向周边地区增设金融分支机构,逐步形成完善的金融体系网络,为科技创新企业提供了更多的资金供应主体,同时还形成了竞争机制,降低了科技创新企业的融资成本、提高了服务效率。总之,金融资源集聚的辐射效应带来的金融机构的"涓流"推动了科技创新的发展。第二,金融资源集聚"涓流"作用增加了周边货币资金数量和规模,提高了区域内储蓄与投资转化率,为科技创新的基础研究、创新生产、市场开发等活动提供了金融交易活动的便利,带来了周边地区科技创新水平的提升。第三,金融资源通过极化作用形成大量丰富的金融工具与金融产品创新,这些类型的金融资源在涓流作用影响下,扩充了周边临近地区的融资渠道,为科技创新企业与项目发展提供了金融工具创新以及投融资产品的创新。第四,金融信息、金融文化、先进的金融制度等伴随着金融机构与货币资金等实体性金融资源,通过辐射效应大大加快了金融信息、金融文化与制度资源向边缘区的推移,带动了周边区域金融网络体系的运行效率与功能,为科技创新企业提供了更强的金融体系支持支撑。以金融资源集聚产生的极化作用与涓流作用推动科技创新发展的作用机制如图 3.6 所示。

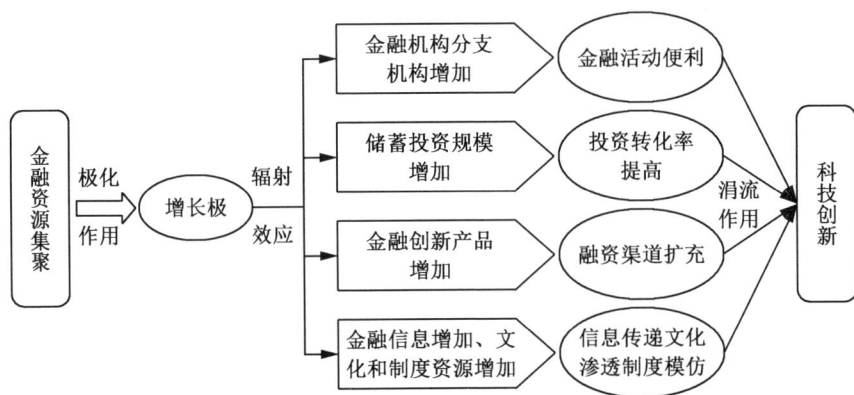

图 3.6　金融资源集聚通过极化与涓流作用推动科技创新的作用机制

3.2.2.2 金融资源集聚通过融通资金功能提升科技创新金融支持效率

当区域内金融资源集聚达到一定程度后,金融运行体系高度发达,金融运行效率较高,这不仅是金融资源在地域和空间上的运动,还包括金融体系本身的结构、功能、规模的发展与完善。

首先,金融资源集聚的辐射效应促使银行、证券公司、保险公司等在内的各个金融机构和组织以及货币资金、金融工具、金融信息资源、金融人力资源等资源要素不断从核心区向周边转移和流动,提升了区域之间金融机构与企业之间的协作程度,提高了货币资金的融通能力,大力提高科技创新企业通过金融市场融资效率。其次,金融资源集聚通过辐射效应,推动资金高效率地跨地域流动,显著提高了融通资金的能力与效率。金融机构将分散的储蓄聚集成资本,通过多种金融工具转化为投资流向科技创新企业,金融机构在此发挥金融中介功能,减少了科技创新主体与投资者之间的信息不对称,加速了资金的流动。

科技创新是一个从研发到产业化的动态过程。一方面,创新的过程十分漫长、艰难,创新过程的每个阶段对资金具有高流动、持续性支持的要求,具有较大的未知性与风险性,极其容易因某一原因而终止。另一方面,无论是在新技术的孵化阶段,还是在新技术的应用环节与新产品规模化生产阶段,区域金融资源集聚的辐射效应都能为科技创新提供高效的资金周转与市场流动性,降低了科技创新企业融资成本,扩大了融资规模,为企业的科技创新发展需求提供了支持。区域金融资源集聚产生的辐射效应提升融通资金功能推动科技创新发展的作用机制如图 3.7 所示。

基于以上分析,本书提出研究假设 1:金融资源集聚能够通过辐射效应,在金融机构分支机构、储蓄与投资规模的增加、金融产品资源的创新等方面推动科技创新发展,产生正向促进作用。

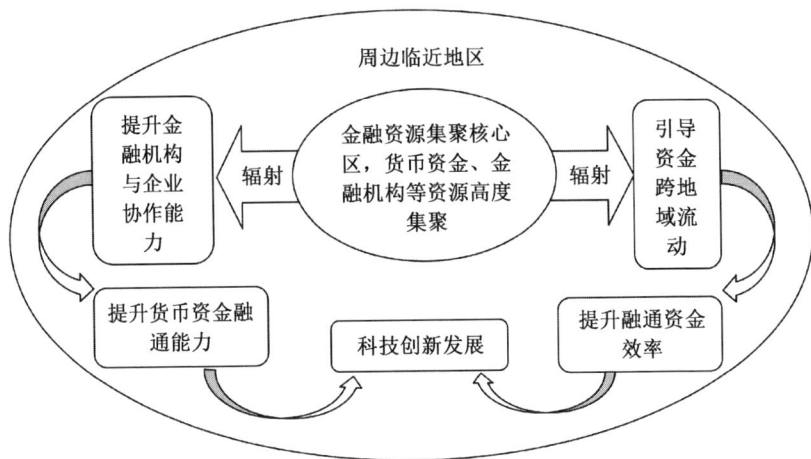

图 3.7　金融资源集聚通过融资功能提升科技创新金融支持

3.2.3　金融资源集聚以其溢出效应促进科技创新

　　金融资源集聚的重要动因之一是信息腹地的形成,信息知识密集与流转迅速可以大大降低科技创新的成本,加快新技术的学习与推广,强化了信息的揭示功能,降低了交易成本,减少了信息不对称,为科技创新提供知识信息的专业遴选、处理服务,提高了信息透明度,降低了金融风险,从而促进科技创新的发展。金融资源集聚通过知识信息的溢出,提升了信息风险管理功能,促进了科技创新发展。

3.2.3.1　金融资源集聚通过信息知识溢出促进科技创新发展

　　金融资源的集聚区域通常也是金融信息资源的密集区域。众多的信息中介机构服务于信息的收集、整理、流转、传递,为知识信息的溢出提供良好的平台,从而产生信息与知识溢出效应。在以计算机、互联网为主导的大数据时代,充分掌握有价值的信息与知识已成为区域科技创新与经济发展的关键。

　　第一,信息知识溢出有利于集群经济实体的知识学习,降低了获取新知识、新技能的成本,不断形成优势的创新资源,为科技创新的研发、生产、转化、产业化创造了有利条件。总之,知识的溢出带来了科技创新的正外部性效应。

第二,金融资源集聚产生的信息溢出效应可以让金融主体与企业管理者充分了解市场信息及其变动,减少信息不对称,降低市场的不确定性,减少市场失灵和政府干预导致的低效率情况,降低经营风险,提高金融机构融通资金供给方与科技创新企业需求方的对接成功率,从而有效地推动科技创新的发展。

第三,金融信息资源在地理空间上的集聚为知识的溢出提供了平台,溢出效应带来了相应的信息与知识的快速流转。信息知识的溢出效应带来技术的学习,实现了不同知识的交叉,丰富了金融信息资源的知识总量,扩大了科技创新资源。群体技术学习因此成为集聚区域内知识溢出的根本途径,推动了科技创新的可持续发展。

第四,金融资源集聚区内具有高效的金融网络系统,溢出效应带来的新知识、新信息、新技术等将很快得到推广和传播,使得区域内整体的科技创新资源变得丰富,科技创新能力得以提升,保障科技创新研发活动的基础研发能力提高,形成科技创新研发的良好平台,加快企业科技创新激励机制的形成。区域金融资源集聚产生的知识信息溢出效应促进科技创新发展如图 3.8 所示。

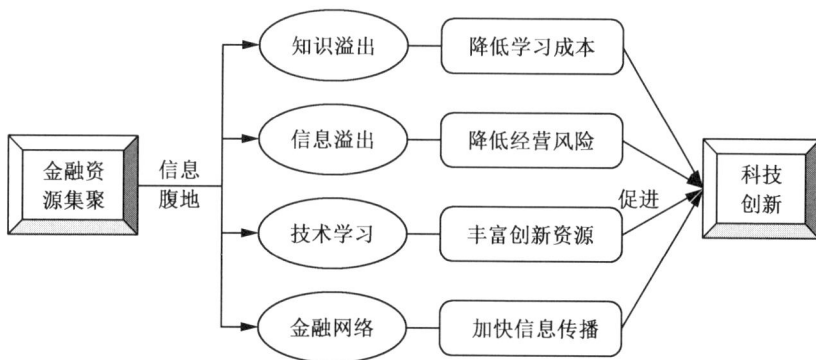

图 3.8　金融资源集聚通过知识信息溢出效应促进科技创新发展

3.2.3.2　金融资源集聚通过信息揭示功能提升科技创新发展效率

科技创新的首要阶段即知识创新阶段,这一阶段是新技术的孵化、科技创新核心阶段的初始环节,而信息的揭示、收集、整理等又是知识创新的关键所在。金融资源集聚的溢出效应强化了金融信息资源的揭示功能,既可以使资金需求者获得多方的融资渠道的信息,还可以使投资者获得更全面的投资价格、收益率比较、创新项目等信息。作为周期长、风险高、成本大的科技创新项目,信息的揭示程度已成为科技创新主体能否获得资金支持的重要条件。

第一,金融资源集聚的溢出效应实现了规模化的信息搜集与处理,强化了信息的揭示功能,更有利于金融机构降低信息的搜集处理成本,更方便快捷地掌握投资者与科技创新需求方的双方信息,减少双方的信息不对称,从而有助于投融资更顺畅地流向科技创新领域。

第二,金融信息资源从集聚核心区域向周边溢出与扩散,促进了公司的信息获取与传播,健全了公开信息披露机制,为科技创新企业通过资本市场获取金融支持提供信息保障,同时,当资本市场的规模和流动性变大时,市场参与者获取科技创新企业的信息激励也就越大,而促进科技创新发展。

第三,金融资源集聚区域内由于大量保险与担保公司竞相争夺市场,能为科技创新企业和项目提供优质的保险与担保业务,降低了科技创新企业和项目的融资风险,提供了丰富的企业担保信用信息。创业风险投资机构还能为科技创新企业和项目投资做出专业的评估技术与信息处理功能,信息揭示功能的整体提升也为科技创新发展提供了重要的保障。

第四,金融资源集聚核心区域内由于集中了大量的金融机构和组织,这带来了更大的同业竞争压力。为了实现利润的最大化,这些机构和组织会不断强化信息技术的处理与应用功能,这就提高了获取和处置信息的能力,提升了融资与科技创新整体的信息揭示与处理功能,从另一个角度提升了创新环境,提高了科技创新知识共享与外溢,降低了交易成本,有助于科技创新项目及时得到融资支持,促进科技创新发展。区域金融资源集聚提升的信息揭示功能提升科技创新发展效率的形成机制如图 3.9 所示。

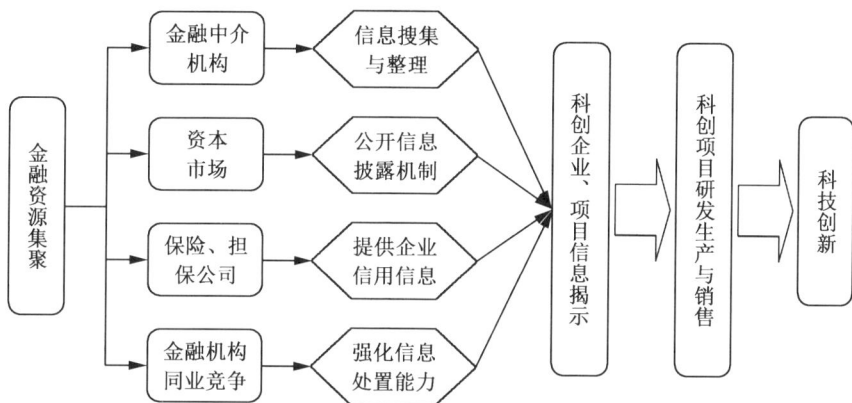

图 3.9　金融资源集聚通过信息揭示功能提升科技创新发展的形成机制

3.2.3.3　金融资源集聚通过风险管理功能保障科技创新的发展

风险是制约科技创新得到金融支持的重要因素。Saint(1992)在研究投资收益风险与技术的选择关系时指出,技术的专业化程度与收益不确定性成正比,投资者倾向于选择风险较小、专业化程度较低的科技创新项目。[113]科技创新过程的各个环节的风险高、收益不确定等特征致使大多数科技创新活动投入的巨大资金面临较高的风险,主要包括流动性风险和生产性风险。[114]流动性风险是指科技创新型企业向金融机构贷款时,由于金融机构与投资者之间的不确定性所产生的风险,以及在科技创新的、商业化和技术扩散的过程中而产生的社会风险等。生产性风险是指科技创新生产过程中所遇到的技术研发、产业化以及收益不确定性的风险,也包括创新主体的能力大小和部分企业家的决策行为导致的道德风险等,这需要金融机构合理评估、管理与监控科技创新企业及项目的风险,采取行之有效的措施分担与分散科技创新项目风险。

金融资源集聚带来知识与技术信息等资源的溢出,促进了信息的沟通与交流,减少了信息不对称,为科技创新活动提供了风险分担、分散、转移与管理的方式和渠道,有助于防范和控制金融系统风险的产生,具体可以通过政府机制和市场机制两个角度来分析。首先,以政府机制的运行,积极引导集聚区货币资金流向,通过政策性金融贷款和政策性金融投入等方式,对科技创新初期进行金融支持。其次,市场机制运行可以对科技创新成果转化以及产业化进行风险分散与分担,金融资源集聚区集中了大量金融机构,金融资源集聚带来的溢出效应为风险较大、周期较长的高新技术产业提供融资保障,多方位降低科技创新风险,同时提高了投资者的信心,为科技创新保驾护航。金融资源集聚的风险管理功能推动科技创新发展的形成机制如图 3.10 所示。

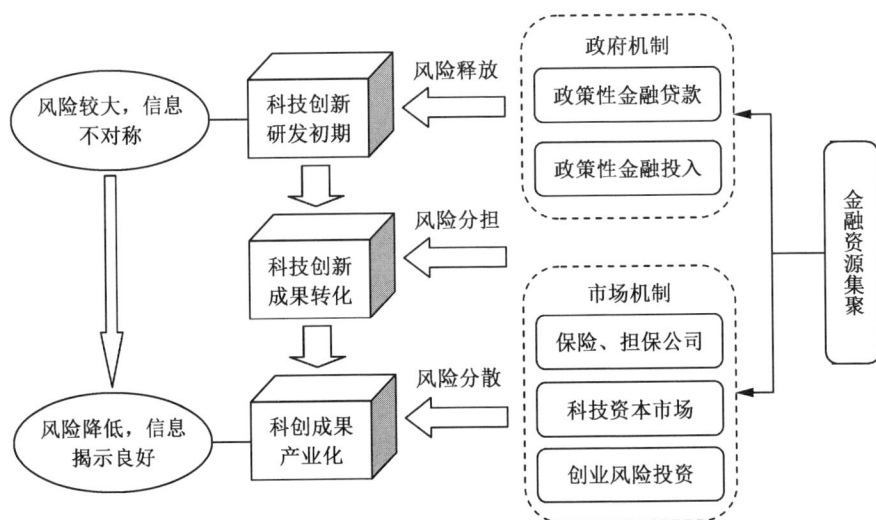

图 3.10　金融资源集聚的风险管理功能促进科技创新发展的形成机制

　　基于以上分析,本书提出研究假设 2:金融资源集聚能够通过知识信息与技术溢出对科技创新效应产生正向促进作用。

3.2.4　金融资源集聚以其空间关联效应促进科技创新

金融资源空间地域运动,并与周边区域产生空间影响和关联,形成空间网络格局,进而产生金融资源集聚的空间关联效应。各类型金融资源之间的空间关联效应是互相影响的,并非完全独立存在,这加强了金融机构、企业之间的网络协作,降低了交易费用,进一步强化了金融资源集聚对科技创新的推动促进作用。空间关联效应对科技创新效应的形成机制可以从强化协作与溢出效应、便利交易功能提升促进科技创新发展两个方面分析。

3.2.4.1　金融资源集聚强化协作与溢出效应促进科技创新发展

第一,强化了集聚区域内金融机构、企业等相关主体空间相互依存性,使得单个个体紧密联系在一个系统中,为金融主体与企业提供了便捷的沟通渠道,加强了协作性。在空间关联效应作用下展开全方位合作,金融机构可以为企业提供更直接、便利的金融服务,提高二者的生产效率与效益的同时,产生额外收益价值的提升。

第二,货币资金在利率及帕累托最优的作用下,通过金融资源集聚的空间关联效应实现跨区域的快速流动,吸聚货币资金在一定空间上集聚并向周边落后区域扩散溢出,为空间关联效应辐射范围内的科技创新的研发与成果转化提供了充裕且灵活的资金支持。

第三,集聚区信息腹地大量的金融知识与信息资源溢出,在空间关联效应作用下由集聚区域内向周边逐渐扩散、传播和推移,推动新技术、新知识、新方法、新理念在信息碰撞中产生与扩散,对周边区域产生空间溢出。

第四,金融资源集聚的空间关联效应有利于良好的金融制度与文化体制产生示范效应,能带动周边区域效仿与学习先进的金融制度与金融文化,营造良好的金融市场环境,为企业与科技创新融资、发展提供稳定的制度保障。空间关联效应强化协作与溢出效应促进科技创新发展的形成机制如图 3.11 所示。

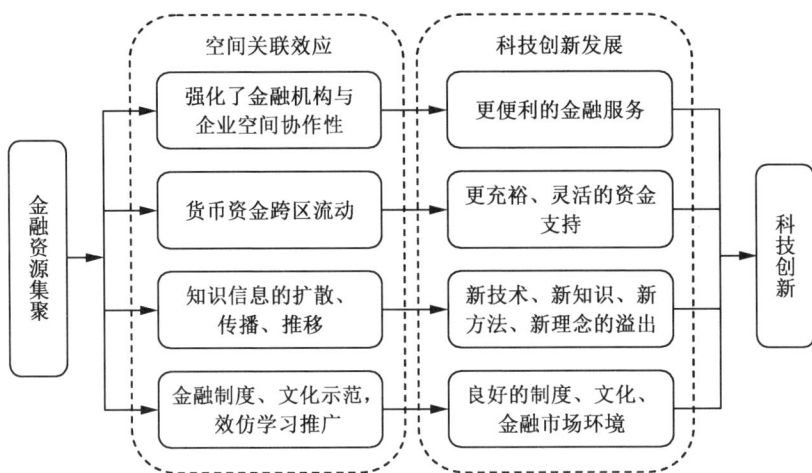

图 3.11   金融资源集聚通过强化协作与溢出效应促进科技创新发展的形成机制

3.2.4.2   金融资源集聚的便利交易功能推动科技创新发展

金融资源集聚的空间关联效应使得金融机构和组织与企业之间的联系因地缘优势更加密切,伴随着科学技术的进步与互联网的飞速发展,金融资源集聚形成的空间关联效应范围更大、影响更深,金融机构与企业之间联系更为紧密。

第一,金融资源集聚的空间关联效应为金融信息资源的流动提供了便利的渠道,充分实现了企业信息的共享,大大降低了客户搜集、获取信息的成本,为金融交易提供了便捷的金融交易通道,增加了资金的流动性,强化了金融机构和组织之间更加专业化的分工与配合,提升了科技创新企业与项目投融资金融交易效率和金融交易功能。

第二,金融资源集聚的空间关联效应有利于更专业发达的金融市场的形成,降低了企业的交易成本,活跃了金融交易市场,为企业和科研机构的科技创新研发与成果转化提供了更多的融资支持,从而加快了科技创新项目成本的回收,进而促进了科技创新的发展。

第三,金融资源集聚的空间关联效应更容易在金融机构与企业之间建立信用机制。信用与合作关系对于金融机构与企业尤其重要，金融机构与企业可通过金融网络建立空间关联效应，继而进行广泛的接触，使双方获得更多的信息，从而强化金融机构与企业之间的协作，改善科创企业因风险较大、周期较长等弊端所面临融资约束的情况，提升便利交易功能。以空间关联效应提升便利交易功能促进科技创新发展的形成机制如图 3.12 所示。

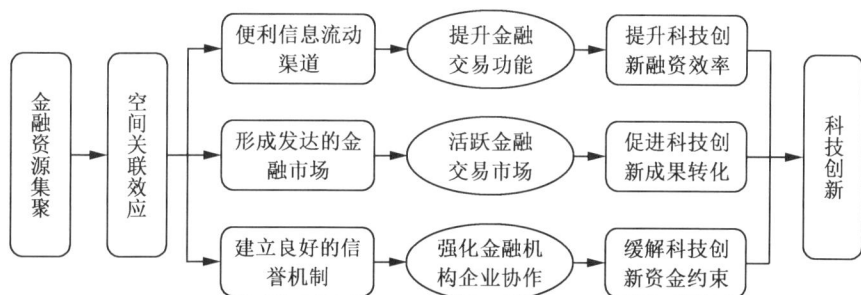

图 3.12　金融资源集聚通过便利交易功能推动科技创新发展的形成机制

基于以上分析，本书提出研究假设 3：金融资源集聚能够通过空间关联效应促进科技创新发展，起到正向的推动作用。

3.3　区域金融资源集聚的科技创新效应的影响因素

根据上文分析可知，区域金融资源集聚效应、辐射效应、溢出效应、空间关联效应对科技创新的各个阶段和过程发挥着重要的作用。除此之外，科技创新还会受到金融资源集聚以外的其他因素的共同影响，例如政府政策、科技资源状况、金融生态环境、人力资本等。在这些环境因素的作用下，不同作用机制的协同运行决定了区域金融资源影响科技创新效应的高低，在一定程度上决定了区域金融资源与科技创新相结合的深度与发展。

3.3.1 政府政策

政府政策指政府部门为引导、鼓励、规范科技创新型企业积极发展而制定的一系列相应政策。不同的政府政策对科技创新作用机制的体现是不同的。一方面，政府首先通过国家科技创新投资与产业扶持政策、优惠的税收政策等直接干预手段引导金融机构向科技创新项目与企业提供货币资金信贷支持，为金融资源更好地支持科技创新提供良好的政策环境。由于科技创新一般都是高风险的项目，政府的干预政策可以避免因完全市场机制的作用下出现的"市场失灵"等状况，弥补市场机制自发调配，引发货币资金等金融资源逐利性的不足之处。另一方面，政府通过优化的政策环境，完善法律制度，可以为科技创新提供良好的创新发展的政策与制度环境，降低金融风险，保障科技创新从投入与研发到成果的转化与产业化等的顺利进行，避免因政府职能的缺失而导致的金融资源错配与障碍等制约科技创新发展的情况发生。

3.3.2 市场化水平

市场化水平即市场化程度，是指通过市场的价格机制配置资源的能力与水平，它反映地区市场化规模、市场发展的潜力等，且直接影响区域经济发展的活跃程度。首先，在高效率的市场化水平作用下，各个要素市场发育完善，市场中各种生产要素(土地、劳动、资本、企业家才能)、科技人力资源、科技财力资源、科技装备资源、科技信息资源等科技创新资源，在市场机制自发调节下，在区域间进行有效的配置与流动，提高科技创新资源配置效率，从而促进科技创新发展。反之，则阻碍科技创新的发展。其次，在较高的市场化水平下，高度发达的商品市场能提高科技创新成果及其转化效率以及新产品的销售与价值的实现，加快科技创新企业资金回流与成本回收，为投资主体带来利润的最大化，提高科技创新成果的有效市场配置功能，助推科技创新发展。

3.3.3　科技资源状况

科技资源是决定科技创新发展的最基本要素,主要包括科技人力资源、科技财力资源、科技装备资源、科技信息资源四大类。

科技人力资源是一国或地区科技发展的重要资源之一,也是区域科技创新发展潜力的重要体现。高水平的人力资源是一个企业甚至是一个行业的核心竞争力,近代经济快速发展的实例也证明了科技人力资源对于科技创新发展的重要性。[115]科技财力资源主要来源主体是企业、政府、金融机构等,是科技创新活动开展的重要基础。科技创新的财力支持的力度,可以直接影响科技创新的研发状况,促进科技成果的转化。相对于政府与金融机构,企业对科技创新的投入效率最为直接高效。[116]科技装备资源属于开展科技创新活动的有形物质资源,是科技创新活动顺利开展的必备基础条件。科技装备资源是科技创新活动最基础的物质条件,对研发等科技资源的有效利用保证了科技活动的顺利进行和实施。科技信息资源属于无形资源,通常以知识和技术的形态存在于科技创新研究之中,是促进科技创新发展的关键因素。最新的科技信息与技术可以说是科技创新的命脉,科技信息资源的有效配置会推动科技创新型企业乃至区域科技创新水平与效率的提高,因此,对科技信息资源进行有效的搜集整合并合理传递和优化配置,能够有效地促进科技创新及其效率水平的提高。

3.3.4　地区基础设施建设

地区基础设施建设主要包括交通基础设施、通信基础设施及住房、教育、医疗卫生等设施的建设,完善的基础设施建设能为科技创新发展提供硬件保障。首先,发达的铁路、公路、水运、航空运输等使得货物、人员等快速流通运转。其次,发达的通信基础设施可以提高区域内信息化水平,如区域内邮电设施、互联网接入端口数量、光缆长度、电话普及率等基础通信设施的规模与状况能够直接影响信息的收集与有效传递,加速知识和技术的外溢,从而实现信息化水平的提高。信息资源的高效流动能扩大信息传递的速度与质量,增强对科技资源的吸引。再次,住房、教育、医疗等基础设施是吸引各种人才集聚的保障设施。地区基础设施已成为国内外诸多跨国公司、企业和人才选址的重要影响因素之一,区域基础设施的建设有助于企业科技创新与项目的发展有效开展与效率的提高。

3.3.5　法律制度与信用体系

良好的法律制度体系能为市场提供公平、有序的良好市场环境,能为科技创新的研发、科技成果转化、产业化等提供重要的保障。完善、健全的法律制度可以规范市场、科技创新参与主体,使其遵循法律的约束,明确交易的权利与责任。同时,相关法律法规体系的建设与完善可以保障科技型企业的合法权益,保障科技创新健康稳定发展。

信用是现代市场经济顺利运行的基础。社会信用体系健康与否对市场经济体制的运行起到重要的作用。当社会信用体系充分发挥作用时,市场机制才能高效运作。健全的社会信用体系能引导科技资源合理流动配置,形成规范市场,加快科技创新新产品的市场价值实现。完善的知识产权保护法体系与社会信用体系是保护科技创新成果合法权益的重要保障。目前,我国已经推行了多部科技方面法律法规,如《中华人民共和国专利法》(2008 年修订)、《中华人民共和国科学技术普及法》(2002)、《中华人民共和国著作权法》(2010 年修订)、《中华人民共和国科学技术进步法》(2007 年修订)、《中华人民共和国促进科技成果转化法》(2015 年修订)等科技领域的法律法规。但总体而言,现阶段针对科技创新领域的法律法规体系仍然有一些不足,科技创新的投入与回报得不到相应的法律保障,削弱了科技创新发展的积极性。完善的法律法规体系是保护科技创新并促进其大力发展的重要保障因素。

3.3.6　对外开放程度

一国的对外开放程度会对本国的投资与科技创新的发展构成一定的影响。通常,具有较高对外开放程度的国家和地区往往具有更多的包容性与容纳性,能吸引更多国外资金的进驻,为本国企业的发展与科技创新带来更多的资金支持。一般来说,伴随对外开放程度的提高,外商投资的增加会给本国带来更多的新技术、新工艺、新产品、新管理等创新要素,同时亦会带来科技创新知识、人才、技术的流动,从而为本国科技创新活动注入新鲜活力,带动科技创新发展。

基于以上分析,本书提出研究假说 5:政府干预、市场化水平、人力资源储备、交通便利程度、信息传递水平、对外开放等方面对科技创新发展产生相应的影响。

3.4　区域金融资源集聚对科技创新可能产生的负效应

从上述章节的分析中可知,各类金融资源的集聚有助于形成区域内专业化服务高效的金融服务体系,为科技创新的各个阶段提供必要的融资支持,降低融资成本,积极推动科技创新发展。但任何事情都有两面性,例如,货币资金、金融机构等资源过度集中,会造成区域内金融资源的过度拥挤,增大行业内竞争压力,使企业成本上升,利润下降,从而出现不经济的状况,同时也会对科技创新产生负效应的影响。

3.4.1　金融资源过度竞争效应

根据金融资源集聚的发展周期理论,当金融资源集聚程度达到一定水平之前,货币资金、金融机构、金融信息资源、金融人力资源等会不断向集聚核心区运动,金融资源集聚水平逐渐上升。但金融资源集聚超过一定限度时,大量金融机构、金融市场工具等必然出现过度拥挤的情况。[25]当集聚区金融资源过度饱和,就会导致市场供需失衡,此种情况下,各个金融机构为了利润争夺市场,竞相大幅降价,可能出现互相攻击、以次充好等"劣币驱逐良币"的现象,恶性竞争的蔓延、扩散会损害集聚区域内的所有企业的利益,阻碍科技创新的健康发展。同时,由于货币资金、金融机构的拥挤,行业竞争压力会迫使金融机构不断推陈出新,加快金融产品的创新,由此带来金融风险的加剧,导致资本市场的波动与不稳定。

3.4.2　金融资源集聚不平衡效应

金融资源是具有逐利性的,区域间经济发展差异会造成发达区域与落后区域之间的"利率差",即资本的逐利性会导致货币资金、金融机构等资源流向发达地区,出现"抽水机效应"(即各种货币资金从落后地区向发达地区单方向流动,金融机构倾向于在集聚核心区设立分支机构)。金融资源集聚区的净流入会产生丰富的金融资源,但对于金融资源净流出的区域,货币资金与金融机构大幅度减少,这会出现"富者越富、贫者越贫"的马太效应。故在金融资源相对匮乏的地区,区域内科技创新项目的研发与成果转化等极有可能会因缺乏相应的金融支持而停滞不前。区域金融资源集聚造成金融资源的地域运动,使得区域间金融资源集聚水平产生巨大差异。资源是有限的,金融资源更是如此,金融资源相对匮乏的地区会因金融资源的有限性而寻求高回报率、低风险的投资项目,这会导致科技创新高风险项目因缺乏资金支持而无从发展,最终导致区域间科技创新发展的不平衡状态出现。

3.4.3　金融资源集聚成本增加效应

金融资源地域运动的本源动力是帕累托最优改进与利益的驱使,因此也会有成本的衡量比较。当金融资源集聚的收益大于成本时,集聚运动就会持续不断进行,吸引更多的货币资金、金融机构、金融人力资源等资源要素源源不断进入集聚区,溢出更多金融信息资源,形成特有的金融制度资源与金融文化资源,金融资源集聚水平越加提高。但当金融资源集聚的收益小于成本时,金融资源会逐利而动,退出现有集聚核心区,向利益回报率更高的区域或周边落后区域流动和转移,致使原有集聚功能得不到发挥,从而阻碍科技创新的发展。造成成本上升的主要原因有很多,例如地方保护主义、政府干预行为、金融制度法律法规不健全造成金融资源进入壁垒等。目前,我国市场经济发展已经取得了一定的成绩,但市场化水平发展不均衡,区域差异较大,政府干预下的金融扭曲现象仍随处可见,政府相对有限的科技创新财政支持可能没有起到预期效果,地方政府可能为了追求地方政绩和短期有较大回报的行业进行投资。另外,于短期内回报率低、风险较大的科技创新项目、科技创新型企业鲜有投资,导致重复建设与金融资源浪费现象,抑制了科技创新发展。

第4章　区域金融资源集聚水平的测度及时空演进

如前文所述,金融资源集聚能充分发挥集聚效应、辐射效应、溢出效应、空间关联效应,使区域内货币资金、金融机构、金融人力资源、金融信息资源等资源要素重新组合配置,从多方面、多角度、各个阶段深入影响了科技创新。本章拟在详细分析我国金融资源集聚发展现状的基础上,构建区域金融资源集聚评价指标体系,综合评价我国区域金融资源集聚水平,为后文的实证研究奠定基础。

4.1　我国金融资源集聚的发展现状

4.1.1　全国及各省区金融中心的发展

4.1.1.1　国家金融中心的发展

以上海、北京为代表的国家金融中心,以其完善的金融市场体系与全面的金融服务调配国内金融资源,对国内经济发展发挥了重大作用,是各类型金融资源不断集聚发展的最终结果体现。

（1）上海国家金融中心发展概况

上海位于我国最大的经济核心区——长江三角洲的经济腹地，发达的经济为上海金融资源的集聚发展提供了强有力的支撑。2002 年以来，上海确立了未来 10～20 年建成国际金融中心的目标，中央和地方政府的各项政策措施以及上海金融、贸易、航运等的快速发展，为上海市成为国际金融中心带来了新契机。党的十八大以来，上海初步形成了全球性人民币交易、定价、清算中心，进一步巩固了金融市场体系。目前，上海有中国最大的证券交易所、期货交易所、全国银行间同业拆解中心、黄金交易市场、外汇交易市场、债券交易市场等，已经形成了我国最完整、最活跃的金融市场体系，成为全国性金融机构的功能性营运中心。同时，上海通过确立以人民币产品为主导的全球性金融市场地位，在公平法治、自由开放、创新高效、合作共享的金融服务大背景下，大力提升金融资源配置能力，全面推动上海国际金融中心的全面升级与发展。伴随着金融生态环境的日渐完善，金融资产、金融人才、金融机构源源不断地向上海集聚，上海金融机构的数量、核心竞争力、盈利能力、创新水平、国际化水平等诸多方面均在全国名列前茅，上海不仅成为我国金融资产、金融机构、金融人才等各种金融资源最集中的城市之一，更成为重要的国际金融中心。[117]

（2）北京国家金融中心发展概况

北京是中国的政治与经济中心，聚集了全国金融监管和国有商业银行等大型金融机构，同时也是国外的金融机构中国乃至亚洲总部的首选。2006 年 5 月，北京市政府颁布《北京商务中心区落实〈关于促进首都金融业发展的意见〉的实施意见》，采取现金补贴、税收减免等措施鼓励新落户金融企业，大大加快了国际金融机构落户北京CBD 的进程。2008 年《关于促进首都金融业发展的意见》的推出，确立了北京建设具有影响力的国际金融中心城市的发展目标。"十三五"金融规划继续巩固和提升了北京作为国家金融管理中心的地位和作用，促进了金融业的快速增长，推动了北京全国资金聚集中心、资金结算中心、信贷收支中心等领域的建设与形成，使得北京在金融管理、金融创新、金融市场、金融人才等方面的金融资源持续聚集,成为中国金融业最具影响力的金融中心之一。北京金融街地区经过近 20 年的发展,更是集聚了"一委一行二会"、中国银行、中国建设银行、中国工商银行三大国有商业银行的总行,众多商业银行、证券公司、保险公司的总部,以及花旗银行、高盛、纽约银行、摩根大通等全球金融业巨头,已然成为国家级金融管理、金融信息、资产管理中心、资金结算集中地。毫无疑问,北京已成为具有重要影响力的国际金融中心城市。

4.1.1.2　经济区金融中心的发展

伴随着国内整体经济形势平稳增长,各大经济区域的金融业建设与发展也在提速。首先,我国东部地区金融服务体系进一步健全。2019 年年末,东部地区银行业资产规模保持较快增长,资产总额为 143.7 万亿元,同比增长 9.0%;银行业金融机构网点数量 9.1 万个;银行从业人员 180.9 万人,法人金融机构 2 215 家,较上年增长 24.2%;保险业稳步发展,保险公司原保险保费收入 2.3 万亿元,同比增长 16.2%。其次,中部地区金融业运行总体稳健,社会融资规模和信贷总量保持较快增长。2019 年年末,中部地区银行业金融机构总资产 40.4 万亿元,同比增长 9%;银行业金融机构网点数量 5.4 万个,比去年增加 300 个;银行从业人员 81.1 万人,特别是区域性中小银行发展提速,金融资源集聚水平持续提高。再次,西部地区金融机构规模稳健增长,金融供给更加优化。2019 年年末,西部地区银行业金融机构家数、从业人员数分别达 6 万个、95 万人,资产总额 46.1 万亿元,社会融资规模增量 4.5 万亿元。最后,东北地区金融运行情况总体平稳。2019 年年末,东北地区共有银行业金融机构网点 2.2 万个,从业人员 39.6 万人,资产总额 15.9 万亿元,机构个数、资产总额同比分别增长 2.1%、5.1%。

各大区域为了增强经济竞争力,将区域范围内的金融资源不断进行优化与整合,货币资金、金融机构、金融人力资源等各类型金融资源迅速在区域内核心城市集中,形成区域经济发展高效的金融服务融资枢纽,即区域性金融中心。我国区域金融中心之间的竞争十分激烈,各地地理区位、资源禀赋、金融制度、金融功能与服务等各方面的差异,导致金融资源不断向金融生态环境优越、金融运行效率与资金回报率较高的核心经济区的核心城市集聚,逐步形成了典型金融资源集聚中心城市。例如青岛、南京、广州等城市着力打造东部区域金融中心,围绕国家金融中心上海,充分发挥产业转型升级的金融支持作用,促进地方产业与经济发展,加速东部区域经济一体化进程;以武汉为代表的中部区域金融中心,科技金融发展较为突出;沈阳着力打造北站金融商贸开发区,成为面向东北三省,辐射华北腹地及东北亚地区的国际一流现代金融城,力争打造东北区域金融中心;以成都、西安为代表的西部金融中心建设,均以建设成为西部区域金融市场中心为目标,核心经济区域的地方金融中心逐渐形成。

4.1.1.3　各省区金融中心的发展

核心经济区域发挥了地方经济优势,形成了区域金融资源集聚的良好经济基础,各个省份充分认识到金融对于经济的核心作用,均积极提出省级金融中心建设规划,带动省域经济发展。目前我国共有 26 个城市计划或正在建立金融中心,除了上文介绍的区域金融中心以外,部分城市还着力于积极促进省域经济发展,结合地域、文化等特点与优势,打造独特的区域金融中心。例如天津将打造离岸金融中心建设,建设全国性非上市公司的股权交易市场;宁波、长沙、石家庄、南昌、长春、南宁均设立了建设区域性金融中心的目标;厦门将建设两岸区域性金融服务中心;合肥进一步创新银地合作方式,加快建设合肥区域性金融中心步伐;济南已经成为跨省域金融监管中心,区域金融中心的辐射带动作用得以初步显现;杭州从建设生活品质之城、打造现代化国际大都市角度出发,致力于打造杭州区域金融中心和全国性的民营经济金融服务中心;昆明将建成金融机构集聚、产业发展与金融资源配置高效的区域性金融中心和人民币跨境结算中心;乌鲁木齐将构建中亚区域金融中心;哈尔滨将建设成为面向东北亚的区域金融中心。各省市建设各具特色的省域金融中心规划,极大地促进了我国各层级金融资源集聚的发展,促进了各省域金融资源集聚水平的提高。

4.1.2　跨区域金融资源集聚的发展

中国地域辽阔,伴随经济的发展逐渐形成了诸多核心经济区域。从我国经济发展的实际来看,在地缘优势、贸易往来、经济基础等诸多因素作用下,我国逐渐形成了环渤海经济圈、粤港澳大湾区、长江经济带等经济圈,它们在一定区域内发挥着越来越重要的经济影响力。

环渤海经济圈是指环绕渤海全部及黄海部分沿岸地区组成的经济区域,包括北京、天津、山东、辽宁和河北5个省市。北京凭借着信息和知识密集的优势地位,不断吸聚货币资金、金融机构、金融人力资源等各类型金融资源,属于典型的跨区域金融资源集聚中心,金融综合实力最强,对环渤海经济圈内其他城市,例如天津、沈阳、大连、济南、青岛等,形成了较强辐射,且日渐形成国家金融中心,天津、沈阳、大连、济南、青岛是次级区域金融中心。环渤海金融圈辐射到了东北乃至东亚地区。

长江经济带包括长江上游(重庆、四川、云南、贵州)、长江中游(湖北、湖南、江西)和长江下游(上海、江苏、浙江、安徽)的11个省市,横跨我国东、中、西三大地带。2018年,长江经济带所覆盖省份共实现国内生产总值402 985.24亿元,同比增长10.95%,占全国GDP的比重达到44.76%,长江经济带在全国区域经济发展中占据着举足轻重的地位。长江经济带由于跨度大,涉及较多省市,故其跨区域金融资源集聚发展呈现"多核心"的发展态势。长江经济带下游(即长三角区域)以上海为核心,其中心地位尤为突出,辐射影响包括南京、合肥、杭州、苏州和无锡等周边城市和省域,属于全国性金融中心;长江上游与中游的金融中心城市较为分散,具备跨区域金融中心特征,长江中游区域形成了以武汉、长沙为核心的金融中心。长江上游区域形成了以重庆、成都、昆明为核心的金融中心,具有较强的发展潜力。上海金融资源集聚力与辐射力尤为突出,影响了长江经济带的大部分城市和区域,形成了上海辐射带动整个长江经济带的区域金融中心共同发展的"多核心"空间格局与发展模式。[118]

粤港澳大湾区包括香港、澳门、广州、深圳、珠海、佛山、惠州、东莞、中山、江门、肇庆 9 个城市,是我国目前开放程度最高、经济活力最强的区域。截至 2018 年年初,粤港澳大湾区吸引 10 余家港澳银行在广东省 21 个地级市设立 30 家分支机构,达广东省外资银行网点总数的 56%,大湾区在港交所上市公司市值占比为 15%,已登记备案的创业投资基金管理机构和私募股权多达 6 291 家,主要位于粤港澳大湾区内,管理基金规模 23 579 亿元,管理基金的数量为 17 821 只,规模与数量均呈现快速增长趋势。《粤港澳大湾区发展规划纲要》明确指出,要支持香港私募基金参与大湾区的经济发展与创新创业投资,吸引国际资本进驻大湾区,联动深圳、广州等城市形成珠三角城市群,带动粤港澳大湾区金融资源集聚发展。

4.1.3　各区域金融集聚区和金融功能区的发展

近年来,大量以突出综合性金融功能为特点的金融功能区和服务于产业创新发展的金融资源集聚区逐渐兴起与发展,成为我国区域金融资源集聚的重要特点,具体表现为以金融街为代表的金融功能区、金融小镇、科技金融中心等形式。

4.1.3.1　金融功能区

当城市规模发展到一定程度后,为满足城市居民不同的生活需求,居住区、工业区、商业区和混合功能区等不同的功能单元逐渐形成,这些功能单元即为城市功能区。[119]金融功能区属于城市功能区的一种,指由金融产业和与之高度关联的其他产业集聚而成的一类区域,其对城市功能区发展发挥了重要的作用。国家"十二五"规划提出金融功能区的建设已成为当今特大城市区域金融发展的战略选择之一。城市金融功能区的建设通常有助于促进金融机构总部与分支机构、投资咨询与管理公司、金融信息服务机构、会计师事务所、律师事务所等一系列金融服务类型企业的建立与发展,并向周边区域和城市辐射与扩散,推动区域经济持续不断发展,产生较强的辐射带动作用。

以北京金融街为例。作为国内典型的且较为成熟的金融功能区,北京金融街是国家的重要金融集聚核心区,集中了一大批国有金融、电信、能源企业和管理部门总部,集中了全国 90％以上的金融资产,是北京市第一个大规模整体定向开发的金融产业功能区,也是北京乃至全国"一平方千米"高端产业最为聚集、创造价值最大的区域。金融街区域的金融从业人员达到 14 万,全球 500 强中有 12 家在金融街设立了机构。近年来,先后有 100 余家外资金融机构和国际组织入驻金融街,使其具备了典型的城市金融功能区的特征。[120]

还有以哈尔滨为代表的正在规划与建设中的金融功能区。哈尔滨新区重点打造金融商务功能区,大力引入与金融业相配套的要素市场资源,以形成金融业全产业链条,改善金融业发展软环境。哈尔滨新区对入驻金融商务区的金融企业总部和省级分支机构予以购房和税收补贴,推进境内外金融机构入驻,加速培育对俄贸易金融业务总部经济的形成,以提升金融商务区集聚功能、扩大金融综合市场、激活新区金融商务区;建设中融信托大厦,依托其多年来积聚的行业影响力,吸引一批包括保险、基金、证券及其关联产业的金融类机构进驻;助力新区发展集现代金融服务、高端商务服务、资本运营管理、国际金融服务于一体的金融商务区建设,打造立足黑龙江、面向东北、辐射全国的高标准、高水平金融产业集聚中心,为加快哈尔滨新区建设发展注入新的动力。

4.1.3.2　金融小镇

金融小镇属于特色小镇的一种,是以发展金融服务为特征,由多种金融资源要素在一定空间范围内构建的集合体。金融小镇通过集聚基金、货币资本、创业投资、风险投资等金融资源,创新金融发展功能与模式,塑造金融微生态,全方位打造产业链的金融服务链条,再通过独特的金融定位,更好地服务当地实体经济,实现资本市场与产业经济的合作对接。金融小镇作为区域金融资源集聚的重要空间载体,打破了以各类型金融中心为代表的传统金融资源集聚的发展路径,创新了金融资源集聚的发展途径,是新时期、新阶段金融资源集聚模式创新的有力探索。金融小镇这种区域金融资源集聚新形式的出现,为科技创新与经济发展注入了强心剂。

金融小镇一般是在政府部门的规划设计的主导下,为实现某一产业的发展,通过税收、制度等优惠政策制度资源,创造优越的投融资环境,吸引货币资金、金融机构、金融人力资源等金融资源进驻,形成的金融资源汇集地。金融小镇按照市场化运作机制展开经营,可以实现各类型金融资源的快速聚集效应,实现金融创新发展,为科技创新提供金融支持,促进产业优化升级转型,实现地方经济的发展。近几年,全国各省市金融小镇如雨后春笋般蓬勃发展,目前,国内主要金融小镇已超过 40 余家,主要金融小镇如表 4.1 所示。

表 4.1　　　　　　　　　　　　国内主要金融小镇

1.北京基金小镇	20.广东温泉财富小镇
2.浙江宁波梅山海洋金融小镇	21.广东花东绿色金融小镇
3. 浙江慈城基金小镇	22.广东新塘基金小镇
4.浙江富阳硅谷小镇	23.广东南海千灯湖创投小镇
5.浙江义乌丝路金融小镇	24.广东松山湖基金小镇
6.浙江湘湖金融小镇	25.广东深圳前海基金小镇
7.浙江玉皇山基金小镇	26.江苏苏州金融小镇
8.浙江西溪谷互联网金融小镇	27.江苏凤凰湾基金小镇
9.浙江拱墅运河财富小镇	28.天津东丽湖金融小镇
10.浙江白沙泉金融小镇	29.四川天府之国金融小镇
11.浙江杭州玉皇山南基金小镇	30.湖北贺胜金融小镇
12.浙江温州万国财富金融小镇	31.上海东方金融小镇
13.浙江黄公望金融小镇	32.海南亚太金融小镇
14.浙江南湖基金小镇	33.陕西中西部陆港金融小镇
15.浙江金柯桥基金小镇	34.陕西灞柳基金小镇
16.浙江宁波鄞州四明金融小镇	35.内蒙古塞北金融小镇
17.广东番禺万博基金小镇	36.安徽合肥滨湖基金小镇
18.广东珠海创投小镇	37.山东青岛莱西基金小镇
19.广东前海深港基金小镇	38.河南中原金融小镇

由表 4.1 可见,国内金融小镇蓬勃发展,以浙江、广东两省数量最多。金融小镇可以根据金融服务链与产业链的衔接划分为理财金融小镇、创业投资金融小镇与特色产业金融小镇三种类型。理财型金融小镇的特点是集聚了大规模的理财资本,属于相对传统的金融小镇模式;创业投资金融小镇特点是通常与科技创新类型企业密切相关,为其提供创业与风险投资;特色产业金融小镇主要为重点产业或特色产业提供金融服务。一方面,金融小镇、基金小镇的建设打破了传统金融资源集聚向国家等高级别金融中心发展的模式,弥补了传统金融中心对乡镇地区科技创新型企业金融支持的不足,加强了乡镇地区的产业战略布局优化,因地制宜打造金融产业服务基地,撬动了地方产业与经济的转型升级,为科技创新驱动生产力发展提供了强有力的金融资本支撑。另一方面,科技创新企业的数量与效益的高速增长,与之相关的股权投资基金和创业投资基金的规模与数量快速上升,金融小镇的投资建设热潮进一步推动了国内金融小镇的快速发展。金融小镇虽然在集聚模式、发展定位、运营方式等方面仍然处于探索阶段,且存在政府主导过多,产业布局趋同化、金融产业链发展不够完善、金融专业人才短缺、金融创新不足等短板,但不可否认的是,金融小镇等新型金融资源集聚形式具有广阔的发展前景,是我国经济新常态下区域经济一体化发展的新型区域金融资源集聚模式有益探索。

4.1.3.3　科技金融中心

科技金融中心是一种特殊的空间集聚形态,它既包括货币资金、金融机构、金融人力资源、金融信息资源、金融政策与金融工具等金融资源在空间上的集聚,同时又包括科技企业、科技创新、科技人才、科技政策等在区域内的集聚。在科技金融中心内部,金融资源与科技资源合二为一,且相互融合、相互促进、共同发展。例如美国旧金山的湾区科技金融中心打造了全球著名的科技中心——硅谷,科技金融中心已经成为新兴经济创新发展、转型升级的重要推动力。我国各地区在政策、制度供给、财政经费等方面积极推动科技金融中心建设与发展,取得了一定的成绩。清科研究中心发布的《2019 年中国城市科技金融发展指数》直观地展现了各地区科技金融发展的情况:北京、上海、深圳三个城市属于第一梯队,在科技金融各领域均居领先地位,具有绝对优势;杭州、广州属于第二梯队,二者科技金融发展水平相对较好;武汉、南京、成都、西安为第三梯队,但与第一梯队城市差距较大,具有较大的发展和上升空间。从作为科技金融中心重要承载区域的高新区发展来看,中关村科技园和上海张江高新区发展较为成熟,深圳高新区和杭州高新区在创业投资和股权投资资本市场有一定优势,科技金融活跃度较高,武汉东湖高新区的多层次资本市场服务表现较好,西安创新创业资源服务优势较为突出,成都高新区特色优势较为明显。

4.2　区域金融资源集聚的测度指标体系

4.2.1　评价指标体系构建原则

想要有效评价区域金融资源集聚影响科技创新效应,构建一个科学、合理的区域金融资源集聚综合评价指标体系是至关重要的。纵观区域金融资源集聚度量的现有研究文献可以发现,学者们对于区域金融资源集聚程度评价指标体系的选取不尽相同,没有较为一致的标准。本书在前人相关研究成果的基础上,力求对评价指标体系的选择做到全面、准确,能直接反映我国区域金融资源集聚水平的核心内涵和动态发展状况,并且遵循科学性、客观性、系统性、时间动态性、定性与定量相结合的原则。

其一,科学性原则。区域金融资源集聚水平的评价指标体系需要遵循科学性、合理性与可操作性原则,能够清晰地表现区域金融资源集聚水平的层次结构且具有典型的代表性,可以利用现有的统计数据对其进行科学评价。

其二,客观性原则。区域金融资源集聚水平评价指标体系应遵循客观性原则,即能客观真实地反映我国区域金融资源集聚的发展情况。利用公开统计数据可以确保区域金融资源集聚水平评价的客观性,避免了人为的主观性因素对金融资源集聚水平的影响。

其三,区域金融资源集聚程度具有系统性的特点。根据系统论的观点,系统内部的各个组成部分可以结合成一个整体,不能将系统的各个部分看成处于孤立状态的关系中的机械聚集体。区域金融资源集聚形成的作用机制也具有复杂的系统性。

其四,各类型金融资源不断在某一区域出现集聚的状况并不是一蹴而就的,而是伴随着区域经济增长、产业升级、优惠的政策制度等有利条件,随着时间的推移不断聚集逐渐形成的,具有持续性、动态性的特征。

其五,定性与定量相结合。在定性分析基础之上,结合我国区域金融资源集聚发展的实际情况,通过国家公开统计数据库、统计年鉴、Wind 数据库等数据资料,构建具有定性与定量相结合原则的评价指标体系。

4.2.2　区域金融资源集聚水平测度指标体系构建

4.2.2.1　区域金融资源集聚程度评价体系的设计思路

如何客观地衡量一个区域金融资源集聚在空间上的发展水平和集中程度是至关重要的。目前金融资源集聚水平的衡量方法大体分为两类。

一类是产业集聚的测度方法。产业集聚是金融资源集聚发展的基础,金融资源集聚的测度可以参照产业集聚测度方法。目前的产业集聚测度测算方法也有多种,常用的主要有赫芬达尔指数、区位熵、地理集中指数、空间基尼系数等,其中,赫芬达尔指数测度企业的集聚程度,区位熵侧重从产业专业化角度度量产业集聚程度,地理集中指数主要对产业集聚的程度和结构进行评价,空间基尼系数主要测算产业的区域集中度,研究者可根据研究过程的需要,考虑金融资源集聚的特点以及数据的可获得性等选择。采用单一的产业集聚度量方法的优点是计算相对简便,统计数据容易获得,可测试金融资源集聚水平的节点数据,但其结果为一个相对指标,度量的金融资源集聚水平不够全面,也无法反映金融资源集聚的动态变化。

另一类是构建评价指标体系方法,即通过选取衡量金融资源集聚的代表性指标,构建综合评价指标体系。该方法的优点是综合评价指标体系选取涵盖面广,能综合地反映金融资源集聚发展水平,但有些指标数据由于披露制度等方面原因不易获取。已有一些研究者使用该方法对金融资源聚集水平进行了分析:黄解宇通过经济规模、金融集聚程度、经济区位力、金融基础设施、金融需求因素、制度因素、环境因素几个方面对金融中心建设条件指标体系进行了构建[40];谭朵朵从金融规模、金融市场、金融机构三个角度选取金融集聚指标进行分析[43];刘红则从金融企业规模、就业规模和产品规模三个角度选取指标度量分析金融集聚。[54]

4.2.2.2　区域金融资源集聚水平评价指标选取

为了全面、综合评价我国区域金融资源集聚的水平,本书拟构建综合评价指标体系对我国区域金融资源集聚水平进行综合评价分析,为弥补以往研究一种测算方法的不足,我们将从时间发展历程来进行静态与动态的对比分析。从金融资源集聚的静态结果来看,金融机构、货币资金、金融人力资源、金融信息资源等金融资源要素在一定区域内形成了一定的金融规模和集中度,并可在时间点处于相对静止状态。货币资金、金融机构、金融人力资源等金融资源均是金融业发展的基础要素,金融资源在地域内始终处于变化状态,金融资源集聚的动态变化过程不仅包括金融机构、货币资金、金融工具、金融人才、金融信息等金融资源在区域内的集中和整合,还涉及金融制度、意识文化等金融要素的融合以及金融资源对周边区域的扩散与溢出。区域金融资源集聚水平的评价指标应该涵盖以上内容,但金融制度和法规、金融文化和意识、信用道德、习俗等内容很难具体量化,从指标构建到测算均存在困难,故指标体系的选取不考虑金融文化与制度领域。

由此,根据各类型金融资源的时间与空间动态变化以及阶段性成长的特点,我们可以从金融资源的构成角度出发,从货币资金规模密度、金融机构和组织密度、金融人力资源规模与结构密度、金融服务机构规模、金融信息资源和规模五个维度选取具有代表性的测度指标。上述五个维度的二级指标维度下共设定了 18 个三级指标,以此构建区域金融资源集聚发展水平的综合评价指标体系。由于货币资金、金融机构、金融人力资源等各类型金融资源在各个地区的禀赋不同,金融资源集聚空间分布呈非均质状况,对区域金融资源集聚水平的衡量可以采用不同区域金融指标数据的密度来实现,即可采取区域数据与全国数据的比值来衡量。[121]运用区域金融资源指标数据与全国金融资源指标数据的比重进行核算,得到该金融资源集聚指标的数据密度,既可以综合评价一个地区金融资源的集聚水平,还可以得到该金融资源集聚指标的空间结构。从得到的历年数据可以考察区域之间的金融资源集聚水平的动态变化过程,选取指标得到的比重值越大,说明在全国范围内该区域的金融资源集聚水平越高,反之则越低。各个指标共同构成综合指标体系,综合反映了金融资源集聚在全国范围内的集聚状况与动态发展变化。

(1)区域货币资金规模密度

货币资金是基础性的核心金融资源,货币资金量的规模与密度是衡量一个区域金融资源集聚发展程度的重要指标。本书的货币资金规模指标一部分为历年的金融机构存款总额、贷款总额,另一部分为金融市场领域的股票(A)筹资额、保险费收入资金规模。[54]

其一,区域金融机构年末存款总额占全国存款总额比重。区域金融机构年末存款总额是衡量金融资源资金规模的重要指标。该指标反映了在货币资金总量规模一定的前提下一定区域范围内的货币资金密度。

其二,区域金融机构年末贷款总额占全国贷款总额比重。区域金融机构年末贷款总额是区域金融业货币资金实力的重要指标,能够衡量区域资金的总量实力以及可用于投资的基础与实力。该指标反映出我国贷款货币资金在总量一定的前提下在一定区域范围内的货币资金密度。

其三,区域股票(A)筹资额占全国股票筹资额比重。该指标衡量了区域内通过股票市场筹资额的资金规模相对大小。

其四,区域保险费收入占全国保险费收入比重。该指标衡量了该区域通过保险市业务发展的资金规模相对大小,体现了保险业在国民经济中的地位。

(2)区域金融机构和组织密度

区域金融机构和组织是从事金融服务业有关的金融中介机构,是金融体系的重要组成部分,具体包括各类银行类金融机构以及非银行类金融机构,如证券公司、保险公司、基金管理公司、创投公司等机构和组织等。金融机构和组织是一种实体性的金融资源,同时也是金融资源配置的主体。而金融相关的法律法规以及金融制度与金融文化资源属于金融资源配置活动的规范与准绳,但这类金融资源均较难量化,基于此,本书选取每平方千米银行类金融机构数量、每平方千米证券公司数量、每平方千米保险公司数量、每平方千米基金管理公司、创投公司、风投公司数量之和,对区域金融机构和组织集聚程度进行衡量。[54]

其一,每平方千米银行类金融机构数量。该指标衡量一定区域内银行类金融机构的数量密度。

其二,每平方千米证券公司数量。该指标衡量一定区域内证券公司的数量密度。

其三,每平方千米保险公司数量。该指标衡量一定区域内保险公司的数量密度。

其四,每平方千米基金管理公司、创投公司、风投公司数量之和。该指标衡量一定区域内基金管理公司、创投公司、风投公司等金融机构的数量密度。

(3)区域金融人力资源

金融资源集聚区必然吸聚大量的金融专业人才与就业人员,这会促使金融业逐渐变成知识密集和人力资本密集型产业。这与货币资金、金融机构、金融工具等资源的流动方向与幅度是吻合的,能够充分体现出金融人力资源区域间密度与空间结构变化,故本书选取区域金融业就业人数占全国金融业就业人数的比重与区域金融从业人员总数占区域内所有企业就业总数的比重两个指标衡量金融人力资源集聚。[54]

其一,区域金融从业人员总数占全国金融业人员比重。该指标衡量区域内金融人才集聚的程度。

其二,区域金融从业人员总数占区域内所有企业就业总数的比重。该指标衡量区域内金融业就业结构密度。

（4）区域金融服务规模

金融资源的机构和组织体系不仅包括金融中介机构、金融市场等实体性金融资源，还包括为金融提供服务的各个机构，例如金融信息服务机构、信用担保机构、资产评估机构、会计师事务所、律师事务所等。这些机构虽然不属于金融中介机构，且并不直接参与货币资金的流动与分配，但它们为金融活动提供各种资讯信息、评估、会计核算、法律法规相关服务，对金融资源的流动与配置产生相关的间接影响。[43]

其一，区域金融信息服务机构数量。该指标选取区域金融信息服务机构数量，用金融信息咨询业务为主的信息咨询服务类金融中介机构数量之和衡量金融业信息服务机构规模。

其二，区域信用担保公司的数量。该指标衡量为区域诚信服务的发展状况的机构规模。

其三，区域评估机构的数量。该指标衡量区域评估服务发展状况的机构规模。

其四，区域会计师事务所、律师事务所的数量之和。该指标衡量区域会计、法律服务发展状况的机构规模。

（5）区域金融信息资源规模

金融信息资源是抽象的且不能独立存在，必然通过通信设备载体进行交易、传递、交流、互换等活动。金融信息资源汇集、传递等离不开金融相关基础设施的支撑。考虑数据的可获得性，本书选取邮政电信业务总量、移动电话普及率、互联网上网人数、通信系统电信光缆长度作为金融信息资源规模衡量指标。[122,123]

其一，邮政电信业务总量。该指标在一定程度上代表着金融信息资源的沟通交流的规模。

其二，互联网上网人数。该指标衡量金融信息资源的互联网信息传递、沟通交流、互联网金融支付等规模。

其三,区域移动电话普及率(部/百人)。移动电话已逐渐取代固定电话成为通信的主要设施,已成为金融交易、电子货币支付等的主要方式,该指标衡量金融信息传递、移动支付等金融信息资源规模。

其四,每平方千米通信系统电信光缆长度。通信系统电信光缆是传输通信信号的基础设施,该指标衡量在一定范围内金融信息资源的基础与条件。

表 4.2 罗列了金融资源集聚度量的具体评价指标。

表 4.2　　　　　　　　　　金融资源集聚度量评价指标体系

一级指标	二级指标	三级指标
区域金融资源集聚水平 A	区域货币资金规模密度 B1	C1 区域金融机构年末存款总额占全国存款总额比重
		C2 区域金融机构年末贷款总额占全国贷款总额比重
		C3 区域股票(A)筹资额占全国股票筹资额比重
		C4 区域保险费收入占全国保险费收入比重
	区域金融机构和组织密度 B2	C5 每平方千米银行类金融机构数量
		C6 每平方千米证券公司数量
		C7 每平方千米保险公司数量
		C8 每平方千米基金管理公司、创投公司、风投公司数量
	区域金融人力资源规模与结构密度 B3	C9 区域金融业就业人数占全国金融业就业人数比重
		C10 区域金融从业人员总数占区域内所有企业就业总数的比重
	区域金融服务机构规模 B4	C11 区域金融信息服务机构数量
		C12 区域信用担保公司的数量
		C13 区域评估机构的数量
		C14 区域会计师事务所、律师事务所的数量
	区域金融信息资源规模 B5	C15 区域邮政电信业务总量
		C16 区域互联网上网人数
		C17 区域移动电话普及率
		C18 每平方千米通信系统电信光缆长度

4.3　区域金融资源集聚水平测度方法与模型选择

4.3.1　区域金融资源集聚水平测度的最优组合赋权方法

4.3.1.1　赋权方法的分类

在具有多个指标的综合评价分析中,各个指标的权重系数如何确定是一个至关重要的问题,权重的合理确定能够直接影响综合评价分析结果的有效性与可靠性。[124]目前,学术界对于权重系数的确定通常采用主观赋权法、客观赋权法和组合赋权法。

（1）主观赋权法

主观赋权法通常利用专家的知识、经验对所调查问题的实际情况进行判断。主观赋权法是由评价分析人员根据各项试验指标的重要性(主观重视程度)而赋权的一类方法,代表性的方法有层次分析法(Analytic Hierarchy Process,AHP)[125]、Delphi 法[126]、G1 法[127]等。不论是其中的哪一种,都是基于对各项指标重要性的主观认知进行,免不了带有一定的主观随意性。本书选取层次分析法(AHP)对指标体系数据进行主观赋权。

（2）客观赋权法

客观赋权法是利用试验指标值反映客观信息确定权重的一种方法,通常根据试验结果来测定不同方案的同一属性指标值间的稳定性,并给指标赋权。客观赋权法以各项指标提供的信息为标准来确定权重,排除了人为因素的干扰,具有较强的客观性,具备主观赋权法无法比拟的优势。客观赋权法主要有变异系数法[128]、熵值法[129]、离差法[129]、标准差法[130]等具体方法。

（3）组合赋权法

单一赋权方法,不论是主观赋权法,还是客观赋权法,都有其优缺点,主观赋权法从本质含义出发,确定的赋权系数意义明确,解释性较强,但客观性较差;客观赋权法确定的赋权系数虽然客观性较强,注重指标本身含有的信息量,但有时会与各指标的实际重要程度相悖,且解释性较差。因此,近几年来不同的学者从不同的角度对组合赋权法进行的研究逐渐增多。组合赋权是指先选取多种单一评价方法对单个指标进行赋权,再通过一定的方法将主观赋权法与客观赋权法的指标进行组合,弥补单一赋权法的不足。组合赋权得到的综合评价客观且唯一,不存在因赋权方法不同而产生的争议。

4.3.1.2　最优组合赋权方法的选择

众多学者对组合赋权展开了深入研究。学者们采用的方法包括,引入偏差函数使多属性决策与主客观赋权方法[131]、组合赋权系数向量方法的总离差最大[130]、最小离差函数与最大广义联合熵的综合赋权方法实现的最小偏差赋权方法[133]、级差最大化的组合赋权方法和客观修正主观组合赋权法等。[134]为了更加科学、全面地得出区域金融资源集聚水平的赋权权重,通过对上述诸多赋权方法及其优劣性进行比较分析,我们发现可以采用兼顾信息和强度的主客观组合赋权法(即基于最小离差和最大广义联合熵的组合赋权方法)求得最终组合权重。[133]这种方法由一种主观赋权方法和四种客观赋权方法的单一赋权方法组成,客观赋权方法数量多于主观赋权方法,其能在体现主观赋权优势的同时大大降低主观赋权带来的不确定性。此种组合赋权方法一方面综合考虑了不同评价方法的差异导致权重系数包含的信息差异,使得最终得出的组合赋权权重与各个方法权重结果之间的总体偏差最小;另一方面,此种组合将每种赋权方法得出的权重出现的概率设为平衡因子,应用广义最大熵原理对系统内的随机变量信息熵进行最大化评价,避免了主客观加权法的缺点和单纯的线性组合的弊端,由此得出的组合赋权权重结果不确定性最小,为多属性决策或评价问题提供了一种很好的思路。

4.3.1.3　区域金融资源集聚水平测度的最优组合赋权方法

(1)层次分析法(AHP)

AHP 法是美国运筹学家 T. L. Satty 于 20 世纪 70 年代提出的。该方法的基本思路是将一个复杂的问题分解为若干个组成因素,按从属关系将这些因素分组,使其形成一个有序的递接层次结构,并通过比较的方式将层次中要素的相对重要性确定下来,然后通过打分形式列出定量判断矩阵。层次分析法依据相关领域专家的判断,可以将复杂问题分解与简化,具有较强的实用性、有效性、简易性,但因其受到专家主观偏好的影响,具有较强的主观性。在综合考虑 AHP 的优缺点的基础上,根据构建的指标体系,本书依据诸要素之间的层次关系设计了金融资源集聚水平评价调查打分表。打分表设置了描述性问题,题项采用 9 分位打分法,打分的标度方法如表 4.3 所示,判断矩阵 A 中各元素 a_{ij} 为 i 行指标相对 j 列指标进行重要性两两比较的值。

表 4.3   9 分位相对重要性的标度

含义	分数
前者与后者相比,具有同等重要性	1
前者比后者稍重要	3
前者比后者明显重要	5
前者比后者强烈重要	7
前者比后者极端重要	9
前者比后者稍次要	1/3
前者比后者明显次要	1/5
前者比后者强烈次要	1/7
前者比后者极端次要	1/9
2,4,6,8 ,1/2,1/4,1/6,1/8 表示上述相邻判断的中间值	

判断矩阵的打分值可以直接影响获得赋权值的科学性和合理性。打分表的设计应尽可能地消除层次结构之间的关系及其对指标体系客观性的影响,同时尽量降低专家的主观因素对评价结果的影响。

AHP 法的赋权计算过程如下:

第一步,构建判断矩阵。

根据调查打分表设计的问题，整理构建 AHP 法的打分矩阵。AHP 法的指标层、目标层判断矩阵如表 4.4 所示。

表 4.4　　　　　　　　　　　AHP 法的指标层、目标层判断矩阵

		评价指标				
		a_{11}	a_{21}	a_{31}	……	a_{n1}
评价指标	a_{11}					
	a_{21}					
	a_{31}					
	……					
	a_{n1}					

第二步，计算权重指标。

判断矩阵是一个正交矩阵，左上至右下对角线位置上的元素 a_{ii} 为 1，两侧处于对称位置上的元素互为倒数。根据每位专家的打分得到准则层、目标层打分矩阵，对判断矩阵 A 的各行向量连乘，得到 M_i：

$$M_i = \prod_{j=1}^{n} b_{ij} \quad (i = 1, 2, \ldots, n) \tag{4-1}$$

然后计算 M_i 的 n 次方根，求得几何平均值 B_i

$$B_i = \left(\prod_{j=1}^{n} b_{ij}\right)^{\frac{1}{n}} \quad (i = 1, 2, \ldots, n) \tag{4-2}$$

最后将 B_i 归一化处理，求得指标 a_j 的权重：

$$\omega_i = B_i \Big/ \sum_{i=1}^{n} B_i \quad (i = 1, 2, \ldots, n) \tag{4-3}$$

第三步，一致性检验。

首先，计算最大特征值 $\lambda_{\max}$：

$$\lambda_{\max} = \sum_{i=1}^{n} \frac{(AW)_i}{\omega_i} \Big/ n \tag{4-4}$$

其次，一致性检验指标 CI：

$$CI = \frac{\lambda_{\max} - n}{n - 1} \tag{4-5}$$

引入一致性检验公式：

$$CR = \frac{CI}{RI} \tag{4-6}$$

当判断矩阵随机一致性比率 $CR < 0.1$ 时，即认为判断矩阵层次分析法计算得到的权重值 ω_i 具有满意的一致性，若不满足此比率，则需要调整判断矩阵指标的取值，再依据上述步骤重新计算，直至满足一致性检验。[135]

（2）变异系数法

变异系数法是利用指标取值的差异性来确定指标的权重，指标值变异程度越大，则该指标越活跃，能够明显表现评价对象之间的差距，该权重也就越大。设 W_j 为第 i 指标的变异系数权重，n 是区域总数，X_{ij} 是第 i 指标第 j 个区域的值。[128]

样本均值计算：

$$\bar{X}_j = \frac{1}{n} \sum_{j=1}^{n} x_{ij} \quad (j = 1, 2, \ldots, n) \tag{4-7}$$

标准差计算：

$$\sigma_i = \sqrt{\frac{1}{n} \sum_{j=1}^{n} (x_{ij} - \bar{x})^2} \quad i = 1, 2, \ldots, m \tag{4-8}$$

计算变异系数为：

$$\gamma_i = \frac{\sigma_i}{\bar{x}} \quad (i = 1, 2, \ldots, m) \tag{4-9}$$

则变异系数权重 W_j 为：

$$W_j = \frac{\sqrt{\frac{1}{n} \sum_{j=1}^{n} (x_{ij} - \bar{x})^2} \Big/ (\frac{1}{n} \sum_{j=1}^{n} x_{ij})}{\sum_{i=1}^{l} \sqrt{\frac{1}{n} \sum_{j=1}^{n} (x_{ij} - \bar{x})^2} \Big/ (\frac{1}{n} \sum_{j=1}^{n} x_{ij})} \tag{4-10}$$

（3）熵值法

熵值大小的计算能够反映指标的离散程度，其通过带来的反馈信息量的大小来判断相应权重的大小。当熵值越小时，指标值的离散程度越大，信息量也就越大，相应的不确定性越小，则该指标对评价结果的影响越显著，其权重值也就越大。[129]

第一步，指标权重比重。

令 B_{ij} 为第 i 个地区的第 j 个指标在该指标总和中的比重，其计算公式为：

$$B_{ij} = \frac{x_{ij}}{\sum\limits_{j=1}^{n} x_{ij}} \tag{4—11}$$

第二步，熵值指标计算。

令 S_j 为指标 j 的熵值，其计算公式为：

$$S_j = -\frac{1}{\ln(n)} \sum\limits_{i=1}^{n} B_{ij} \ln B_{ij} \tag{4—12}$$

第三步，计算差异系数。

令 g_j 为指标值 j 的差异系数，该 j 项指标值的差异越大，信息量就越大，该指标对评价结果的影响越显著，熵值就越小，其计算公式为：

$$g_j = 1 - s_j = 1 + \frac{1}{\ln(n)} \sum\limits_{i=1}^{n} B_{ij} \ln B_{ij} \tag{4—13}$$

第四步，熵值法计算求得权重 W_j。

$$w_j = \frac{g_j}{\sum\limits_{j=1}^{n} g_j} \tag{4—14}$$

代入后得最终计算公式为：

$$w_j = \frac{1 + \frac{1}{\ln(n)} \times \sum\limits_{j=1}^{n} \left[x_{ij} / \sum\limits_{j=1}^{n} x_{ij} \right] \times \left[\ln(x_{ij} / \sum\limits_{j=1}^{n} x_{ij}) \right]}{\sum\limits_{i=1}^{n} \left\{ 1 + \frac{1}{\ln(n)} \times \sum\limits_{j=1}^{n} \left[x_{ij} / \sum\limits_{j=1}^{n} x_{ij} \right] \times \left[\ln(x_{ij} / \sum\limits_{j=1}^{n} x_{ij}) \right] \right\}} \tag{4—15}$$

（4）离差法

离差法是利用第 j 个指标偏差占总指标偏差的比重大小来衡量指标权重的方法。

设 X_{ik} 为第 i 个评价对象的第 k 个指标值,n 为被评价对象的数量,m 为评价指标的个数,该指标单个指标偏差的比重越大,该指标的赋权权重就越大,反之,则越小。[129]

离差方法计算权重 W_j 公式为:

$$w_j = \sum_{k=1}^{n} \sum_{j=1}^{n} |x_{ik} - x_{ij}| / \sum_{i=1}^{m} \sum_{k=1}^{n} \sum_{j=1}^{n} |x_{ik} - x_{ij}| \tag{4-16}$$

(5)标准差法

标准差法是对所有指标的标准差进行标准化,以此确定指标的标准离差权重的方法。该方法特点是根据指标信息量的大小来确定指标权重的大小,信息量越大,则权重越大,反之则越小。设 X_{ij} 为第 i 个评价对象的第 k 个指标值,n 为被评价对象的数量,m 为评价指标的个数。[130]

第 j 个指标标准差数据的均值为:

$$\bar{x}_j = \frac{1}{n} \sum_{i=1}^{n} x_{ij} \tag{4-17}$$

第 i 个指标的标准差 σ_i 为:

$$\sigma_i = \sqrt{\frac{\sum_{i=1}^{n} (x_{ij} - \bar{x}_j)^2}{n}} \tag{4-18}$$

标准差法的权重 W_j 计算公式为:

$$W_j = \sqrt{\frac{\sum_{i=1}^{n} (x_{ij} - \bar{x}_j)^2}{n}} / \sum_{i=1}^{m} \sqrt{\frac{\sum_{i=1}^{n} (x_{ij} - \bar{x}_j)^2}{n}} \tag{4-19}$$

4.3.2　最优组合赋权方法对传统 Topsis 法的改进

4.3.2.1　基于最优组合赋权方法对传统 Topsis 法的改进的选择思路

Topsis 法(Technique for Order Preference by Similarity to Ideal Solution)又称为理想解法,由学者 Hwang C. L. 和 Yoon K. 于 1981 年首次提出,此后众多国内外学者对该方法展开了深入研究,该方法得到了广泛运用。Topsis 法的基本原

理是通过确定多目标决策问题的"正理想解"和"负理想解"衡量现实状态与理想状态之间的欧式距离来判断优劣程度并排序。"正理想解"是设想的最优解,各项指标值都达到各备选方案中最好的值。"负理想解"则是设想的最劣解,各项指标均达到备选方案中最差的值,因此,原有方案中的一个解最贴近"正理想解",同时又远离"负理想解",此解即为评价中的最优解。Topsis 法可对多目标决策系统进行优选、决策、评价、排序的有效分析,是一种逼近理想解的排序方法。

运用 Topsis 法对评价对象进行评价时,需要事先对指标体系进行客观赋权或者主观赋权,确定权重系数。本书选用主观与客观组合的赋权方法,基于最小离差,遵循各赋权结果差异最小,且引入最大广义联合熵原理消除赋权结果的不稳定性和不确定性,得出较为一致的结果。最优组合赋权方法对传统的 Topsis 法的优化改进弥补了传统 Topsis 法的不足,改进的 Topsis 法更加简便实用。有学者利用组合赋权对 Topsis 法进行了改进,分别对军工集团军民两用技术推广能力与互联网资源丰度进行了评价,取得了良好的评价效果。[136,137]因此,本书选择最优赋权方法对传统 Topsis 法进行改进,对区域金融资源集聚水平进行测度。

4.3.2.2　基于最小离差和最大广义联合熵的最优组合赋权模型

(1)符号设定

设待评价的方法有 n 个,记录为 $Q=(Q_1,Q_2,\ldots,Q_n)$,评价为 m 个,记为 $I=\{I_1,I_2,\ldots,I_m\}$。待评价对象 Q_i 的第 j 个指标 I_j 的评价值用 x_{ij} 表示($i=1,2,\ldots,n;j=1,2,\ldots,m$),那么,$n$ 个待评价对象的 n 评价值,即 $n\times m$ 构成矩阵 $X=[X_{ij}]_{n\times m}$,,此矩阵是方案集对指标集的评价矩阵。设利用 AHP、变异系数法、熵值法、离差法、标准差贡献率法得出 h 种评价指标向量 $V_1,V_2,\ldots,V_h$。设第 k 种权值向量为 $vk=(vk_1,vk_2,\ldots,vk_m)T$,满足,

$$\sum_{j=1}^{m} vk_j = 1 \quad (vk_j \geqslant 0, j=1,2,\ldots,m;k=1,2,\ldots,h) \quad (4-20)$$

(2)评价指标标准化处理

为避免各评价指标数据量纲不一致,对其进行标准化处理,进而消除其影响。

设各个指标值的样本集为 $\{x(i,j)|\ i=1,2,\ldots,n;j=1,2,\ldots,p\}$,其中 $x(i,j)$ 为第 i 个样本第 j 个指标值,n 和 p 分别为样本的个数和指标的数目。

公式如下。

对于越大越优的指标:

$$X(i,j)=\frac{X(i,j)-X_{\min}(j)}{X_{\max}(j)-X_{\min}(j)} \tag{4-21}$$

对于越小越优的指标:

$$X(i,j)=\frac{X_{\max}(j)-X(i,j)}{X_{\max}(j)-X_{\min}(j)} \tag{4-22}$$

(3)组合优化评价模型

标准化后的评价矩阵为 $R=[R_{ij}]_{n\times m}$,矩阵中每个元素均满足:$0\leqslant r_{ij}\leqslant1$,属性组合权重向量 $w=(w_1,w_2,\ldots,w_m)T$,其中,$0\leqslant W_j\leqslant1(j\in m)$,若属性组合权重向量一致,那么各个方案的综合评价值:

$$U_i=\sum_{j=1}^m w_j x_{ij} \quad (i\in n) \tag{4-23}$$

为组合权重携带足够多的原变量系统信息,引入离差函数。

$$dk_i=\sum_{j=1}^m [(w_j-vk_j)r_{ij}]^2 \quad (i=1,2,\ldots,n;k=1,2,\ldots,l) \tag{4-24}$$

式中,dk_i 表示对评价方法 Q_i 而言第 R 种赋权方法的权重系数与组合权重的权重系数的离差。使得总的离差和最小,将会得到合理权重,构建目标规划模型如下:

$$\min=\sum_{k=1}^l\sum_{i=1}^n dk_i=\min\sum_{k=1}^l\sum_{i=1}^n\sum_{j=1}^m [(w_j-vk_j)r_{ij}]^2$$

$$s.t.\ \sum_{j=1}^m w_j=1 \quad (w_j\geqslant0;j=1,2,\ldots,m) \tag{4-25}$$

为使得权数的估计值稳健可靠,可引入 Jaynes 最大熵原理。熵是可以度量不确定性因素,广义最大熵是最大熵理论的拓展,在不确定问题的所有解中,选取熵值最大且符合条件的一个最大解,这是唯一可以做出较为客观的选择,可以实现同时将系统内的所有随机变量的信息熵最大化的目标。

假设将各个指标的权重系数看成不同随机变量,同时将 m 个权重的信息熵最大化,由于随机变量可能取值的概率对熵的度量影响较大,令

$$w_j = \sum_{k=1}^{l} pk_j vk_j \quad (j=1,2,\cdots,m; k=1,2,\cdots,l) \tag{4-26}$$

式中,pk_j 是变量 w_j 的先验权数值 vk_j 的对应概率,vk_j 的值可有之前设定的 AHP、变异系数法、熵值法等给出,且 $pk_j \in [0,1]$,$vk_j \in [0,1]$;$\sum_{k=1}^{l} pk_j = 1$,$\sum_{j=1}^{m} vk_j = 1$。

定义 1:联合熵的确定。为了描述评价系统的不确定性,设评价系统中某评价指标 j 由第 k 种赋权方法得到的权重 vk_j 的"概率"为 pk_j,那么,可将评价系统 $m \times l$ 个变量的不确定性称为联合熵(H),公式如下:

$$H = -\sum_{j=1}^{m} \sum_{k=1}^{l} pk_j \ln pk_j \tag{4-27}$$

依据广义最大熵原理,组合赋权应满足最大化 $m \times l$ 个变量的联合熵,以消除组合赋权的不确定性。

$$\max \mathrm{H}(pk_j) = -\sum_{j=1}^{m} \sum_{k=1}^{l} pk_j \ln pk_j$$

$$s.t. \sum_{k=1}^{l} pk_j = 1, pk_j \geqslant 0 \quad (j=1,2,\dots,m; k=1,2,\dots,l) \tag{4-28}$$

对于此双目标规划问题,为寻求非劣解,采用加权法构造如下的单目标数学评价模型,式中加权平衡系数预先给定 $\theta = 0.8$。

$$\min f(p) = \sum_{j=1}^{m} \sum_{k=1}^{l} pk_j \ln pk_j + \frac{1}{\theta} \sum_{k=1}^{l} \sum_{i=1}^{n} \sum_{j=1}^{m} \left[(w_j - vk_j) r_{ij}\right]^2$$

$$= \sum_{j=1}^{m} \sum_{k=1}^{l} pk_j \ln pk_j + \frac{1}{\theta} \sum_{k=1}^{l} \sum_{i=1}^{n} \sum_{j=1}^{m} \left[\left(\sum_{k=1}^{l} pk_j vk_j - vk_j\right) r_{ij}\right]^2$$

$$s.t. \sum_{k=1}^{l} pk_j = 1 \quad (pk_j \geqslant 0, j=1,2,\dots,m; k=1,2,\dots,l) \tag{4-29}$$

(4)组合赋权求解与最终权重的确定

根据此非线性规划数学模型类型,优化模型中函数是凸函数形式,存在全局最优解,可以通过多种方法求解,经过计算得出 pk_j 值,代入式(4－26),得出每个评价指标的权数 $w_j(j=1,2,\ldots,m)$。然后对其进行归一化处理,$w_j^* = w_j / \sum_{j=1}^{m} w_j$,那么 $W^* = (w_1^*, w_2^*, \ldots, w_m^*)T$,则即可得出各个赋权方法的评价值如下所示。

$$U_i^* = \sum_{j=1}^{m} w_j^* r_{ij} (i \in n) \tag{4－30}$$

4.4　区域金融资源集聚水平的测度

依据前文对区域金融资源集聚水平的评价指标体系的构建以及区域金融资源集聚水平的最优组合赋权方法进行的选择,本节采用最优组合赋权法改进传统的 Topsis 法,综合评价分析我国的区域金融集聚水平。

4.4.1　样本数据选取与描述性统计

(1)样本选取与数据来源

因部分地区的数据缺失,本书研究对象为 29 个省(市、自治区)(不包括西藏、青海及港澳台地区),数据选取的时间为 2001—2018 年。指标体系中所用数据大部分来源于《中国统计年鉴》《中国金融年鉴》《中国科技统计年鉴》《中国工业统计年鉴》、Wind 数据库,其中股票筹资额数据来源于 Wind 数据库与《新中国 60 年统计汇编(1949—2008)》。银行类金融机构数量通过中国银监会金融许可证信息查询系统(网址:http://xukezheng.cbrc.gov.cn/ilicence),证券公司、保险公司、基金管理公司、创投公司、风投公司数量,金融信息服务机构、信用担保公司、评估机构、会计师事务所、律师事务所的数量通过企查查(http://www.qichacha.com)、天眼查(http://www.tianyancha.com)查询整理,并结合 Wind 企业数据库进行了交互验证和补充。由于辽宁、黑龙江、湖北三个省份法律服务部门绝大部分采用

"法律服务中心"的名称,因此这几个省份该数据采用此关键词检索整理,个别缺失数据根据该指标的变化趋势采用指数平滑法补全。

(2)描述性统计

依据之前章节的分析,金融资源集聚水平构建的指标体系中 18 个变量的数据均值、标准差、最大值和最小值的描述与统计结果如表 4.5 所示。

表 4.5　　　　　　　　　　　　金融资源集聚变量数据描述性统计

二级指标	表示符号	最大值	最小值	均值	标准差
区域货币资金规模密度 B1	C1	0.142 5	0.003 3	0.034 3	0.028 5
	C2	0.207 7	0.004 0	0.034 3	0.027 3
	C3	0.459 0	0.000 0	0.033 6	0.052 3
	C4	0.123 6	0.002 8	0.034 1	0.026 0
区域金融机构和组织密度 B2	C5	0.598 0	0.000 6	0.056 3	0.091 8
	C6	0.130 8	0.000 01	0.004 8	0.016 0
	C7	0.150 7	0.000 2	0.018 4	0.018 4
	C8	0.686 8	0.000 0	0.015 7	0.069 4
区域金融人力资源规模与结构密度 B3	C9	0.091 2	0.004 5	0.033 9	0.019 5
	C10	0.071 1	0.018 0	0.033 8	0.009 0
区域金融服务机构规模 B4	C11	16 943	2.000 0	481.78	1 568.85
	C12	1 446	0.000 0	102.24	151.59
	C13	4 640	36	770.77	643.43
	C14	5 776	68	1 009.63	887.93
区域金融信息资源规模 B5	C15	11 014.18	16.21	746.34	948.36
	C16	9 221.078	8.609 8	1 375.195	1 429.918
	C17	397.674	0.309 3	61.122	42.283 1
	C18	97.940 2	0.008 7	3.853 7	9.853 1

4.4.2　赋权权重结果计算

4.4.2.1　AHP 法权重的计算

本金融资源集聚水平评价调查 AHP 打分表设计了 39 个描述性问题,邀请的专家经验丰富、背景雄厚,来自高校、银保监局、中国人民银行、商业银行、资产管理公司、证券公司等金融相关领域机构和组织,人员结构比较合理。于 2020 年 1 月14 日通过微信方式累计发出打分表 20 份,于 2020 年 1 月 20 日有效回收 18 份,回收率 90%,其中,高校金融领域教授博导 2 位,中国人民银行 5 位,银保监局 2 位,资产管理公司 3 位,农行 2 位,工行、建行、交行、招行、证券公司各 1 位(如图 4.1所示),参与专家的职级为教授、地市级行长、处长、总经理等高层管理人员,每位专家在相关领域至少有 15 年以上的工作经历和管理经验,熟悉金融资源相关理论与问题,确保专家打分的权威性。

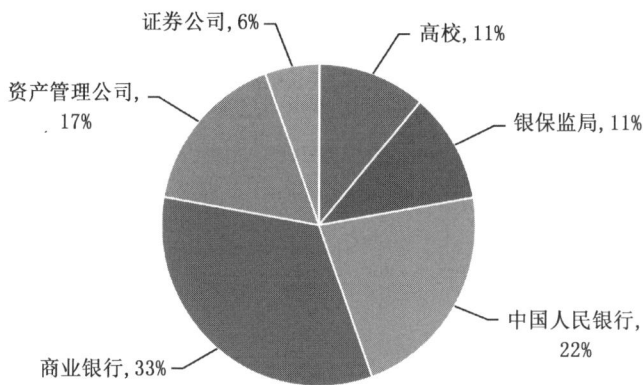

图 4.1　AHP 法专家构成比例示意图

依据前文提出的 AHP 研究过程,对区域金融资源集聚的调查问卷进行整理,并按公式计算,得出 AHP 权重计算结果(如表 4.6 所示)。

表 4.6 AHP 法对各指标的权重分配

一级指标	二级指标	权重	三级指标	权重
区域金融资源集聚水平 A	区域货币资金规模密度 B1	0.305 7	C1 省域金融机构年末存款总额占全国存款总额比重	0.085 5
			C2 省域金融机构年末贷款总额占全国贷款总额比重	0.108 5
			C3 省域股票(A)筹资额占全国股票筹资额比重	0.069 2
			C4 省域保险费收入占全国保险费收入比重	0.042 5
	区域金融机构和组织密度 B2	0.208 2	C5 每平方千米银行类金融机构数量	0.093 3
			C6 每平方千米证券公司数量	0.045 4
			C7 每平方千米保险公司数量	0.034 7
			C8 每平方千米基金管理公司、创投公司、风投公司数量	0.034 7
	区域金融人力资源规模与结构密度 B3	0.229 1	C9 省域金融业就业人数占全国金融业就业人数比重	0.139 5
			C10 省域金融从业人员总数占区域内所有企业就业总数的比重	0.089 6
	区域金融服务机构规模 B4	0.162 3	C11 省域金融信息服务机构数量	0.036 5
			C12 省域信用担保公司数量	0.051 4
			C13 省域评估机构数量	0.029 5
			C14 省域会计师事务所、律师事务所数量	0.045 0
	区域金融信息资源规模 B5	0.094 6	C15 省域邮政电信业务总量	0.022 9
			C16 省域移动电话普及率(部/百人)	0.016 2
			C17 省域互联网上网人数	0.021 1
			C18 省域每平方千米通信系统电信光缆长度(千米)	0.034 5

　　AHP 权重计算结果表明,对于二级指标 B,序关系为 B1>B3>B2>B4>B5,相应的权重分别为 0.304 6、0.229 1、0.208 2、0.162 3、0.094 6,故所调查样本数据的二级指标权重次序为:区域货币资金规模密度>区域金融人力资源规模与结构密度>区域金融机构和组织密度>区域金融服务机构规模>区域金融信息资源规模。

　　对于三级指标,在二级指标 B1 中,序关系为 C2>C1>C3>C4,相应权重分别为0.108 5、0.085 5、0.069 2、0.042 5,权重次序为省域金融机构年末贷款总额占全国贷款总额比重>省域金融机构年末存款总额占全国存款总额比重>区域股票(A)筹资额占全国股票筹资额比重>省域保险费收入占全国保险费收入比重。

对于三级指标,在二级指标 B2 中,序关系为 C5>C6>C7=C8,相应权重分别为 0.093 3、0.045 4、0.034 7、0.034 7,权重次序为每平方千米银行类金融机构数量>每平方千米证券公司数量>每平方千米保险公司数量=每平方千米基金管理公司、创投公司、风投公司数量。

对于三级指标,在二级指标 B3 中,序关系为 C9>C10,相应权重分别为 0.139 5、0.089 6,从权重值可以看出两者不相上下,权重次序为省域金融业就业人数占全国金融业就业人数比重>区域金融从业人员总数占区域内所有企业就业总数的比重。

对于三级指标,在二级指标 B4 中,序关系为 C12>C14>C11>C13,相应权重分别为 0.051 4、0.045 0、0.036 5、0.029 5,权重次序为区域内信用担保公司的数量>区域会计师事务所、律师事务所的数量>区域金融信息服务机构数量>区域评估机构的数量。

对于三级指标,在二级指标 B5 中,序关系为 C18>C17>C15>C16,相应权重分别为 0.034 5、0.021 1、0.022 9、0.016 2,权重次序为每平方千米通信系统电信光缆长度>省域互联网上网人数>省域邮政电信业务总量>省域移动电话普及率。

4.4.2.2　客观赋权法权重的计算

将各指标数值标准化后分别代入变异系数法、熵值法、离差法、标准差法的计算公式中,得到各项指标 2001—2018 年的权重。由于四种客观赋权结果数据较多,在此省略,详见本书附录。

4.4.2.3　最优组合赋权法计算结果

基于最小离差和最大广义联合熵的最优组合赋权方法,通过上述 AHP、变异系数法、熵值法、离差法、标准差法五种方法单独核算后再组合赋权,最终得到中国

2001—2018 年区域金融资源集聚指标的组合权重,结果如表 4.7 所示。

表 4.7　　　　　　　　2001—2018 年中国区域金融资源集聚程度组合赋权值

指标＼年份	2001	2002	2003	2004	2005	2006	2007	2008	2009
C1	0.047 8	0.052 3	0.049 9	0.052 0	0.052 6	0.049 3	0.048 0	0.049 0	0.050 1
C2	0.047 9	0.050 8	0.051 5	0.052 3	0.053 4	0.051 8	0.050 5	0.052 4	0.053 0
C3	0.070 8	0.057 5	0.072 6	0.058 5	0.061 8	0.127 7	0.148 5	0.121 1	0.111 8
C4	0.035 3	0.036 5	0.036 2	0.034 2	0.041 4	0.033 4	0.032 5	0.031 8	0.033 0
C5	0.083 8	0.087 6	0.088 0	0.090 0	0.087 1	0.080 5	0.077 4	0.077 2	0.078 2
C6	0.133 1	0.134 4	0.134 1	0.134 6	0.134 7	0.131 1	0.128 8	0.135 3	0.135 2
C7	0.058 9	0.052 1	0.046 5	0.047 3	0.047 2	0.044 9	0.043 9	0.045 6	0.046 2
C8	0.162 9	0.171 5	0.164 2	0.169 3	0.170 4	0.151 3	0.147 6	0.155 2	0.158 5
C9	0.055 8	0.055 8	0.056 0	0.059 1	0.058 8	0.058 5	0.058 2	0.059 0	0.060 4
C10	0.027 8	0.027 9	0.027 8	0.026 5	0.026 4	0.026 1	0.026 4	0.026 6	0.026 7
C11	0.052 8	0.051 8	0.049 1	0.046 2	0.045 1	0.043 0	0.042 7	0.044 1	0.045 5
C12	0.039 5	0.041 2	0.042 8	0.041 9	0.040 9	0.039 5	0.039 9	0.039 9	0.040 3
C13	0.024 8	0.024 0	0.024 7	0.024 9	0.025 0	0.024 1	0.023 6	0.024 4	0.025 0
C14	0.029 9	0.031 0	0.032 0	0.032 9	0.033 6	0.032 5	0.032 5	0.034 2	0.035 6
C15	0.028 9	0.027 2	0.027 5	0.034 2	0.029 4	0.026 9	0.026 8	0.030 0	0.026 9
C16	0.036 0	0.033 4	0.033 9	0.033 3	0.033 1	0.030 0	0.029 3	0.030 7	0.030 4
C17	0.036 5	0.038 7	0.033 8	0.034 0	0.030 6	0.024 2	0.019 9	0.017 8	0.016 9
C18	0.027 3	0.026 4	0.029 4	0.028 7	0.028 5	0.025 2	0.023 5	0.025 8	0.026 2

指标＼年份	2010	2011	2012	2013	2014	2015	2016	2017	2018
C1	0.051 0	0.051 2	0.050 5	0.049 6	0.047 7	0.049 6	0.049 8	0.049 4	0.048 2
C2	0.053 9	0.053 0	0.052 0	0.051 3	0.049 5	0.048 4	0.048 4	0.048 4	0.051 0
C3	0.099 4	0.078 1	0.070 7	0.063 9	0.078 8	0.072 7	0.058 3	0.065 7	0.114 5
C4	0.034 7	0.033 2	0.033 4	0.033 1	0.032 4	0.031 7	0.033 4	0.031 9	0.029 8
C5	0.076 2	0.079 6	0.078 6	0.078 4	0.075 5	0.074 8	0.075 1	0.075 7	0.072 2

指标＼年份	2010	2011	2012	2013	2014	2015	2016	2017	2018
C6	0.134 9	0.130 7	0.129 4	0.127 7	0.121 0	0.118 6	0.120 2	0.122 3	0.115 9
C7	0.047 3	0.046 8	0.046 4	0.046 2	0.044 4	0.043 5	0.043 8	0.044 1	0.042 1
C8	0.159 9	0.154 7	0.158 6	0.162 5	0.157 2	0.160 6	0.167 7	0.164 2	0.149 1
C9	0.060 1	0.060 8	0.061 9	0.064 8	0.065 8	0.065 3	0.065 9	0.065 6	0.062 4
C10	0.026 6	0.028 9	0.030 4	0.031 4	0.030 9	0.031 4	0.031 8	0.032 3	0.032 9
C11	0.047 7	0.049 6	0.050 9	0.052 2	0.054 9	0.065 5	0.066 0	0.064 2	0.061 1
C12	0.042 0	0.043 0	0.043 8	0.045 7	0.047 9	0.048 2	0.049 5	0.050 3	0.049 2
C13	0.025 8	0.025 4	0.025 1	0.025 1	0.024 6	0.024 4	0.024 7	0.025 1	0.024 5
C14	0.037 1	0.037 7	0.037 6	0.038 0	0.036 7	0.036 4	0.037 0	0.037 1	0.035 3
C15	0.028 5	0.028 9	0.029 6	0.030 3	0.029 9	0.029 4	0.031 4	0.030 5	0.027 2
C16	0.031 1	0.038 4	0.038 7	0.038 3	0.038 6	0.037 7	0.037 1	0.036 5	0.028 6
C17	0.016 7	0.017 2	0.018 1	0.017 6	0.018 5	0.018 0	0.017 5	0.016 1	0.018 2
C18	0.027 1	0.042 8	0.044 3	0.043 9	0.045 5	0.044 0	0.042 2	0.040 6	0.037 7

由表 4.7 可知,在所有的 18 个指标中,历年权重均值最高的 4 个指标依次是 C8、C6、C3、C5,且主要集中在 B1 和 B2 两个领域,说明区域货币资金规模密度与区域金融机构和组织密度的高低对于区域金融资源集聚有重要作用。历年权重均值较小的 4 个指标分别是 C10、C13、C15、C17,且主要集中在 B5 领域,说明区域金融信息资源规模对区域金融资源的影响相对较小。具体来看:

其一,在区域货币资金规模密度方面,省域股票筹资额占全国股票筹资额的比重(C3＝0.085 1)排在第一位,说明股票资金的筹集引起全国的货币资金集聚化流动,对于货币资金规模密度起到了关键性作用,省域金融机构年末存款总额占全国存款总额的比重(C1＝0.049 9)和省域金融机构年末贷款总额占全国贷款总额的比重(C2＝0.051 1)所发挥的作用旗鼓相当,省域保险费收入占全国保险费收入比重在区域货币资金规模方面的影响相对较小(C4＝0.033 8)。

其二,在区域金融机构和组织密度方面,每平方千米的基金管理公司、创投公司、风投公司数量(C8＝0.160 3)与每平方千米证券公司数量(C6＝0.129 0)排在前两位,而银行类金融机构的数量(C5＝0.079 8)与保险公司数量(C7＝0.046 5)与其有很大差距,说明基金管理公司、创投公司、风投公司、证券公司的数量与密度相对于银行类金融机构与保险公司来说,对于区域金融机构和组织密度的形成发挥了更重要的影响作用。

其三,在区域金融人力资源规模与结构密度方面,省域金融业就业人数占全国金融业就业人数比重(C9＝0.060 8)对区域金融资源集聚的影响力明显大于区域金融从业人员总数占区域内所有企业就业总数的比重(C10＝0.028 8),更能代表全国范围内金融人力资源的集聚与流动。

其四,在区域金融服务机构规模方面,省域金融信息服务机构数量的影响力在区域金融服务机构规模中发挥了重要作用,超过其他金融服务机构的影响力,排名依次为省域金融信息服务机构数量(C11＝0.051 8)＞区域内信用担保公司的数量(C12＝0.043 6)＞区域会计师事务所、律师事务所的数量(C13＝0.024 7)＞区域评估机构的数量(C14＝0.034 8),评估机构的影响力相对最小。

其五,在区域金融信息资源规模方面,四项指标在区域信息资源规模的影响力相当,差距不大,四项指标比重排名依次是省域移动电话普及率(C16＝0.034 2)、每平方千米通信系统电信光缆长度(C18＝0.033 8)、省域邮政电信业务总量(C15＝0.029 1)、省域互联网上网人数(C17＝0.022 8),说明省域移动电话普及率与通信系统电信光缆长度基础设施建设对于金融信息资源规模影响相对较大。

4.4.3　区域金融资源集聚水平 Topsis 法的评价结果

根据前文中 Topsis 法的计算方法,将前文中得出组合赋权权重数值与各指标数值代入,经过运算得出我国 2001—2018 年区域金融资源集聚水平的贴近度,具体结果如表 4.8 所示。

表 4.8   2001—2018 年中国金融资源集聚程度综合评价值

年份 地区	2001	2002	2003	2004	2005	2006	2007	2008	2009
北京	0.326 6	0.333 5	0.325 7	0.327 4	0.336 6	0.393 6	0.452 8	0.390 8	0.394 0
天津	0.128 5	0.124 9	0.124 2	0.124 5	0.119 6	0.104 8	0.122 7	0.123 9	0.150 0
河北	0.032 1	0.034 7	0.032 8	0.039 0	0.039 5	0.042 1	0.039 0	0.043 2	0.044 9
山西	0.053 6	0.059 8	0.061 9	0.048 8	0.052 0	0.090 9	0.023 6	0.027 1	0.026 9
内蒙古	0.022 8	0.018 7	0.034 1	0.015 3	0.014 3	0.013 4	0.016 5	0.019 7	0.014 8
辽宁	0.048 7	0.047 9	0.045 6	0.044 2	0.043 4	0.091 0	0.050 6	0.043 3	0.042 7
吉林	0.024 8	0.023 0	0.020 9	0.056 0	0.062 3	0.020 6	0.018 9	0.018 5	0.019 3
黑龙江	0.023 7	0.022 9	0.019 9	0.020 5	0.019 9	0.018 1	0.015 9	0.018 4	0.018 6
上海	0.904 3	0.898 5	0.889 4	0.892 0	0.884 1	0.791 6	0.736 6	0.801 7	0.890 9
江苏	0.077 9	0.084 7	0.083 0	0.081 7	0.083 4	0.087 5	0.079 0	0.085 7	0.097 8
浙江	0.106 3	0.120 1	0.122 8	0.113 7	0.127 1	0.074 9	0.086 7	0.084 7	0.093 9
安徽	0.031 9	0.037 0	0.034 6	0.033 3	0.031 0	0.032 4	0.033 3	0.050 2	0.041 9
福建	0.033 9	0.031 7	0.030 5	0.030 1	0.030 5	0.030 0	0.041 1	0.044 2	0.045 4
江西	0.019 7	0.019 4	0.049 6	0.019 9	0.044 5	0.018 5	0.019 8	0.021 5	0.026 5
山东	0.069 7	0.065 8	0.065 4	0.070 7	0.069 3	0.076 0	0.069 6	0.084 8	0.082 5
河南	0.037 6	0.042 3	0.037 7	0.038 8	0.039 5	0.041 6	0.039 6	0.042 8	0.044 5
湖北	0.043 5	0.036 1	0.041 5	0.045 0	0.036 5	0.030 8	0.029 4	0.032 3	0.036 4
湖南	0.033 3	0.035 2	0.034 8	0.037 4	0.035 4	0.037 5	0.033 3	0.040 0	0.057 0
广东	0.125 9	0.116 5	0.119 8	0.117 8	0.113 5	0.143 3	0.159 4	0.148 5	0.142 2
广西	0.017 7	0.016 4	0.017 3	0.017 1	0.017 3	0.015 9	0.015 6	0.016 1	0.017 6
海南	0.033 6	0.027 0	0.022 9	0.027 4	0.025 5	0.031 3	0.014 9	0.015 8	0.017 2
重庆	0.021 9	0.023 5	0.023 6	0.024 2	0.028 4	0.024 9	0.027 6	0.034 6	0.041 1
四川	0.044 2	0.035 7	0.038 5	0.036 9	0.037 7	0.038 7	0.038 1	0.048 2	0.053 0
贵州	0.038 3	0.034 8	0.040 5	0.026 5	0.029 4	0.011 9	0.011 8	0.012 1	0.013 3
云南	0.017 2	0.016 4	0.015 7	0.015 5	0.016 7	0.016 6	0.016 4	0.020 9	0.021 2

续表

年份 地区	2001	2002	2003	2004	2005	2006	2007	2008	2009
陕西	0.022 4	0.021 3	0.021 4	0.020 9	0.020 8	0.021 0	0.018 8	0.043 2	0.026 4
甘肃	0.013 8	0.014 1	0.014 8	0.013 8	0.014 4	0.013 3	0.012 3	0.013 7	0.031 1
宁夏	0.011 8	0.012 2	0.012 6	0.012 6	0.011 8	0.011 3	0.010 7	0.011 2	0.014 2
新疆	0.016 0	0.018 9	0.019 0	0.015 8	0.025 9	0.013 7	0.016 8	0.017 6	0.014 4

年份 地区	2010	2011	2012	2013	2014	2015	2016	2017	2018
北京	0.388 4	0.363 3	0.370 0	0.369 7	0.401 5	0.404 3	0.417 4	0.424 6	0.440 7
天津	0.235 6	0.304 5	0.270 1	0.235 2	0.197 1	0.158 6	0.150 7	0.153 3	0.141 4
河北	0.049 4	0.060 7	0.052 8	0.053 0	0.051 7	0.050 1	0.048 8	0.050 5	0.048 2
山西	0.033 2	0.033 6	0.031 9	0.031 7	0.029 3	0.031 1	0.027 4	0.030 9	0.030 7
内蒙古	0.016 2	0.017 7	0.025 2	0.023 3	0.019 3	0.028 3	0.015 5	0.016 4	0.016 9
辽宁	0.051 7	0.061 4	0.051 3	0.047 7	0.049 9	0.047 3	0.044 0	0.046 3	0.043 5
吉林	0.021 2	0.023 2	0.023 6	0.023 1	0.024 6	0.023 3	0.022 4	0.023 2	0.025 5
黑龙江	0.023 0	0.021 5	0.021 4	0.021 3	0.025 1	0.021 6	0.024 6	0.022 8	0.020 5
上海	0.879 9	0.905 8	0.912 6	0.849 9	0.851 1	0.841 1	0.841 9	0.844 4	0.679 1
江苏	0.113 4	0.123 2	0.117 9	0.110 6	0.116 0	0.119 3	0.122 2	0.120 4	0.160 1
浙江	0.106 0	0.110 7	0.101 8	0.097 4	0.115 9	0.110 0	0.123 9	0.134 9	0.113 2
安徽	0.038 8	0.044 0	0.040 8	0.048 7	0.043 4	0.040 3	0.040 6	0.044 0	0.040 4
福建	0.053 2	0.045 6	0.042 3	0.041 0	0.050 6	0.052 4	0.043 3	0.048 6	0.045 2
江西	0.029 1	0.030 1	0.030 9	0.028 9	0.030 1	0.029 1	0.030 2	0.031 3	0.030 2
山东	0.088 4	0.098 2	0.100 4	0.084 2	0.090 2	0.087 0	0.085 7	0.093 4	0.090 8
河南	0.050 5	0.058 6	0.056 9	0.056 2	0.053 0	0.051 6	0.051 4	0.054 9	0.050 1
湖北	0.038 7	0.040 7	0.038 8	0.037 2	0.039 5	0.037 8	0.037 8	0.039 9	0.039 9
湖南	0.052 6	0.058 2	0.062 4	0.060 4	0.056 0	0.042 1	0.040 0	0.051 3	0.043 9
广东	0.157 8	0.159 1	0.157 4	0.200 1	0.186 1	0.232 2	0.239 6	0.239 2	0.369 3
广西	0.020 2	0.022 1	0.021 2	0.023 2	0.020 8	0.022 4	0.020 5	0.019 2	0.020 8

年份 地区	2010	2011	2012	2013	2014	2015	2016	2017	2018
海南	0.020 5	0.020 4	0.022 9	0.019 6	0.018 8	0.018 1	0.025 7	0.022 2	0.020 7
重庆	0.046 0	0.048 2	0.048 1	0.050 9	0.051 8	0.044 9	0.043 4	0.044 0	0.093 4
四川	0.046 5	0.053 4	0.054 2	0.046 8	0.058 3	0.049 4	0.045 1	0.048 4	0.049 9
贵州	0.014 7	0.015 1	0.015 3	0.015 9	0.016 7	0.016 2	0.016 5	0.017 6	0.018 9
云南	0.019 1	0.021 1	0.019 8	0.034 3	0.020 6	0.020 2	0.018 7	0.021 4	0.018 8
陕西	0.062 9	0.029 7	0.030 1	0.029 3	0.037 0	0.032 2	0.029 9	0.036 1	0.031 3
甘肃	0.015 8	0.019 7	0.025 8	0.030 9	0.024 7	0.024 2	0.023 4	0.023 7	0.022 8
宁夏	0.012 7	0.012 4	0.012 6	0.012 5	0.012 9	0.013 2	0.013 6	0.014 4	0.021 8
新疆	0.022 4	0.018 2	0.029 4	0.023 5	0.018 5	0.020 7	0.015 8	0.039 3	0.034 5

　　从我国各省域金融资源集聚的总体评价结果来看,大部分省份呈现较为稳定的发展态势,个别省份金融资源集聚水平较高,远超过全国平均水平,省域之间差距较为明显,低水平金融资源集聚省域之间差距较小,省域金融资源集聚在不同区位、地理、经济等因素的共同影响下发展呈现出一定的时间与空间演进特征,需要进一步展开详细分析。

4.5　区域金融资源集聚水平时空演进特征分析

4.5.1　区域金融资源集聚水平时间演进特征分析

　　根据上文 2001—2018 年间我国 29 个省域金融资源集聚综合评价值结果,运用 stata 15.0 输出各个省域的金融资源集聚的时间发展趋势图(如图 4.2 所示)。

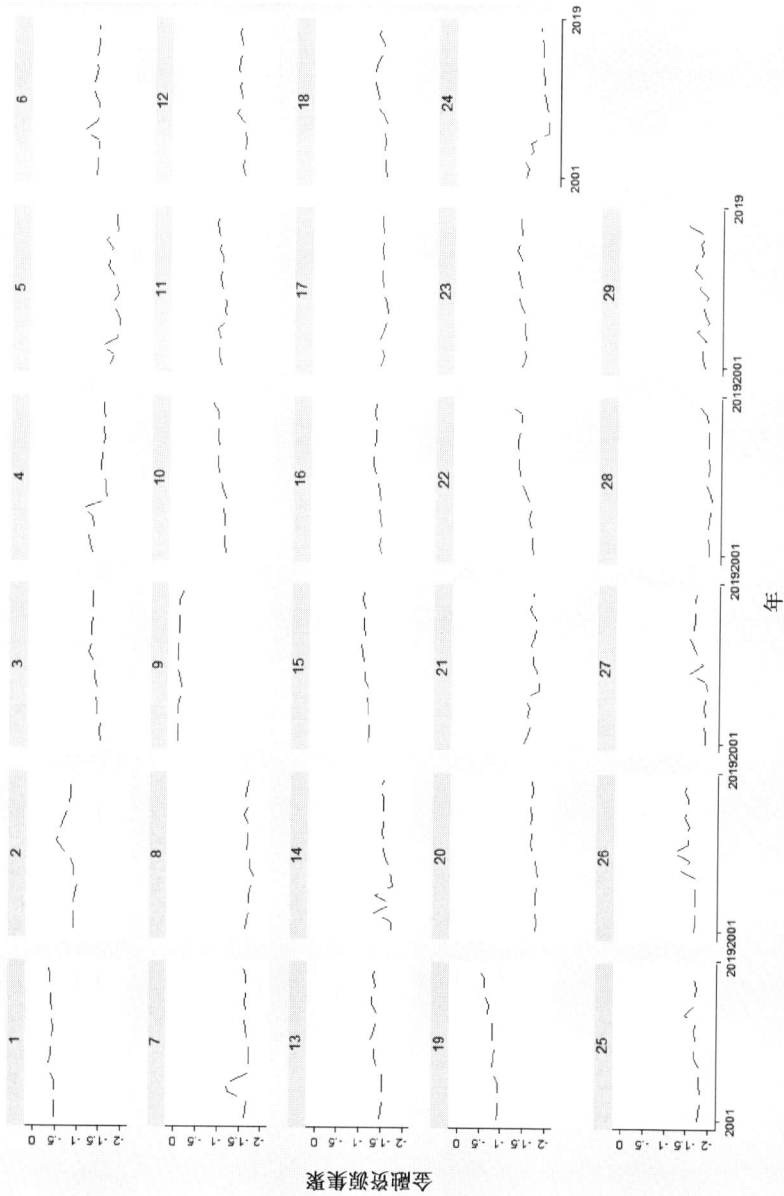

图4.2 2001—2018年区域金融资源集聚时间发展趋势

注：图中1～29分别代表省域北京、天津、河北、山西、内蒙古、辽宁、吉林、黑龙江、上海、江苏、浙江、安徽、福建、江西、山东、河南、湖北、湖南、广西、海南、广西、重庆、四川、贵州、云南、陕西、甘肃、宁夏、新疆。

由图 4.2 可以看出,从整体上看我国大部分省份的金融资源集聚水平呈现稳步上升态势,少数省份出现下降和波动发展状态,其中,北京、上海远远领先于全国其他省份和地区,天津、江苏、浙江临近北京与上海,金融资源集聚水平处于中高阶段,具有显著的区域性集聚特征,山西、内蒙古、辽宁、吉林、黑龙江、海南、贵州呈现一定的波动下降趋势,广西、云南、陕西、甘肃、宁夏、新疆虽然金融资源集聚水平较低,但均有一定程度的波动上升趋势。

计算 2001—2018 年各省域平均增长率及均值,并按照四大区域分组,结果如表 4.9 所示。

表 4.9　　　　　　　　　中国省域金融资源集聚水平年均增长率

省域		2001—2018 年平均增长率	2001—2018 年均值	省域		2001—2018 年平均增长率	2001—2018 年均值
东部	北京	1.78%	0.381 2	西部	内蒙古	−1.76%	0.019 4
	天津	0.57%	0.165 0		广西	0.96%	0.019 0
	河北	2.41%	0.045 1		重庆	8.89%	0.040 0
	上海	−1.67%	0.849 7		四川	0.72%	0.045 7
	江苏	4.33%	0.103 5		贵州	−4.08%	0.020 3
	浙江	0.37%	0.108 0		云南	0.52%	0.019 5
	福建	1.71%	0.041 1		陕西	2.00%	0.029 7
	山东	1.57%	0.081 8		甘肃	3.02%	0.019 6
	广东	6.54%	0.173 8		宁夏	3.69%	0.013 0
	海南	−2.82%	0.022 5		新疆	4.62%	0.021 1
中部	山西	−3.23%	0.040 2	东北部	辽宁	−0.67%	0.050 0
	安徽	1.40%	0.039 2		吉林	0.17%	0.026 4
	江西	2.53%	0.028 3		黑龙江	−0.84%	0.021 1
	河南	1.69%	0.047 1				
	湖北	−0.50%	0.037 9				
	湖南	1.63%	0.045 0				

由表 4.9 中的数据可以看出,我国大部分省域金融资源集聚水平的年平均增长率为正,且增长速度较快,其中,重庆、广东、新疆排名前三,重庆年均增长率为 8.89%,新疆金融资源集聚综合评价指数的均值仅为 0.021 1,历年均处于排名末端。重庆年均增长率较高是由于初期数值偏低,后期金融业发展增速大大提高所导致,但金融资源集聚综合评价值平均值仍然落后于大多数省域;广东省金融资源集聚综合评价值历年均处于较高水平,但凭借着发达的经济基础与良好的发展态势,仍然保持着较高的增长率;重庆金融资源集聚综合评价值由 0.021 9 上升至 0.093 4,有了较大幅度的提升。中西部省份还包括江西、河南、湖南、陕西、甘肃、宁夏以及增速排名第三的新疆,因这些省份地处"西部大开发"的战略节点,也是"一带一路"的重要连接点,政策引导与金融产业的快速发展,吸引了大量的资源和人才流入。

上海、海南、山西、湖北、内蒙古、贵州、辽宁、黑龙江年均增长率为负值。年均增长率负值并不完全意味着金融资源集聚的负向发展,例如上海作为国际金融中心之一,金融资源集聚水平居全国首位,达到 0.849 7,但其年均增长率却是负值,其原因可能是上海集聚了大量的金融机构、金融人才、金融服务机构和组织等金融资源已达到高度集聚状态,进而因过度拥挤导致负效应。作为经济相对发达且具有区位优势的省域,江苏和浙江分别达到了 4.33% 和 0.37% 的年均增长率。河北金融资源集聚水平增长率为 2.41%,远高于北京的 1.78%,这得益于北京金融资源的流动与辐射效应。海南经济以旅游业为主,工业基础薄弱,山西、内蒙古、黑龙江、辽宁东北部省域多为资源型省域,面临资源枯竭经济转型难题,贵州、云南省处于西南腹地,由于交通基础设施等因素导致产业经济发展受限。这些省域由于经济基础薄弱,地理、资源矿产、人力资源等众多原因导致金融产业发展受限,从而导致金融资源集聚程度较低,且金融资源集聚发展速度缓慢。从 2001—2018 年历年区域金融资源集聚综合评价均值来看,上海、北京、天津、浙江、江苏、广东超过 0.1,排名前六位,这些省市地处我国东部地区,具有较高的金融资源集聚水平,而内蒙古、广西、云南、陕西、甘肃、宁夏历年区域金融资源集聚综合评价均值不到 0.02,这些省域地理位置均处于中西部、东北地区,我国金融资源集聚水平地域差异非常显著。

由图 4.3 可见中国四大区域金融资源集聚综合评价值的历年均值的时序发展趋势,东部地区明显集聚了全国大部分金融资源,金融资源集聚水平发展较高,2001—2008 年间并无较大波动,2008—2017 年间呈逐年稳步上升的发展态势,2018 年略有降低。中西部与东北部地区虽然自然资源丰富,但产业结构转型升级缓慢,市场机制运行落后,金融业发展规模远远落后于东部发达地区。虽然中央政府不断部署振兴中西部和东北老工业基地政策措施,但由于经济基础较差,整体发展水平仍远远落后于东部地区。这些省份金融资源集聚水平增长缓慢,甚至个别省域出现负增长,货币资金、金融人才等金融资源流出大于流入,最终形成东部地区金融资源集聚水平远高于其他区域的发展特征。

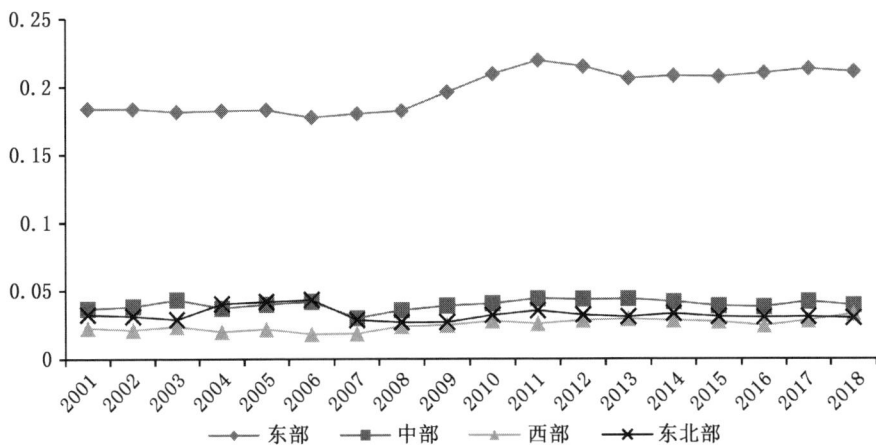

图 4.3   中国四大区域金融资源集聚水平时序趋势

4.5.2   区域金融资源集聚水平空间演进特征分析

金融资源在区位、产业集聚发展、规模经济、信息腹地等内在动力因素以及外在条件的作用下流动,发生特定的地理集聚现象,在空间中呈现出独特的演进特征。根据区域金融资源集聚水平综合评价值,在自然资源部地图技术审查中心承办的标准地图服务网站,运用自制统计地图,分别选取 2001、2007、2012、2018 年四个时间节点绘出中国省域金融资源集聚空间分布图形,进一步分析金融资源集聚省域发展差异与时空分布演进状况。

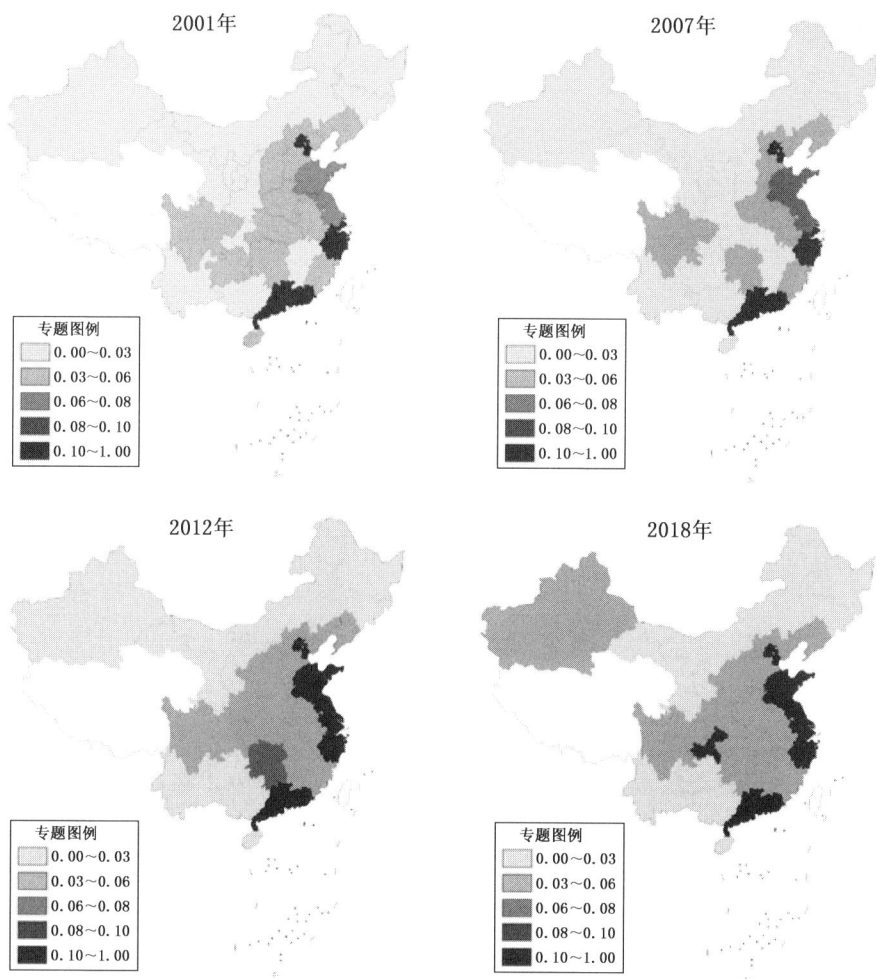

注:基于自然资源部标准地图服务网站下载的审图号为 0081586406,0081533078,0081518592,0081564154 的标准地图制作,底图无修改,作者自绘。

图 4.4　2001、2007、2012、2018 年中国省域金融资源集聚度空间分布

由图 4.4 可见,从 2001—2018 年的四个时间节点时空格局图可以看出,我国金融资源集聚空间聚集态势非常突出,省域差距显著。2001 年,上海、北京、天津、广东、浙江为金融资源集聚度前五强,江苏、山东、山西、辽宁、四川紧随其后,江西、广西、新疆、甘肃、宁夏排在末五位。从空间分布来看,金融资源集聚度高的省份主要集中在东部区域,中西部、东北部地区的金融资源集聚程度普遍偏低,与东部地区差异较大。从 2007、2012、2018 年三个节点的空间格局图发展来看,金融资源集聚度前五强省域名次没有变化,地位稳固,且集聚程度比 2001 年逐年提高,金融资源集聚程度不断加强。中部地区大部分省域的金融资源集聚水平有了明显提高,2012 年与 2018 年中部地区金融资源集聚空间布局明显扩大,陕西西安、四川成都、湖北武汉积极打造区域金融中心起到了明显的推动作用。而末五位省域分别是黑龙江、云南、贵州、内蒙古、宁夏,这几个省域的金融资源程度较之 2001 年呈现了一定幅度的降低,在一定程度上体现了西部、东北部地区经济低迷,货币资金、金融机构、金融人才等各类金融资源向经济发展基础好、金融资源集聚水平高的地区流动的变化趋势,东部地区金融资源集聚水平进一步提升。

4.5.3　区域金融资源集聚水平空间相关性分析

根据前文对我国 29 个省域金融资源集聚综合评价指数分析与图 4.3 可以看出,区域金融资源集聚水平较高的省域在地理位置上大多处于临近区位,例如京津冀、江浙沪、珠三角、成都、重庆地区等,省域之间普遍存在着相关性,因此有必要利用空间数据分析方法对金融资源集聚水平的全局和局部的空间相关性分别分析。

4.5.3.1　区域金融资源集聚的空间相关性检验

空间相关性是检验是否存在空间面板模型的前提条件,空间相关性通常指某一变量在不同空间位置上的相关关系。目前国内外学者普遍采用莫兰指数(Moran's I)对空间相关性进行分析,因为 Moran's I 具有更丰富的应用范围。金融资源集聚以空间经济学的相关理论为基础,具有地理位置相关的空间自相关的特性,本书在进行金融资源集聚对科技创新效应影响的空间溢出分析前,为验证中国金融资源集聚的空间分布特征不是随机发生的,采用 Moran's I 对金融资源集聚的空间相关性进行全局相关性检验和局部相关性检验,分析空间邻接省域之间的相关程度。

(1)基于 Moran's I 的全局空间自相关检验

通常全局空间自相关检验所用指标为 Moran's I,其能够反映空间邻接或相邻省域的单元属性值的相似程度,Moran's I 的计算公式如下:

$$\text{Moran's I} = \frac{n}{\sum_{i=1}^{n}\sum_{j=1}^{n} w_{ij}} \frac{\sum_{i=1}^{n}\sum_{j=1}^{n} w_{ij}(x_i - x)(x_j - x)}{\sum_{i=1}^{n}(x_i - x)^2} \qquad (4-31)$$

其中,x_i 与 x_j 分别表示区域 i 与区域 j 的观测值,n 为空间单元个数。在本书中 $n=29$,表示有 29 个省域为研究对象,空间权重矩阵为 W_{ij},其构造原则是以任意两省份之间的距离倒数,两省会城市之间的地理距离越近,其权重值越大,反之则较小。表示区域间的金融资源集聚的空间作用关系。Moran's I 的取值范围在[-1,1]之间,Moran's I 大于 0 表示两区域之间正相关,Moran's I 小于 0,表示两区域之间负相关,Moran's I 等于 0,表示两区域之间不相关。Moran's I 越接近 1,表示省域之间空间相关性越强,反之,越接近于 0,表示省域之间的空间相关性越弱。[138]

根据公式计算的 2001—2018 年金融资源集聚全局空间相关性检验结果如表 4.10 所示。

表 4.10　　　　　　　　　2001—2018 年金融资源集聚全局空间相关性检验

年份	Moran's I	Z 值	P 值	年份	Moran's I	Z 值	P 值
2001	0.042	1.127	0.13	2010	0.089**	2.134	0.016
2002	0.058*	1.332	0.091	2011	0.109***	2.582	0.005
2003	0.059*	1.336	0.091	2012	0.089**	2.237	0.013

年份	Moran's I	Z 值	P 值	年份	Moran's I	Z 值	P 值
2004	0.050*	1.234	0.109	2013	0.079**	2.002	0.023
2005	0.059*	1.321	0.093	2014	0.084**	1.875	0.03
2006	0.015	0.513	0.304	2015	0.061*	1.343	0.09
2007	0.047	1.005	0.146	2016	0.069*	1.389	0.082
2008	0.037	0.943	0.173	2017	0.076*	1.463	0.072
2009	0.044	1.169	0.121	2018	0.048	1.009	0.157

由表 4.10 检验结果得知,2001—2018 年金融资源集聚的 Moran's I 均为正值,且大部分年份通过显著性检验,表明我国各省域金融资源集聚存在空间相关性,Moran's I 从 2001 年至 2014 年呈逐年上升趋势,空间相关性之间逐渐增强,金融资源集聚水平较高的省域相互临近,金融资源集聚水平较低的省域相互相邻。2015 年后金融资源集聚的 Moran's I 出现递减趋势,表明区域金融资源集聚水平较高省份伴随着科技信息的不断进步与发展,由金融资源集聚带来的集聚效应、辐射效应、溢出效应、空间关联效应等带动周边临近省域金融资源集聚的发展,各类型金融资源在地理空间上日益分散,弱化了区域金融资源集聚水平的空间依赖性,由此导致空间相关性降低。

(2)基于 Moran's I 散点图的局域空间自相关检验

Moran's I 全局空间相关性检验能够反映中国金融资源集聚整体存在的空间相关性,但对于省域之间的具体空间相关性无法体现,采用 Moran's I 散点图来研究变量的局域空间自相关性,以变量 X 的空间滞后项为纵坐标,变量 X 为横坐标,制作二维散点图,省域金融资源集聚模式可以划分为四个象限的集聚模式,可以识别出一个省域与其相邻省域的空间相关性。当省域单元分布在第一和第三象限时,省域单元之间具有正向空间相关性,其中分布在第一象限时,表示高水平金融资源集聚的省域被高集聚水平的省域所包围(HH);分布在第三象限时,表示低水平金融资源集聚的省域被低集聚水平的省域所包围(LL)(H 表示"高聚集水平",L 表示"低聚集水平")。当省域单元分布在第二和第四象限时,省域单元之间具有负向空间相关性,其中分布在第二象限时,表示低水平金融资源集聚的省域被高集聚水平的省域所包围(LH),分布在第四象限时,表示高水平金融资源集聚的省域被低集聚水平的省域所包围(HL)。当省域观测值均匀地分布在四个象限时,说明省域之间不存在空间自相关性。限于篇幅,本书选取 2001、2010 和 2018 年三个时间节点的 Moran's I 散点图,如图 4.5 所示。

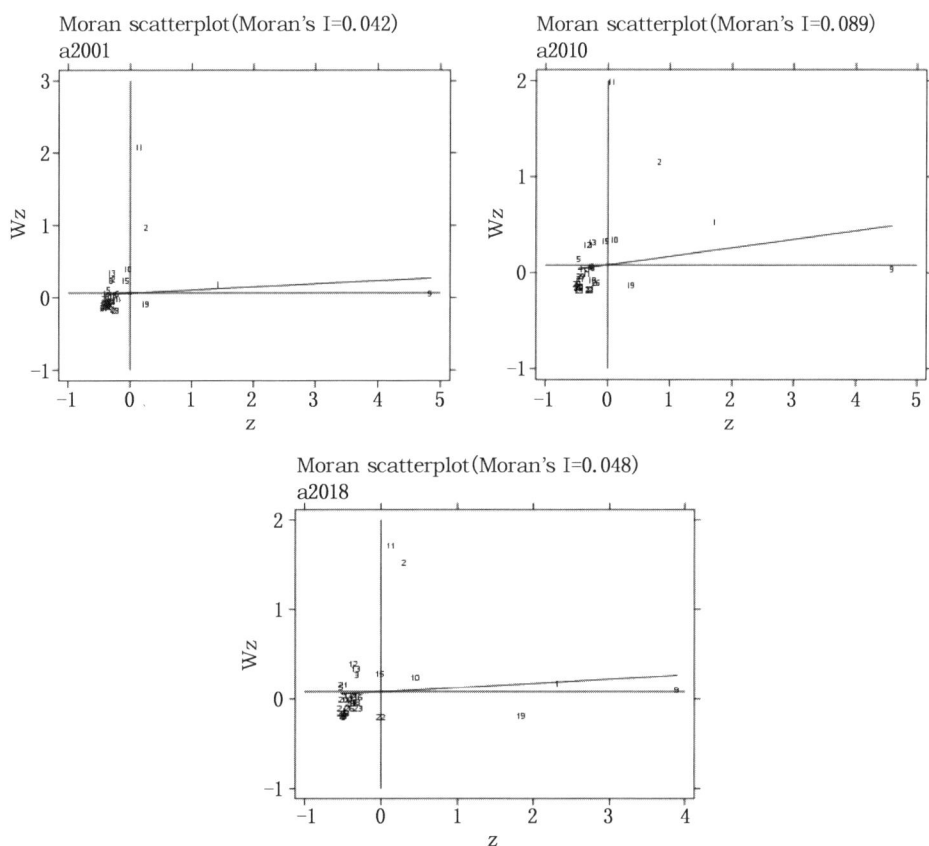

图 4.5　2001、2010、2018 年金融资源集聚水平指数散点图

　　散点图中第一象限省域金融资源集聚呈现"高高"集聚的趋势,即该省域与临近省域的金融资源集聚水平均比较高;位于第三象限的省域金融资源集聚水平呈现"低低"集聚趋势,该省域与临近省域的金融资源集聚水平均较低;位于第二象限的省域金融资源集聚水平呈现"低高"集聚趋势,该省域被较高集聚水平省域包围,自身金融资源集聚水平却较低;位于第四象限的省域金融资源集聚水平呈现"高低"集聚趋势,该省自身金融资源集聚水平较高,但周边省域金融资源集聚水平却较低。

　　我国绝大部分省域位于第三象限,呈现"低低"集聚特征与正相关性,这些省域与周边临近省域金融资源集聚水平均较低;少部分省域分布在第一、二、四象限,大部分省域金融资源集聚具有正相关性,结果同全局自相关性检验一致,从各节点Moran's I 散点图形中可以看出代表空间相关性高低的直线斜率呈现先上升后降低的趋势,表明中国各省域之间的空间自相关性出现先升高后降低的变化趋势。

　　三个时间节点的全国各个省域的象限分布如表 4.11 所示。

表 4.11　　　　　　　　　　区域金融资源集聚省域象限分布

年份	省域分布			
	HH	LH	LL	HL
2001	北京、天津、江苏、浙江	河北、内蒙古、安徽、福建、山东	山西、吉林、辽宁、黑龙江、江西、河南、湖北、湖南、广西、海南、重庆、四川、贵州、云南、陕西、甘肃、宁夏、新疆	上海、广东
2010	北京、天津、江苏、浙江	河北、内蒙古、安徽、福建、山东	山西、吉林、辽宁、黑龙江、江西、河南、湖北、湖南、广西、海南、重庆、四川、贵州、云南、陕西、甘肃、宁夏、新疆	上海、广东

续表

年份	省域分布			
	HH	LH	LL	HL
2018	北京、天津、上海、江苏、浙江、山东	河北、内蒙古、安徽、福建、海南	山西、吉林、辽宁、黑龙江、江西、河南、湖北、湖南、广西、四川、贵州、云南、陕西、甘肃、宁夏、新疆	广东、重庆

北京、天津、江苏、浙江位于第一象限,即表现出"高高"集聚特征,这些集聚水平较高省域均被高集聚水平省域包围;河北、内蒙古、安徽、福建、山东位于第二象限,即"低高"离散特征,这些省域的临近省域金融资源集聚水平较高,其中山东省逐渐向第一象限转移;2001年,广东、上海位于第四象限,即"高低"离散特征,广东与上海自身金融资源集聚水平较高,而临近省域金融资源集聚水平较低,至2018年上海逐渐进入第一象限且呈现"高高"集聚特征,这也代表了在金融资源集聚的辐射效应、溢出效应的作用下,上海推动了临近省域浙江、江苏等省的金融资源的空间流动与扩散,拉动了周边区域金融资源集聚水平的提高,上海进入第一象限,表现出"高高"集聚特征。

4.5.3.2 区域金融资源集聚的时空迁跃动态分析

从前文选择的三个时间节点的各省域 Moran's I 散点图来看,各省域之间的金融资源集聚空间相关性随时间的推移而逐步发生变化,一些省域的集聚趋势发生了分布象限的改变,故需要对其进行空间跃迁变化的动态分析。借鉴 Rey(2011)的研究,本书将分为四个迁跃类型,第一类是省域自身发生迁跃,临近省域不变,记为"类型1",包括 $HH_t \rightarrow LH_{t+1}$,$LH_t \rightarrow HH_{t+1}$,$HL_t \rightarrow LL_{t+1}$,$LL_t \rightarrow L_{t+1}$。第二类是临近省域发生迁跃,省域自身不变,记为"类型2",包括 $HH_t \rightarrow L_{t+1}$,$HL_t \rightarrow LH_{t+1}$,$LH_t \rightarrow LL_{t+1}$,$LL_t \rightarrow LH_{t+1}$。第三类是该省域与临近省域均发生迁跃,记为"类型3"。此种情形又包括两种情况:省域自身与临近省域同方向迁跃,记为 $HH_t \rightarrow LL_{t+1}$,$LL_t \rightarrow HH_{t+1}$;省域自身与临近省域反方向迁跃,记为 $HL_t \rightarrow LH_{t+1}$,

$LH_t \rightarrow L_{t+1}$。第四类是省域本身与临近的省域均没有发生迁跃,记为"类型 0"。[139] 下面采用时空动态迁跃方法,从时间与空间两个维度相结合,对中国金融资源集聚 2001—2010 年及 2010—2018 年间一共两个时间段的时空动态迁跃进行分析,如表 4.12 所示。

表 4.12　　　　　　　　　　中国金融资源集聚局部空间相关类型

迁跃类型	路径	时间阶段	
		2001—2010 年	2010—2018 年
类型 1	$HH_t \rightarrow LH_{t+1}$ $HL_t \rightarrow LL_{t+1}$ $LH_t \rightarrow HH_{t+1}$ $LL_t \rightarrow HL_{t+1}$	— — — —	— — 山东 重庆
类型 2	$HH_t \rightarrow HL_{t+1}$ $HL_t \rightarrow HH_{t+1}$ $LH_t \rightarrow LL_{t+1}$ $LL_t \rightarrow LH_{t+1}$	— — — —	上海 — 海南
类型 3	$HH_t \rightarrow LL_{t+1}$ $HL_t \rightarrow LH_{t+1}$ $LH_t \rightarrow HL_{t+1}$ $LL_t \rightarrow HH_{t+1}$	— — — —	— — — —
类型 0	$HH_t \rightarrow HH_{t+1}$	北京、天津、江苏、浙江	北京、天津、江苏、浙江
	$HL_t \rightarrow HL_{t+1}$	上海、广东	广东
	$LH_t \rightarrow LH_{t+1}$	河北、内蒙古、山东、安徽、福建	河北、内蒙古、安徽、福建
	$LL_t \rightarrow LL_{t+1}$	山西、吉林、辽宁、黑龙江、江西、河南、湖北、湖南、广西、海南、重庆、四川、贵州、云南、陕西、甘肃、宁夏、新疆	山西、吉林、辽宁、黑龙江、江西、河南、湖北、湖南、广西、四川、贵州、云南、陕西、甘肃、宁夏、新疆

由表 4.12 可以看出,2001—2010 年间,全国各省域均未发生迁跃,全国大部分省域维持了"LL"集聚状态,北京、天津、江苏、浙江维持"HH"集聚状态,上海、广东维持"HL"集聚状态,上海由于自身金融资源集聚平均水平达到全国最高,遥遥领先于其他省域,广东省地处珠三角,相邻省域金融资源集聚水平均较低,故呈现

"高低"集聚状态;河北、内蒙古、山东、安徽、福建维持"LH"集聚状态,其中山东省徘徊于"LH"与"HH"之间,其地理位置地处东部沿海,与河南、河北金融资源集聚水平较低的省域相邻,同时与北京、上海、江苏、浙江金融资源集聚高水平省域亦较近,导致其散点图位置介于"LH"与"HH"之间。

2010—2012 年间,个别省域发生了迁跃,其中类型 1 中,山东与重庆发生迁跃,山东从 LH 迁跃 HH,重庆从 LL 迁跃 HL,表明山东与重庆金融资源集聚水平有了一定的提升。类型 2 中,上海与海南发生迁跃,路径为上海 HL 迁跃至 HH,海南从 LL 迁跃至 LH,表明上海临近省域的金融资源集聚水平有了一定的提升,充分证明了当区域金融资源集聚达到一定程度后会出现辐射效应、溢出效应、空间关联效应等后带动货币资金、金融机构等金融资源向周边省域和地区扩散,印证了金融资源集聚的空间溢出效应。海南省在此期间金融资源集聚水平逐年降低,金融资源集聚的吸聚力逐渐下降,各类型金融资源被临近金融资源集聚水平高的省域通过"极化效应"而流出,导致其从"LL"迁跃至"LH",从另一个层面证明了金融资源集聚效应的作用对金融资源空间流动与转移的影响作用。类型 3 没有省域发生迁跃。

综合两个时间阶段的迁跃结果可以发现,绝大多数省域迁跃状况处于类型 0,即未发生迁跃,维持原有的区域金融资源集聚的空间相关状态,表明中国金融资源集聚空间相关性和集聚发展的趋势具有较高的空间稳定性。

4.6　区域金融资源集聚的空间关联格局分析

4.6.1　区域金融资源集聚的空间关联的产生

空间关联是经济要素在空间的流动。[140] 各类型金融资源与传统经济要素类似,在市场机制的作用下遵循帕累托最优选择,会从收益率偏低区域流向收益率高的区域,这种"流动"机制促使金融机构、货币资金、金融人才等资源要素跨区域移动,进而产生空间关联。从前文述及的中国区域金融资源集聚发展的时空格局和趋势来看,越来越多地凸显出空间地理的运动特征,地理区位因素划分的各层级金融资源集聚区是当代经济发展的核心,货币资金、金融机构、金融人力资源、金融信息与制度、文化等各类型金融资源在省域间不断集聚、辐射、溢出、推移,不断加深对区域内及周边地区的影响。在科技与信息技术飞速发展背景下,互联网为金融资源的集聚、辐射与溢出等提供了更加迅捷的便利条件,各类金融资源在地域之间的运动产生的空间相互作用日益加深,对区域金融资源集聚的空间关联格局与特征的分析有利于进一步深化对中国金融资源集聚空间格局的认识。

4.6.2 区域金融资源集聚的空间关联强度测算

区域金融资源集聚产生的空间关联是金融资源在空间范围内跨区域流动产生的相互作用,对要素流动的测算,应用得较为广泛的是引力模型。引力模型来源于物理学中的引力定律,由 Zipf(1946)最早将其引入空间相互联系的领域。Zipf 利用引力模型对人口流动问题展开了研究[141],之后诸多学者拓展和修正了该模型,并将其广泛应用于空间要素流动领域,形成了较深厚的研究基础。[108]本书借鉴相关研究成果,将其引入区域金融资源集聚跨区域流动的空间关联研究,并通过构造相应的空间关联模型对中国区域金融资源集聚空间关联效应进行测算和量化分析。

一般空间相互作用的引力模型的形式为:

$$TP_{ij} = K \frac{P_i P_j}{D_{ij}} \quad (i \neq j, j = 1, \dots, 29) \tag{4-32}$$

其中,TP_{ij} 表示 i 区域与 j 区域的空间关联强度,K 为常数,通常令 $K=1$,P_i 与 P_j 分别为 i 区域与 j 区域的金融资源集聚综合评价指数,D_{ij} 选取两省域省会城市之间的距离。由公式(4-32)可知,区域金融资源集聚空间关联强度与区域间的金融资源集聚水平呈正比,与两区域间的距离呈反比。通过 ArcGIS 软件获取

29 个省域省会城市之间经纬度的距离,得出省级地理距离数据,由此得出中国任意两省域之间的金融资源集聚的空间关联强度,矩阵的表达形式如下所示:

$$\omega_{ij} = \begin{cases} TP_{ij}, i \neq j \\ 0, i = j \end{cases} \tag{4-33}$$

其中,ω_{ij} 为空间关联矩阵中的一个元素。

通过引力模型计算得到省域 $i(i=1,2,3,\ldots,29)$ 对其他 28 个省域的引力强度,选取其中最大的金融资源集聚引力强度 $TP_{ij} = \max\{T_{i1}, T_{i2} \ldots, T_{in}\}$ 作为省域 $i(i=1,2,3,\ldots,29)$ 的金融资源引力强度,然后做出最大引力强度矩阵 $\{T_{ij\max}\}$。

4.6.3　中国区域金融资源集聚的空间关联格局分析

基于全国省域金融资源集聚的最大引力强度矩阵 $\{T_{ij\max}\}$ 的计算结果,得出各省域最大引力联结线数量,其中选取 2001 与 2018 年两年为例,运用 CDR 绘图工具分别绘制 2001、2018 年省域之间最大引力联结线图(如图 4.6 所示),从空间角度直观分析金融资源集聚发展分地理区位联系与特征,以及不同省域在区域金融资源集聚发展中的地位。

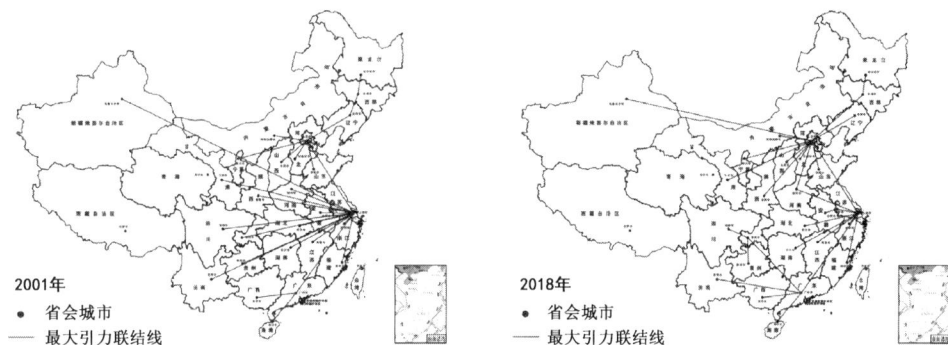

注:基于自然资源部标准地图服务网站下载的审图号为 5053190130 的标准地图制改,底图无修改,作者自绘。

图 4.6　2001 与 2018 年中国省域最大引力联结线

　　从全国角度来看,金融资源在各个年份均呈现出较明显的集聚状态,形成了区域乃至国家金融中心。2001 年,上海集聚了 16 个省域的金融资源集聚最大引力联结线,分别是江苏、浙江、安徽、福建、江西、河南、湖北、湖南、广东、重庆、四川、贵州、云南、陕西、甘肃、新疆;北京集聚了 8 个省域的金融资源集聚最大引力联结线,分别是天津、河北、山西、内蒙古、辽宁、上海、山东、宁夏;广东集聚了广西、海南两省的最大引力联结线;吉林与黑龙江、辽宁两省形成了最大引力联结线。2018 年,全国金融资源集聚最大引力联结线有了较大幅度的变动,其中,上海的最大联结省域比 2001 年有了较大幅度的减少,降为 7 个省域,分别是江苏、浙江、福建、江西、湖北、湖南、广东,减少的省域中安徽与江苏形成最大引力联结线,河南、陕西、甘肃、新疆与北京形成最大引力联结线,重庆、四川、贵州形成最大引力联结线,广东增加了重庆、云南两省域。

　　从 2001—2018 年的金融资源集聚最大引力联结线的变化可以看出,我国金融资源集聚以经济区域化划分模式逐渐形成,北京金融资源集聚最大联结线上升至 13 个省域,逐渐形成我国北部地区金融资源集聚区,上海形成东部地区金融资源集聚区,广东与广西、海南、重庆、云南形成了东南部地区金融资源集聚区,重庆与四川、贵州形成西部地区金融资源集聚区,另外,吉林与黑龙江,江苏与安徽由于地缘临近优势分别形成最大联结线。如图 4.6 所示,2001 与 2018 年中国金融资源集聚最大引力联结线,在空间分布上,上海、北京是中国金融资源密集度最高,辐射能力最强的两个区域金融中心,集聚了全国绝大部分的省域最大引力联结线,分别通过集聚效应、辐射效应、溢出效应、空间关联效应作用于南方和北方的大部分省域,上海是我国排名第一、实力最强的金融资源集聚中心,北京与上海的金融资源竞争愈加激烈。伴随着区域经济的不断发展,深圳、广州、杭州、西安、重庆等各地方金融中心的作用不断提升,对临近地区的辐射力不断增强,中国金融资源集聚的空间发展格局逐渐出现多区位、多支点的集聚发展格局。区域金融中心对周边省域的金融资源集聚能力不断增强,在一定程度上削弱了传统金融中心的集聚与辐射效应,地理距离成为重要的影响因素,区位与地缘优势会直接影响金融资源集聚的运动方向。例如,江苏金融资源集聚水平大幅度提高,吸引了临近省域安徽;由于经济发达,广东对珠江三角洲、海南、广西、重庆、云南等东南部地区具有较强的集聚力与辐射力;重庆、四川与贵州地处西南腹地,对西南地区具有较强的集聚与辐射作用;东三省地处东北,地理位置较为偏远,上海、北京对东三省金融资源的集聚与辐射力不够,东三省内部形成金融资源集聚的最大引力联结线,这也再次说明了区位因素、地理距离对于金融资源集聚的重要影响。从全国变化趋势来看,上海逐渐在全国金融资源集聚区的核心地位逐渐弱化,金融资源集聚的辐射、溢出效应对地理区位临近的、空间关联度较强的省域具有较强的空间关联溢出效应。

第5章 区域金融资源集聚的科技创新效应差异性分析

我国区域金融资源集聚是一个伴随着时间的发展呈现持续性、阶段性的动态变化过程,需要进一步对区域金融资源集聚的科技创新个体与时间的动态效应进行分析,以考察我国区域金融资源集聚对科技创新的影响效果。

5.1 区域金融资源集聚的科技创新效应测度指标与方法

5.1.1 区域金融资源集聚的科技创新效应测度指标

5.1.1.1 被解释变量

科技创新水平的高低与创新产出密切相关[138],全面、客观地选择科技创新产出指标,可以有效地测评科技创新发展状况与水平。科技创新的过程通常分为研究开发、科技成果转化、产业化三个阶段[142],这三个阶段具有很强的承接性与延续性。金融资源的集聚对科技创新三个阶段的效应影响可以分为两个子过程,即金融资源集聚对科技创新活动的直接产出与经济收益产出的影响。

首先是科技创新活动的研究与开发阶段,即科技创新活动的直接产出过程,其核心能力的代表为专利的拥有量,国内外文献中通常选择专利作为科技创新的度量指标。[143]专利包含了大量的新技术、新发明、新创造的信息,是科技创新成果的首要体现,代表着一国或地区的科技创新原始的创新能力。专利分为申请专利与授权专利两种。[144,145]由于专利的申请量较少受到审查机构人为因素的约束,但专利的受理、授权在国家统一范围内具有统一的制度和法规,这使得不同区域的授权专利数量具有可比性。因此,本书选取专利授权数量作为科技创新直接产出的衡量指标。

其次是科技创新成果的转化与产业化阶段,即科技创新的经济收益产出过程,该过程是科技创新成果的转化与商业化价值的体现,其核心代表指标为新产品的销售收入。新产品销售收入代表着科技创新成果转化并实现新产品的销售而取得的经济利润,这个过程是科技创新最为关键的环节,是新技术、新发明最终实现市场价值的"惊险跳跃",直接体现了科技创新成果的商业化与实际应用价值,是科技创新产出能力与水平的体现。曹霞(2017)[138]、余泳泽(2013)[146]、苏屹(2013)[147]等学者都认为将新产品销售收入作为科技创新经济产出指标来衡量中国创新绩效是科学的,作为科技创新成果的另一体现,新产品销售收入还是专利授权数量衡量科技创新知识产出指标的补充。假如科技创新成果创造出来不能投入市场销售,就不能实现资金的回流,更不可能实现科技创新再投入。

借鉴前人研究成果,为考察区域科技创新发展状况与差异,本书选取每万人国内申请专利授权数(TE_1)与每万人新产品产值销售收入(TE_2)两个指标作为科技创新产出的衡量指标,分别从直接产出和经济产出两个角度对科技创新的研发与商品化阶段进行综合衡量。两个指标从不同角度衡量科技创新水平,并无优劣之分,且相互补充。

5.1.1.2　核心解释变量

本书的核心解释变量采用上一章中根据区域金融资源集聚程度的评价指标体

系,运用最优组合赋权法改进的 Topsis 法得出综合评价值进行衡量,金融资源集聚综合评价值越高,该区域的金融资源集聚水平越高,反之则越低。金融资源集聚水平是综合评价值,包含区域货币资金规模密度、区域金融机构和组织密度、区域金融人力资源规模与结构密度、区域金融服务机构规模、区域金融信息资源规模五大方面,综合表征了区域金融资源集聚的全面状况。

5.1.1.3　控制变量选取

为全面解释区域金融资源集聚对科技创新效应的影响,基于本书 3.3 节科技创新的影响因素分析,考虑到科技创新还会受到金融资源集聚发展水平以外的众多因素的影响,为了减少核心解释变量的遗漏变量偏误,我们选择一些还会对科技创新产生影响的控制变量来综合考察对被解释变量科技创新的影响程度。参考现有文献,本书选用了政府干预、市场化水平、人力资本、交通便利程度、信息传递水平、对外开放程度六个控制变量指标。

(1)政府干预(Government Intervention,GOV)

地方政府财政支出中科技资金支出对于科技创新发展具有明显的政府导向性,地方政府对于科技创新的重视和支持力度对于科技创新有着重要的影响[148],考虑到目前政府导向对区域科技创新具有很大的主导效应,因此,本书选用区域科技财政支出占区域总财政支出比重衡量政府干预程度。[149]

(2)市场化水平(Market Level,MAR)

我国自 1992 年开始全面市场化改革,地区之间的市场化水平存在明显的差异,会导致科技资源的空间配置的非均衡状态。王小鲁等指出,当数据不可得时,可以用区域非国有经济占地区经济比重来衡量市场化水平[150];周国富和夏祥谦运用工业总产值中非国有经济所占比重对我国市场化程度评价指标体系进行研究。[151]本书选用区域规模以上非国有控股工业企业总产值与工业企业总产值的比重作为市场化水平的测度指标。

（3）人力资本（Human Resources，HR）

科技创新主体是科技人才，通常情况下，区域人力资本素质水平越高，企业员工综合素质越高，就越能降低科技创新的成本、提升科技创新效率。具备高学历的人才是科技创新的主体，也是人力资源储备。肖振红和范君荻深入探讨了科技人力资源投入对区域创新绩效的影响[115]，陈庆江和李启航认为人力资本存量深度影响科技研发活动，本书选取大专以上学历人数在区域总人口中所占的比重为人力资本的衡量指标。[152]

（4）交通便利程度（Convenient Transportation，TRAN）

优越的交通便利条件、成熟的交通配套体系能够为科技创新发展奠定良好的物质基础，可以加快新技术、新产品的传递和交流，提高科技创新效率，加快推动科技创新活动的开展。[153]卞元超等（2019）研究发现，高铁的开通引发了创新要素的流动效应，能够显著提升区域创新水平，交通便利程度对科技创新发展具有重要推动作用，但考虑全国范围内各省域高铁开通的范围和程度差异较大，故本书选用区域每平方千米公路拥有里程来衡量交通便利程度。[154]

（5）信息传递水平（Information Transfer Level，INFO）

科技创新效率提高的主要途径依靠信息的有效传递，高水平的信息传递可以加速知识和技术的外溢，实现信息的共享，推动科技创新的发展。目前信息的传递依靠电信、邮政、互联网等媒介，人均邮电业务量在一定程度上代表着地区内衡量信息化水平[155]，故本书选用区域人均邮政与电信业务总量来综合衡量信息化水平。

（6）对外开放程度（Foreign Direct Investment，FDI）

区域经济对外开放程度越高，外商对本区域的投资就越活跃，投资额也越大。同时，频繁的区域对外交流也促进了区域内技术和人力资源的流动，因此外商投资对本区域的经济发展与技术、知识的溢出均具有显著的促进作用，进而对科技创新及效率起到提升和促进作用。本书选用区域外商企业年底注册登记投资额与区域

GDP 的比重来衡量对外开放程度。[156]由于外商投资额的统计口径为美元,本书用 2001—2018 年度国家统计局公布的人民币兑美元汇率中间价进行了换算。

根据上述变量选取分析,本书确定区域金融资源集聚的科技创新效应评价指标体系如表 5.1 所示。

表 5.1 　　　　　　　　区域金融资源集聚的科技创新效应测度指标

变量	测度指标	
	一级指标	二级指标
被解释变量	科技创新水平(TE)	区域每万人国内专利授权数(TE_1)
		区域每万人新产品销售收入(TE_2)
解释变量	金融资源集聚水平(FIN)	区域金融资源集聚综合评价值(FIN)
控制变量	政府干预(GOV)	区域科技财政支出占区域总财政支出比重
	市场化水平(MAR)	区域规模以上非国有控股工业企业总产值与工业企业总产值的比重
	人力资本(HR)	区域大专以上学历人数在区域总人口中所占的比重
	交通便利程度(TRAN)	区域每平方千米公路拥有里程
	信息传递水平(INFO)	区域人均邮政与电信业务总量
	对外开放程度(FDI)	区域外商投资额与区域 GDP 的比重

5.1.2 数据来源与描述性统计分析

省域层面的金融资源集聚对科技创新动态效应的影响是对我国各个省际区域为研究对象的金融资源集聚的科技创新效应的评价分析。考虑到数据可获得性,选取我国 29 个省(市、自治区)(因数据缺失,不包括西藏、青海及港澳台地区),数据时间跨度为 18 年(2001—2018),所有变量数据均来源于 2001—2018 年《中国科技统计年鉴》《中国金融年鉴》《中国统计年鉴》《中国工业统计年鉴》、Wind 数据库及作者整理计算得出,对所选被解释变量、解释变量、控制变量的描述与统计结果分析如表 5.2 所示。

表 5.2　　　　　　　　　　解释变量数据描述性统计（N＝522）

变量名称	表示符号	最大值	最小值	平均值	标准差
被解释变量	TE_1	49.268 9	0.153 1	5.012 1	7.969 8
	TE_2	3.49E＋08	78 673	27 323 786	46 861 460
解释变量	FIN	0.927 0	0.011 5	0.086 1	0.165 0
控制变量	GOV	0.072 02	0.001 2	0.016 1	0.012 2
	MAR	0.903 4	0.110 8	0.581 0	0.199 9
	HR	0.476 1	0.018 3	0.092 8	0.063 9
	$TRAN$	2.112 6	0.049 6	0.756 7	0.464 0
	$INFO$	6 255.87	127.73	1 442.92	1 061.40
	FDI	5.974 8	0.021 3	0.446 7	0.547 4

5.1.3　区域金融资源集聚的科技创新效应测度的面板交互固定效应模型

5.1.3.1　面板交互固定效应模型概述

面板交互固定效应模型是近年新兴的面板数据模型,该模型是在个体固定效应与时间固定效应设定的双向固定效应基础上进行了优化改进实现的。面板交互固定效应模型最早由 Bai(2009)提出,他在线性面板数据中引入了个体差异和时间差异的交互效应,借以反映共同因素对不同个体的效应差异,这一方法改进了传统面板数据模型只考虑二维累加效应,即个体效应和时间效应的叠加,以揭示样本中不随时间变化的个体差异和不随个体变化的时间差异。孙早和宋炜(2013)[157]、姚惠泽和张梅(2018)[159]、吕朝凤等(2019)[1600]设置交互项变量并引入模型实证分析,取得了显著的个体效应研究成果,王永水和谢诺青(2018)利用面板交互固定效应模型重新检验了人力资本对经济增长的作用,发现模仿效应对人力资源的作用更加显著[160],牛宝春等(2020)以 41 个亚投行成员采用面板交互固定效应模型分别从金融结构、宏观风险和二者的交互项三个变量角度对经济增长的影响进行分析。[161]面板交互固定效应模型与传统的固定效应模型或随机效应模型相比,在实际问题中能更好地对面板数据进行拟合,将传统的固定效应模型进一步的推广,充分考虑到现实经济存在多维冲击,反映了不同的省域个体对这些冲击的反应力度,已成为当前面板数据最活跃的研究前沿之一。

5.1.3.2 面板交互固定效应模型设计

由于我国幅员辽阔,各区域省份之间的经济、金融发展水平差异显著,不同区域金融资源集聚与科技创新效率的影响状态也存在较大差异,因此,本书研究的样本数据具有非线性特征的可能性较大,如果使用线性模型,区域经济变量之间的真实关系以及变量之间的非线性关系都不利于体现。本章的目的是从省域角度对区域金融资源集聚的科技创新效应的影响进行更具普遍性和精确性的估计,忽视此类选择性问题的存在,可能影响我国 29 个省域从 2001 年至 2018 年区域金融资源集聚对科技创新效应估计结果的精准性。为了寻求一种最优面板模型,更好地分析区域视角的金融资源集聚对科技创新的影响效应,本书对核心解释变量与省域个体交互项的个体固定效应和时间效应交互项的时间固定效应模型进行拟合,并进行一系列相关检验,力求找到最优的面板拟合方式。

(1)固定效应模型拟合

首先对面板数据进行固定效应回归分析。该模型具有较大的稳定性优势,初步建立本书的基本面板模型如下:

$$TE_{it} = TE_1 FIN_{it} + TE_2 X_{it} + \varepsilon_{it} \qquad (5-1)$$

其中,研究范围是我国 29 个省域(西藏、青海省域由于缺失数据不予考虑)。i 代表第 i 个省份,t 代表时期,金融资源集聚(FIN_{it})是核心解释变量,科技创新(TE_{it})是被解释变量,X_{it} 为控制变量,ε_{it} 是随机扰动项。在聚类稳健标准误下对面板数据科技创新产出指标 TE_1 与 TE_2 分别进行固定效应模型估计后,输出估计结果。F 检验 P 值均等于 0.000 0,强烈拒绝接受混合回归的原假设,所以排除混合效应模型而选择固定效应模型。

（2）随机效应模型的拟合

为比较随机效应模型与固定效应模型的拟合情况，对面板数据进行豪斯曼检验，假定在 H_0 成立的情况下，随机效应模型最有效率，检验结果显示，对 TE_1 来说，此检验结果 P 值为 0.000 0 水平下显著，Chi2(8)＝45.76，对于 TE_2 来说，检验结果 P 值为 0.000 9 水平下显著，Chi2(8)＝26.54，因此，强烈拒绝原假设，认为固定效应面板模型优于随机效应模型。

（3）个体与时间双向固定效应模型的拟合

由于固定效应模型中使用的是普通标准误，且普通标准误大于聚类稳健标准误，因此，需要进一步使用个体固定效应模型（LSDV）进行对比和选择。为了比较各个省域金融资源集聚水平对科技创新效应的影响程度，同时考虑时间固定效应和个体固定效应，可以采用双向固定效应面板模型（Two-way FE）捕捉区域金融资源集聚对科技创新效应的影响，基本模型如下：

$$TE_{it} = TE_1 FIN_{it} + TE_2 X_{it} + \sum_{i=1}^{n-1} {}_3 u_i + \sum_{t=1}^{T-1} {}_4 d_i + \varepsilon_{it} \qquad (5-2)$$

其中，u_i 是个体异质性的固定效应，d_i 是时间固定效应。要控制区域金融资源集聚在不同区域因个体变化因素对科技创新的影响，同时考虑对区域金融资源集聚的发展伴随着时间的变化与发展对科技创新的影响，尽量减少因变量的遗漏而产生的内生性问题。进一步验证是否存在时间效应，对 TE_1 与 TE_2 分别进行时间固定效应检验，$fho_1 = 0.753\ 9$，$fho_2 = 0.745\ 4$，复合扰动项的方差主要来自时间效应 d_i 的变动，若干年份虚拟变量的 F 值在 1% 水平下显著，强烈拒绝没有时间效应的原假设，因此模型通过时间效应检验，考虑同时具有截面和时间两个维度相结合的双向固定效应模型更适合本研究。

（4）面板交互固定效应模型的拟合

考虑交互项变量投入模型估计的均方差误差比仅对个体固定效应与时间固定效应控制的双向固定效应模型估计结果一致性优越，为了寻求最优拟合的面板模型,通过对每个截面单位安排一个虚拟变量,设置核心解释变量即区域金融资源集聚水平乘以省域个体异质性得出省域个体交互项。突出省域个体特征,能够为我国区域金融资源集聚对科技创新效应的研究提供更多的个体动态行为信息。再令模型中的核心解释变量乘以时间固定效应,得到个体时间效应交互项,考察我国区域金融资源集聚伴随着时间的发展是否具有时间动态性特征,这样可以避免利用时间序列数据、横截面数据的序列相关和样本异质所产生的伪回归问题,进行面板交互固定效应模型实证分析也能得出较为理想的估计值,有助于我们从省域视角分析区域金融资源集聚的科技创新效应的区域性差异以及动态变化。

根据前文对科技创新影响因素的分析,本书筛选出了以下六项控制变量:政府干预(GOV_{it})、市场化水平(MAR_{it})、人力资本(HR_{it})、地区基础设施($TRAN_{it}$)、信息化水平(INF_{it})、对外开放程度(FDI_{it}),将上述控制变量(X_{it})进一步纳入模型。

为数据平稳性,将变量取对数值,由此,修正后具体面板交互固定效应模型形式如下所示:

$$\ln TE_{it} = \beta_0 + \beta_1 \ln FIN_{it} + \beta_2 \ln GOV_{it} + \beta_3 \ln MAR_{it} + \beta_4 \ln HR_{it} + \beta_5 \ln TRAN_{it} +$$

$$\beta_6 \ln INF_{it} + \beta_7 \ln FDI_{it} + \sum_{i=1}^{n-1} \beta_3 u_i \times \ln FIN_{it} + \sum_{t=1}^{T-1} \beta_3 d_i \times \ln FIN_{it} + \varepsilon_{it}$$

$$(5-3)$$

5.2 区域金融资源集聚的科技创新效应分析

5.2.1 省域层面金融资源集聚的科技创新效应实证结果

5.2.1.1 省域层面个体交互固定效应实证结果及区域差异性分析

根据前文构建的面板交互固定效应模型,运用 Stata15.0 软件对我国 2001—2018 年区域金融资源集聚与科技创新产出指标 TE_1 与 TE_2 的面板数据分别进行个体省域交互项条件下的回归分析,得出估计结果如表5.3所示。

表5.3　　　　　　　基于个体交互项条件下双向固定效应模型回归结果

指标	万人专利授权量 TE_1		万人新产品销售收入 TE_2	
—	$Coef.$	$P>t$	$Coef.$	$P>t$
lnFIN	1.018 9***	0.009	0.956 2***	0.000 0
lnGOV	0.312 6**	0.019	0.134 1	0.276 0
lnMAR	0.328 4*	0.099	0.721 8**	0.012 0
lnHR	1.019 3***	0.000	0.573 5***	0.000 0
ln$TRAN$	0.764 9***	0.000	1.020 7***	0.000 0
ln$INFO$	0.180 4***	0.005	0.275 3***	0.0000
lnFDI	−0.134 2	0.127	−0.211 0	0.007 0
北京	(empty)		(empty)	
天津	−0.441 1**	0.020 0	−0.920 7***	0.000 0
河北	−0.639 2**	0.043 0	−0.441 0***	0.010 0
山西	−0.533 2*	0.080 0	−0.474 3***	0.002 0
内蒙古	−0.869 2**	0.013 0	−0.946 9***	0.000 0
辽宁	−0.702 5**	0.011 0	−0.768 6***	0.000 0
吉林	−0.786 4**	0.014 0	−0.913 0***	0.000 0
黑龙江	−0.952 3***	0.004 0	−0.728 5***	0.000 0
上海	3.438 2**	0.016 0	1.023 6*	0.099 0
江苏	−0.826 2***	0.001 0	−0.697 7***	0.000 0
浙江	−1.007 8***	0.000 0	−0.722 2***	0.000 0
安徽	−0.664 5**	0.026 0	−0.553 9***	0.001 0
福建	−0.911 8***	0.003 0	−0.747 7***	0.000 0
江西	−0.674 8**	0.034 0	−0.574 9***	0.001 0
山东	−0.637 9**	0.020 0	−0.588 7***	0.001 0
河南	−0.535 8*	0.081 0	−0.299 0*	0.074 0

湖北	−0.606 8**	0.039 0	−0.561 3***	0.001 0
湖南	−0.635 0**	0.038 0	−0.548 1***	0.001 0
广东	−0.938 4***	0.000 0	−0.599 9***	0.002 0
广西	−0.763 0**	0.020 0	−0.744 4***	0.000 0
海南	−0.611 9**	0.054 0	−0.467 1***	0.011 0
重庆	−0.832 3***	0.008 0	−0.707 9***	0.000 0
四川	−0.936 7***	0.004 0	−0.631 7***	0.000 0
贵州	−0.699 9**	0.032 0	−0.421 4***	0.008 0
云南	−0.777 0**	0.018 0	−0.481 9***	0.003 0
陕西	−0.810 1***	0.011 0	−0.632 2***	0.000 0
甘肃	−0.893 3***	0.008 0	−0.840 5***	0.000 0
宁夏	−0.759 3**	0.021 0	−0.676 3***	0.000 0
新疆	−0.969 8***	0.006 0	−0.844 9***	0.000 0
_cons	2.039 6	0.000 0	4.154 1	0.000 0

注：*、**、***分别表示在 10%、5%、1% 的显著性水平下显著。

（1）从模型整体估计结果来看，在控制了政府干预、市场化水平、人力资本、交通便利程度、信息传递水平等控制变量后，核心解释变量区域金融资源集聚对被解释变量科技创新存在非常显著的正面促进作用。对于以万人专利授权数量为科技创新产出指标 TE_1 来说，当区域金融资源集聚水平每提高 1% 时，科技创新产出提高 1.018 9 个百分点，对于以每万人新产品销售收入为第二指标的 TE_2 来说，当区域金融资源集聚水平提高 1%，科技创新产出提高 0.952 6 个百分点，且均通过 1% 显著性水平检验，区域金融资源集聚的发展对科技创新的支持效应非常显著，极大地促进了科技创新发展。这也验证了前文 3.3 节分析中的假设 1 与假设 2，并与现实状况相符。

控制变量中政府干预变量针对选取不同的科技创新产出指标产生了不同的作

用效果,政府干预对万人专利授权数量为科技创新产出指标来说,具有正向促进作用影响,且通过 1% 显著性检验,当政府干预每提升 1% 时,万人专利授权量提升 0.312 6 个百分点;而对新产品销售收入为产出指标的效应并没有起到正向促进作用,说明政府的干预对于科技创新的研发起到重要的推动作用,但对于主要依赖市场的新产品销售并没有明显的推动作用。

市场化水平对于 TE_1 与 TE_2 两个产出指标来说,均具有显著的正向促进作用,当市场化水平每提高 1% 时,科技创新水平分别提高 0.328 4% 和 0.721 8%,市场化水平对 TE_2 的影响程度高于 TE_1,这与实际情况相符,并验证了前文 3.3.4 节分析中的假设 4。

人力资源水平的发展对于 TE_1 与 TE_2 两个产出指标来说,均具有显著的正向促进作用,且在 1% 水平下通过显著性检验,显著地推动了科技创新的发展,当人力资源水平每提高 1% 时,科技创新水平分别提高 1.019 3% 和 0.573 5%,因人力资源变量选取大专以上学历人数的比重,此结果表明高学历人力资源对于科技创新的研发具有更为显著的推动作用。

交通便利程度变量对于科技创新的影响,无论对于 TE_1 还是 TE_2 来说,均具有正向促进作用,且通过了 1% 水平显著性检验,当交通便利程度每提高 1% 时,科技创新水平分别提高 0.764 9% 和 1.020 7%,显著地促进了科技创新的增长,对于以新产品销售收入为指标的科技创新产出影响更为突出。

信息化水平的提升是促进科技创新提高的重要因素,对于 TE_1、TE_2 两指标而言,信息化水平对科技创新产出均具有显著的正向促进作用,且均通过 1% 水平下显著性检验,当信息化水平每提高 1% 时,科技创新产出分别提高 0.180 4%、0.275 3%,显著促进了科技创新水平的发展,验证了前文 3.3.3 节分析的假说 3。

对外开放程度变量对于 TE_1、TE_2 两指标影响系数均为负,未通过显著性检验,对外开放程度的提高并不能对科技创新产生推动促进作用。

（2）从各个省域估计结果来看，以第一个省域（即北京）为基准组，区域金融资源集聚与省域个体固定效应的乘积构成的交互项所得影响系数，代表各个省域金融资源集聚水平的科技创新效应影响程度与基准组北京的对比情况。由表5.3可知，无论是TE_1还是TE_2，所有省份估计结果均通过了显著性检验，显著为正即比北京高，显著为负即比北京低。为便于比较，对影响系数进行分类，我们通过对两个科技创新产出指标的全国各个省域系数值对比分析发现，只有上海所得系数高于北京，TE_1的系数为3.438 2，且通过5%水平下显著性检验，TE_2的系数是1.023 6，且通过1%水平下显著性检验，表示上海区域金融资源集聚水平的科技创新效应影响分别高于北京3.438 2个百分点和1.023 6个百分点，上海作为国际金融中心，国内金融资源集聚水平最高，对科技创新的发展发挥了突出的重要作用，上海以外的其余省域金融资源集聚对科技创新的影响系数均低于北京。

对于TE_1来说，天津区域金融资源集聚的科技创新效应影响系数与北京相比低0.441 1个百分点，从全国比较来看仅次于北京，区域金融资源集聚对科技创新效应的促进作用较为突出；山西、河南、河北、安徽、江西、山东、湖北、湖南、海南、贵州省域比北京低0.5～0.7个百分点，这些省域金融资源集聚水平中等，对区域内科技创新的发展具有一定的促进作用，辽宁、吉林、广西、云南、宁夏、内蒙古、江苏、重庆、陕西、甘肃比北京低0.7～0.9个百分点，黑龙江、福建、广东、四川、新疆、浙江比北京低0.9～1.1个百分点，例如以吉林、内蒙古、黑龙江省等为代表的金融资源集聚水平较低省域，可能由于金融资源集聚的不平衡致使金融资源匮乏，导致这些省内科技创新的发展得不到金融支持。而江苏、广东、浙江省域的区域金融资源集聚水平虽然较高，排在全国前列，但仍未对区域内科技创新发展产生良好的推动与促进作用，可能是由于金融资源过度饱和，出现恶性竞争，导致金融风险加大，阻碍了金融资源支持科技创新发展渠道。

对于TE_2来说，河南、河北、山西、海南、贵州、云南省域金融资源集聚的科技创新效应影响系数比北京低0.2～0.5个百分点，从全国来看影响程度较高，这些省域金融资源对科技创新发展起到了较好的促进作用,安徽、江西、山东、湖北、湖南、广东、江苏、四川、陕西、宁夏比北京低 0.5～0.7 个百分点,重庆、辽宁、黑龙江、浙江、福建、广西、甘肃、新疆比北京低 0.7～0.9 个百分点,与北京有较大差距,天津、内蒙古、吉林三省比北京低 0.9～1.1 个百分点,表明区域金融资源集聚水平偏低,并不能对科技创新形成良好的促进机制;同时,天津与 TE_1 结果出现较大反差,金融资源集聚水平较高的广东、江苏、浙江出现了与 TE_1 指标同样的状况,并没有对科技创新产生较好的效应,表明这些省域的区域金融资源集聚虽然较高,但可能产生的负效应对于新产品的销售以及科技成果的转化没有形成很好的促进机制。

这样的结果印证了我们的初步设想,双向固定效应模型能够较好地控制个体效应,更好地展示了各个省域金融资源集聚对科技创新的影响效应,得到更加优越的估计结果,北京与上海作为我国两大区域金融资源集聚中心对科技创新具有显著的促进作用,金融资源集聚水平偏低的省域的科技创新效应与北京差距很大,说明区域金融资源集聚为科技创新活动提供了必要的金融支持,对科技创新活动产生了重要的积极促进作用。但同时也应看到,以广东、江苏、浙江为代表的省域金融资源集聚水平虽然较高,但并没有对科技创新形成良性的促进机制,仍需进一步调整优化。

5.2.1.2　省域层面时间交互固定效应实证结果及动态效应分析

为考察我国省域金融资源集聚的科技创新的时间固定效应影响以及其伴随着时间发展的动态性变化特征,我们采用面板交互固定效应模型,运用 Stata15.0 软件对已选取 2001—2018 年的面板数据分别进行时间交互项条件下回归,得出如表5.4 所示的估计结果。

表 5.4　　　　　　　基于时间交互项条件下双向固定效应模型回归结果

指标	万人专利授权量 TE_1		万人新产品销售收入 TE_2	
—	$Coef.$	$P{>}t$	$Coef.$	$P{>}t$
$\ln FIN$	$0.258\,4^{**}$	$0.031\,0$	$0.556\,0^{***}$	$0.004\,0$
$\ln GOV$	$0.433\,1^{***}$	$0.002\,0$	$0.359\,4^{**}$	$0.019\,0$
$\ln MAR$	$0.198\,8$	$0.189\,0$	$0.691\,3^{**}$	$0.013\,0$
$\ln HR$	$0.227\,6^{**}$	$0.022\,0$	$0.569\,1^{**}$	$0.018\,0$
$\ln TRAN$	$0.188\,9^{**}$	$0.057\,0$	$0.232\,8^{*}$	$0.055\,0$
$\ln INFO$	$0.757\,6^{***}$	$0.000\,0$	$0.181\,6$	$0.362\,0$
$\ln FDI$	$-0.083\,9$	$0.459\,0$	$0.066\,7$	$0.718\,0$
2001	（empty）		（empty）	
2002	$0.074\,6^{***}$	$0.000\,0$	$0.013\,8$	$0.570\,0$
2003	$0.078\,0^{***}$	$0.006\,0$	$-0.000\,5$	$0.992\,0$
2004	$0.139\,9^{***}$	$0.001\,0$	$-0.137\,7$	$0.038\,0$
2005	$0.188\,2^{***}$	$0.000\,0$	$-0.080\,8$	$0.393\,0$
2006	$0.186\,3^{***}$	$0.006\,0$	$-0.183\,4$	$0.085\,0$
2007	$0.246\,7^{***}$	$0.002\,0$	$-0.170\,5$	$0.142\,0$
2008	$0.273\,8^{***}$	$0.003\,0$	$-0.212\,4$	$0.108\,0$
2009	$0.233\,5^{***}$	$0.015\,0$	$-0.200\,1$	$0.182\,0$
2010	$0.194\,7^{***}$	$0.067\,0$	$-0.197\,7$	$0.235\,0$
2011	$-0.031\,0$	$0.724\,0$	$-0.312\,1$	$0.037\,0$
2012	$-0.087\,8$	$0.357\,0$	$-0.302\,4$	$0.054\,0$
2013	$-0.097\,4$	$0.334\,0$	$-0.309\,7$	$0.075\,0$
2014	$-0.046\,0$	$0.654\,0$	$-0.292\,6$	$0.103\,0$
2015	$-0.128\,5$	$0.205\,0$	$-0.367\,0$	$0.028\,0$
2016	$-0.162\,5$	$0.106\,0$	$-0.301\,7$	$0.068\,0$
2017	$-0.059\,0$	$0.591\,0$	$-0.313\,4$	$0.074\,0$
2018	$0.039\,0$	$0.774\,0$	$-0.252\,0$	$0.232\,0$
_cons	$-0.456\,5$	$0.421\,0$	$4.886\,3$	$0.000\,0$

注：*、**、*** 分别表示在 10%、5%、1% 的显著性水平下显著。

（1）从模型整体估计结果来看，对于 TE_1 与 TE_2 来说，区域金融资源集聚分别在 5% 与 1% 水平下具有显著性影响，金融资源集聚每提高 1%，科技创新两产出指标分别提升 0.258 4% 与 0.556 0%，科技创新是伴随着时间的推移，具有持续性、长期性、连贯性的活动，科技创新只有依靠持续性资金、人力、物力等大量研发投入，不断地积累，才能不断地创造出科技创新成果，具有显著的时间效应。对于 TE_1 产出指标的控制变量，政府干预、人力资本、交通便利、信息传递水平均通过显著性检验，对科技创新的发展起到了明显的促进与推动作用，而对 TE_2 产出指标的控制变量，信息传递水平与对外开放两个变量均未通过显著性检验，并未能对科技创新产出起到促进作用。

（2）从具体时间变化角度来看，区域金融资源集聚对于科技创新的发展，伴随着时间的发展具有显著的动态效应。首先，对于 TE_1 来说，2001 年是基准组，区域金融资源集聚的科技创新影响系数在 2002 至 2008 年间逐渐递增，从 0.074 6 上升至 0.273 8，且均在 1% 水平下显著，表明区域金融资源集聚对科技创新的发展有正向的显著促进作用，但这种促进作用的程度伴随着时间的推移而递减，至 2011 年系数降低为负数且不显著，区域金融资源集聚对科技创新的影响到第十年已经接近于 0，区域金融资源集聚对于以万人专利为指标的科技创新产出，在十年内具有显著的时间效应。对于 TE_2 来说，区域金融资源集聚的科技创新效应的影响系数从 2003 年开始变为负数，且均不显著，表明区域金融资源集聚对以万人新产品销售收入为科技创新产出指标并不存在时间维度的效应影响。

5.2.2　四大经济区域层面金融资源集聚的科技创新效应实证结果

5.2.2.1　四大经济区域层面个体交互固定效应实证结果及差异分析

由于我国东、中、西、东北四大经济区域具有不同的金融与科技创新的资源禀赋，不同的区域金融资源集聚水平对科技创新效应的影响也可能不同，因此有必要从我国四大经济区域层面展开个体层面的分析。四大经济区域层面金融资源集聚的科技创新效应测度指标体系、数据来源与本书5.1.1节中省域层面选取一致,在此不再赘述,以四大区域的地域范围为划分标准,将数据整理后分别对四大经济区域单独进行个体交互固定效应实证分析,结合四大经济区域的个体情况差异进行实证分析,实证结果如表5.5所示。

表5.5　　　　　　四大经济区域个体交互双向固定效应模型回归结果

地区	指标	系数	lnFIN	lnGOV	lnMAR	lnHR	lnTRAN	lnINFO	lnFDI
东部	TE_1	$Coef.$ $P>t$	0.844 2** (0.047)	0.140 3 (0.15)	−0.097 6 (0.833)	0.986 2*** (0.000)	1.025 2*** (0.003)	0.283 9** (0.023)	−0.253 2 (0.135)
东部	TE_2	$Coef.$ $P>t$	1.16*** (0.002)	0.009 (0.926)	0.618 (0.120)	0.65*** (0.000)	1.047*** (0.001)	0.249** (0.04)	−0.288** (0.02)
中部	TE_1	$Coef.$ $P>t$	0.479 8* (0.086)	0.895 9*** (0.009)	0.240 8 (0.755)	1.123 7*** (0.004)	0.483 1 (0.107)	0.073 8 (0.628)	−0.24 3 (0.347)
中部	TE_2	$Coef.$ $P>t$	0.324 (0.298)	0.231 7 (0.315)	1.111 6 (0.236)	0.939 2*** (0.001)	0.672* (0.084)	0.335 5*** (0.002)	−0.252 8 (0.231)
西部	TE_1	$Coef.$ $P>t$	0.322 5** (0.039)	0.246 6 (0.13)	0.630 1 (0.105)	0.843 2*** (0.001)	0.808 3*** (0.01)	0.139 6* (0.093)	0.033 3 (0.807)
西部	TE_2	$Coef.$ $P>t$	−0.144 5 (0.28)	0.224 8 (0.255)	0.89 (0.125)	0.489 3*** (0.008)	0.941*** (0.003)	0.257 3*** (0.005)	−0.256 5* (0.073)
东北	TE_1	$Coef.$ $P>t$	−0.174 7 (0.451)	−0.733 5 (0.253)	0.492 8 (0.503)	0.833 6* (0.093)	0.415 1 (0.216)	0.081 8 (0.53)	−0.388 6*** (0.006)
东北	TE_2	$Coef.$ $P>t$	−0.491 6 (0.168)	−0.042 3 (0.851)	0.051 5 (0.914)	0.183 4 (0.655)	0.935 5** (0.036)	0.358 4* (0.081)	−0.76 5** (0.022)

注:*、**、***分别表示在10%、5%、1%的显著性水平下显著,括号内为渐进的 t 统计量。

在上述四大经济区域层面金融资源集聚的科技创新个体交互固定效应模型的实证分析结果的基础上,再对核心解释变量金融资源集聚以及其他变量的相关影响进行结果分析。

东部地区核心解释变量区域金融资源集聚对科技创新产出具有显著的促进作用——金融资源集聚每提高1%,科技创新产出分别提升0.844 2%与1.16%。东部地区具有优良的科技创新基础,科技创新的研发投入、科技创新成果转化、新产品价值的实现以及产业化发展等环节均比较成熟完善,形成了较为发达的科技创新体系,科技创新活动的金融支持投入回报率较高,有利于吸引金融资源的持续性投入,形成"金融资源投入→科技创新发展→金融投入高回报→科技创新发展→吸引金融资源集聚性投入"的良性循环。

控制变量中,人力资源、交通便利程度、信息化水平均通过 5% 水平下的显著性检验,表明其对科技创新产生了积极的推动作用。人力资源是科技创新的本源动力,交通基础设施的发展可以大大降低交通运输成本,优化资源配置,加速资源的流动与转移,能够促进科技创新发展,信息化水平的提高有效地实现了专利和技术的转让、流动、传递,尤其是在电子商务日益发达的今天,新产品的销售通过互联网等电子信息渠道销售,大大促进了科技创新水平的发展。

中部地区和西部地区的估计结果显示,这两大经济区域对于 TE_1 产出指标(区域金融资源集聚对以专利研发为代表的科技创新产出)都起到了显著的促进作用,当金融资源集聚水平每提升 1%,科技创新产出分别提升 0.479 8% 与 0.322 5%,但是对于 TE_2 的作用并不显著。由此可见,中西部地区金融资源大量集中投入科技创新的研发领域,并取得了较好的成绩,但对于科技创新经济产出的影响作用并不显著,金融资源并没有对科技创新生产环节中的新产品生产与销售进行有效的投入与支持。

控制变量中,政府干预对科技创新成果转化与新产品的研发会起到一定的积极促进作用,区域金融资源集聚过程中,地方政府充分发挥相应的区域金融资源集聚对科技创新积极引导与促进作用,对科技创新的重视程度与支持力度均对科技创新效应产生了重要影响。人力资源,尤其是高素质的人力资源是促进科技创新发展的根本动力,交通便利程度与信息化水平对中西部地区的科技创新产出均发挥了显著的促进作用,表明以新产品销售收入的产出指标的科技创新依赖于人力资源、交通便利程度、信息化水平。

东北地区的估计结果显示,区域金融资源集聚对科技创新 TE_1 与 TE_2 产出影响系数为负且不显著,表明东北地区金融资源集聚没有对科技创新产生促进的影响效应。东北地区科技创新基础较差,缺乏科技创新的资金、人才、物力等诸多方面的支持,金融资源集聚的水平较低,对金融资源缺乏吸引力,科技创新发展较为滞缓。

控制变量中,人力资源对 TE_1 科技创新产出指标、交通便利程度与信息化水平对万人新产品销售收入的科技创新产出起到了积极的促进作用,并至少在10%水平下通过显著性检验。东北地区人力资源储备较为丰富,具备较高的科技创新能力,交通便利程度与信息化水平均发挥了重要的促进作用,得益于东北老工业基地的较好基础。

最后,对于四大经济区域来说,控制变量中的市场化水平与对外开放程度均未通过显著性检验,表明我国市场化水平偏低,并未形成真正意义上的市场经济。市场化水平的提升能够显著提高区域金融资源对科技创新资源与新产品的配置效率,加速金融资源与科技创新资源的流动,有助于新产品投放市场的销售与资金回流,便于科技创新企业顺利进入下一轮的创新与生产当中,促进了科技创新的发展,因此应大力提升区域市场化水平建设。对外开放程度也未对四大区域的科技创新发展发挥促进作用,究其原因一方面可能是由于对外开放程度选取指标是外商投资额与区域 GDP 比重,随着我国近十几年经济飞速发展,GDP 增速较快,外商投资额在区域 GDP 中的比重整体呈下降趋势所导致;另一方面,目前我国外商投资更多地涉足技术合同的成交、科技成果转让领域,但却较少流入以专利、新产品研发销售等科技创新领域,因此导致对外开放程度的提高并不能对科技创新产生推动促进作用。

5.2.2.2　四大经济区域层面时间交互固定效应实证结果及分析

对我国东、中、西、东北四大经济区域分别选取时间交互项并进行双向固定效应模型的实证分析,发现区域金融资源集聚对于以万人新产品销售收入 TE_2 为指标的产出效应并没有显著影响,而对于 TE_1 产出指标来说,东部、中部、西部地区的金融资源集聚的科技创新效应伴随着时间的发展具有一定的动态效应,而东北地区没有显著的时间效应,具体估计结果如表5.6所示。

表 5.6　　　　　　四大经济区域 *TE*₁ 指标时间交互固定效应模型回归结果

地区	东部		中部		西部		东北	
年份	*Coef.*	*P>t*	*Coef.*	*P>t*	*Coef.*	*P>t*	*Coef.*	*P>t*
2001	（empty）		（empty）		（empty）		（empty）	
2002	0.134 4**	0.035 0	0.054 6*	0.078 0	0.112 5***	0.010 0	0.055 6	0.286 0
2003	0.145 4*	0.107 0	0.075 8***	0.001 0	0.143 8**	0.019 0	0.004 1	0.954 0
2004	0.282 3*	0.053 0	0.094 4	0.117 0	0.207 8**	0.012 0	0.074 4	0.323 0
2005	0.345 7**	0.035 0	0.090 4	0.281 0	0.269 2***	0.007 0	0.089 4	0.104 0
2006	0.426 6**	0.051 0	0.187 0	0.121 0	0.271 6**	0.011 0	−0.148 2	0.357 0
2007	0.461 6**	0.036 0	0.267 8	0.084 0	0.318 4***	0.004 0	−0.117 0	0.370 0
2008	0.497 1**	0.041 0	0.254 1	0.117 0	0.377 3***	0.004 0	−0.189 4	0.232 0
2009	0.4531*	0.074 0	0.167 1	0.340 0	0.376 0***	0.010 0	−0.200 1	0.226 0
2010	0.442 6	0.126 0	0.090 7	0.598 0	0.369 7**	0.015 0	−0.238 0	0.127 0
2011	0.181 4	0.518 0	−0.060 2	0.618 0	0.163 0**	0.052 0	−0.620 3	0.041 0
2012	0.122 2	0.681 0	−0.117 4	0.328 0	0.121 2	0.116 0	−0.679 0	0.066 0
2013	0.129 3	0.672 0	−0.123 4	0.388 0	0.120 3	0.202 0	−0.629 5	0.100 0
2014	0.208 6	0.494 0	−0.070 8	0.483 0	0.136 0	0.155 0	−0.579 8	0.067 0
2015	0.0316	0.920 0	−0.177 7	0.197 0	0.060 9	0.589 0	−0.707 3	0.037 0
2016	0.126 7	0.693 0	−0.140 1	0.133 0	0.009 6	0.924 0	−0.685 6	0.039 0
2017	0.216 8	0.528 0	−0.074 8	0.443 0	0.161 9	0.243 0	−0.510 4	0.046 0
2018	0.308 0	0.428 0	−0.063 1	0.664 0	0.335 6	0.119 0	−0.347 9	0.133 0
_cons	−0.068 5	0.903 0	1.166 3	0.415 0	−0.834 3	0.583 0	−1.361 6	0.502 0

注：* 、** 、*** 分别表示在 10%、5%、1% 的显著性水平下显著。

首先，东部地区估计结果显示，与 2001 年基准组对比，区域金融资源集聚对科技创新的时间效应影响系数在 2002 至 2008 年间逐渐递增，从 0.134 4 上升至 0.497 1，且均通过了显著性检验，表明区域金融资源集聚对科技创新效应伴随着时间动态发展变化具有显著的时间动态效应。同时也可以看到，至 2009 年该影响系数出现递减且不显著，表明东部地区金融资源集聚具有较为显著的时间动态效应。

其次,中部地区估计结果显示,与 2001 年基准组对比,区域金融资源集聚对科技创新的时间效应影响系数只在 2001、2003 年出现显著性递增,表明中部地区金融资源集聚水平较低,科技创新发展持续性推动力缺乏,区域金融资源集聚的发展未能持续对科技创新产生时间效应。

再次,西部地区估计结果显示,与 2001 年基准组相比,2001—2009 年间区域金融资源集聚的科技创新效应的时间效应影响系数递增;2009—2011 年出现递减,且至少通过 5% 水平下显著性检验;2012 年后影响系数不显著,表明西部地区金融资源集聚对科技创新的时间效应影响程度高于全国其他区域,具有显著的时间动态效应。西部近年金融资源集聚的快速发展,区域金融中心的建设成效显著。

最后,东北地区模型估计结果显示,区域金融资源集聚对科技创新发展没有显著的时间效应,究其原因可能是由于东北地区金融资源集聚水平偏低,并不能对本地科技创新形成良性的推动作用。

5.3　稳健性检验

前文通过个体交互固定效应面板模型对面板数据进行了估计和衡量,为了增加本书结论的可靠性,我们采用替换被解释变量的方法,选取比较接近的两项科技创新指标替换被解释变量,重新计算回归结果,对估计结果做进一步的稳健性检验。其中 TE_1 采用万人专利申请数量替代万人专利授权数量,考察范围较原来扩大;TE_2 采用新产品项目研发数量来替代新产品销售收入,因为新产品的研发与生产与企业内部的新产品研发项目直接相关[172],对替换指标数据分别进行省域层面和四大经济区域层面的稳健性检验结果如表 5.7—表 5.10 所示。

表 5.7　　　　　　　　　　个体交互固定效应稳健性检验估计结果

指标	万人专利申请数量 TE_1		新产品研发项目数量 TE_2	
—	$Coef.$	$P>t$	$Coef.$	$P>t$
$\ln FIN$	0.969 3**	0.014 0	1.637 3***	0.000 0
$\ln GOV$	0.282 7*	0.065 0	0.377 2***	0.003 0
$\ln MAR$	0.318 7	0.110 0	0.233 8	0.402 0
$\ln HR$	1.119 3***	0.000 0	0.642 8***	0.000 0
$\ln TRAN$	0.753 3***	0.000 0	0.243 1***	0.091 0
$\ln INFO$	0.178 1***	0.009 0	0.171 2**	0.012 0
$\ln FDI$	−0.105 7	0.214 0	−0.301 5	0.001 0
北京	（empty）		（empty）	
天津	−0.579 3***	0.004 0	−1.050 1***	0.000 0
河北	−0.587 4**	0.075 0	−1.447 8***	0.000 0
山西	−0.519 9*	0.101 0	−1.165 2***	0.001 0
内蒙古	−0.812 4**	0.023 0	−1.152 7***	0.003 0
辽宁	−0.705 7**	0.013 0	−1.448 0***	0.000 0
吉林	−0.758 6**	0.022 0	−1.241 8***	0.001 0
黑龙江	−0.923 9***	0.007 0	−1.364 1***	0.000 0
上海	3.547 4**	0.013 0	1.392 7	0.335 0
江苏	−0.870 7***	0.001 0	−1.945 1***	0.000 0
浙江	−0.923 8***	0.001 0	−1.692 3***	0.000 0
安徽	−0.690 4	0.027 0	−1.581 5***	0.000 0
福建	−0.840 6***	0.008 0	−1.447 0***	0.000 0
江西	−0.651 5**	0.049 0	−1.418 3***	0.000 0
山东	−0.666 6**	0.020 0	−1.799 5***	0.000 0
河南	−0.543 0*	0.092 0	−1.485 6***	0.000 0
湖北	−0.653 8**	0.034 0	−1.425 8***	0.000 0

湖南	−0.639 8***	0.046 0	−1.365 0***	0.000 0
广东	−0.884 2***	0.000 0	−1.988 1***	0.000 0
广西	−0.785 7**	0.022 0	−1.400 3***	0.000 0
海南	−0.577 3*	0.079 0	−0.791 1**	0.029 0
重庆	−0.800 9**	0.014 0	−1.443 3***	0.000 0
四川	−0.922 7***	0.007 0	−1.677 7***	0.000 0
贵州	−0.705 5**	0.037 0	−1.252 1***	0.001 0
云南	−0.742 5**	0.028 0	−1.257 4***	0.001 0
陕西	−0.835 7**	0.012 0	−1.442 9***	0.000 0
甘肃	−0.902 4***	0.010 0	−1.255 3***	0.001 0
宁夏	−0.737 5**	0.029 0	−1.066 6***	0.004 0
新疆	−0.922 1***	0.010 0	−0.903 0**	0.011 0
_cons	2.331 8	0.000 0	4.776 1	0.000 0

注：***、**、*分别表示在1%、5%、10%的显著性水平下显著。

表 5.8　　　　　　　时间交互固定效应稳健性检验估计结果

指标	万人专利授权量 TE_1		万人新产品销售收入 TE_2	
—	$Coef.$	$P>t$	$Coef.$	$P>t$
lnFIN	0.357 2***	0.005 0	0.877 6***	0.002 0
lnGOV	0.484 8***	0.005 0	0.808 0***	0.003 0
lnMAR	0.037 2	0.825 0	0.832 4***	0.007 0
lnHR	0.361 8***	0.004 0	−0.419 8**	0.100 0
ln$TRAN$	0.249 7**	0.012 0	0.287 0	0.135 0
ln$INFO$	0.536 3***	0.000 0	−0.197 6	0.528 0
lnFDI	−0.026 9	0.821 0	−0.449 7	0.113 0
2001	(empty)		(empty)	
2002	0.013 3	0.417 0	−0.017 9	0.521 0

续表

2003	0. 028 0	0. 340 0	−0. 035 7	0. 476 0
2004	0. 067 6*	0. 096 0	−0. 133 5*	0. 073 0
2005	0. 037 7	0. 465 0	−0. 084 6	0. 354 0
2006	0. 055 2	0. 398 0	−0. 123 4	0. 309 0
2007	0. 135 0*	0. 077 0	−0. 039 4	0. 752 0
2008	0. 125 8	0. 142 0	−0. 115 0	0. 420 0
2009	0. 101 2	0. 266 0	−0. 187 2	0. 247 0
2010	0. 110 3	0. 295 0	−0. 076 8	0. 682 0
2011	−0. 118 1	0. 182 0	−0. 160 0	0. 243 0
2012	−0. 172 1*	0. 072 0	−0. 172 0	0. 238 0
2013	−0. 213 6**	0. 040 0	−0. 235 8	0. 145 0
2014	−0. 175 0*	0. 098 0	−0. 181 5	0. 286 0
2015	−0. 255 1**	0. 016 0	−0. 109 0	0. 504 0
2016	−0. 298 2***	0. 006 0	−0. 230 2	0. 152 0
2017	−0. 230 7	0. 042 0	−0. 332 6**	0. 087 0
2018	−0. 130 4	0. 337 0	−0. 448 1**	0. 079 0
_cons	0. 732 8	0. 250 0	6. 229 9	0. 000 0

注：*、**、*** 分别表示在 10%、5%、1% 的显著性水平下显著。

5.3.1 省域层面个体与时间交互固定效应稳健性检验估计结果

由表 5.7—表 5.8 中的稳健性检验结果可见，不论是个体交互固定效应模型，还是时间交互固定效应模型，总体估计结果的核心解释变量的系数方向不变，个别系数值略有提高，且至少均通过 5% 水平下显著性检验，个别控制变量显著性有所降低，进一步验证了前述基准模型表 5.3 与表 5.4 估计结果的可靠性。

5.3.2　四大经济区域层面个体与时间交互固定效应稳健性检验估计结果

从表5.9至表5.10可以看出,稳健性检验结果与表5.5、表5.6估计总体结果基本一致,对于核心解释变量的系数的大小以及系数的显著性有了一定的变动,TE_2 的影响系数有所提高,但核心变量的估计结果没有显著变化,表明区域金融资源集聚对科技创新的增长与发展的影响效应是具有稳健性和可靠性的。

表 5.9　　　　　　　　　　个体交互固定效应稳健性检验估计结果

地区	指标	系数	lnFIN	lnGOV	lnMAR	lnHR	ln$TRAN$	ln$INFO$	lnFDI
东部	TE_1	$Coef.$ $P>t$	0.6710* (0.086 0)	0.082 7 (0.378 0)	0.096 3 (0.805 0)	1.012 0*** (0.000 0)	0.989 8*** (0.002 0)	0.302 4** (0.017 0)	−0.168 9 (0.258 0)
东部	TE_2	$Coef.$ $P>t$	1.408 8** (0.022 0)	0.226 3 (0.111 0)	1.059 0 (0.288 0)	0.903 6*** (0.000 0)	0.353 1 (0.272 0)	0.292 0** (0.027 0)	−0.406 5*** (0.007 0)
中部	TE_1	$Coef.$ $P>t$	0.424 4 (0.137 0)	1.001 4*** (0.007 0)	−0.072 6 (0.926 0)	1.196 5*** (0.003 0)	0.520 8* (0.108 0)	0.098 4 (0.4820)	−0.145 1 (0.452 0)
中部	TE_2	$Coef.$ $P>t$	0.739 2** (0.014 0)	0.448 5** (0.050 0)	0.138 5 (0.800 0)	0.628 4*** (0.001 0)	0.388 0* (0.105 0)	0.118 9 (0.203 0)	−0.126 6 (0.468 0)
西部	TE_1	$Coef.$ $P>t$	0.345 5** (0.014 0)	0.305 2 (0.132 0)	0.641 4* (0.0840)	1.024 0*** (0.000 0)	0.835 5*** (0.010 0)	0.068 0 (0.447 0)	−0.032 0 (0.834 0)
西部	TE_2	$Coef.$ $P>t$	0.373 0*** (0.005 0)	0.078 5 (0.409 0)	0.684 9** (0.023 0)	0.368 8** (0.052 0)	0.244 7 (0.114 0)	0.085 4 (0.322 0)	−0.228 1*** (0.008 0)
东北	TE_1	$Coef.$ $P>t$	−0.185 6 (0.260 0)	−0.599 0 (0.323 0)	0.579 2 (0.461 0)	0.959 5* (0.082 0)	0.217 8 (0.433 0)	0.064 8 (0.679 0)	−0.222 8** (0.011 0)
东北	TE_2	$Coef.$ $P>t$	−0.447 5*** (0.007 0)	0.028 3 (0.785 0)	0.029 3 (0.807 0)	0.338 1** (0.050 0)	0.428 7* (0.075 0)	0.064 9 (0.676 0)	−0.418 4** (0.071 0)

注:*、**、***分别表示在10%、5%、1%的显著性水平下显著,括号内为渐进的 t 统计量。

表 5.10　　　　　　　　　TE_1 指标时间交互固定效应稳健性检验回归结果

地区	东部		中部		西部		东北	
年份	$Coef.$	$P>t$	$Coef.$	$P>t$	$Coef.$	$P>t$	$Coef.$	$P>t$
2001	（empty）		（empty）		（empty）		（empty）	
2002	0.055 4	0.292 0	0.027 2	0.297 0	0.056 0	0.142 0	0.005 6	0.897 0
2003	0.108 4	0.228 0	0.054 0*	0.054 0	0.096 8	0.139 0	−0.042 6***	0.0060

续表

地区	东部		中部		西部		东北	
年份	$Coef.$	$P>t$	$Coef.$	$P>t$	$Coef.$	$P>t$	$Coef.$	$P>t$
2004	0.186 4	0.195 0	0.060 1	0.237 0	0.158 4*	0.068 0	0.042 6	0.517 0
2005	0.135 2	0.361 0	0.029 0	0.709 0	0.139 7	0.182 0	0.028 7	0.572 0
2006	0.247 9	0.218 0	0.194 8*	0.068 0	0.167 0	0.154 0	−0.183 1	0.189 0
2007	0.310 4	0.134 0	0.365 8**	0.029 0	0.237 1*	0.064 0	−0.118 6	0.266 0
2008	0.295 2	0.191 0	0.316 0*	0.075 0	0.269 3*	0.082 0	−0.197 9	0.177 0
2009	0.312 9	0.194 0	0.258 2	0.164 0	0.273 9*	0.105 0	−0.211 4	0.152 0
2010	0.364 2	0.178 0	0.224 1	0.232 0	0.323 7*	0.084 0	−0.200 6	0.060 0
2011	0.125 6	0.608 0	0.016 8	0.792 0	0.088 7	0.331 0	−0.588 0	0.058 0
2012	0.086 4	0.746 0	−0.015 8	0.793 0	0.033 0	0.738 0	−0.605 6	0.077 0
2013	0.041 8	0.881 0	−0.025 1	0.758 0	0.002 1	0.986 0	−0.570 3	0.106 0
2014	0.118 5	0.675 0	0.037 5	0.453 0	0.010 8	0.931 0	−0.545 7	0.085 0
2015	−0.085 2	0.782 0	−0.023 2	0.818 0	−0.058 3	0.728 0	−0.702 3	0.047 0
2016	−0.004 5	0.988 0	−0.049 1	0.135 0	−0.103 3	0.431 0	−0.651 5	0.041 0
2017	0.045 6	0.882 0	0.045 5	0.526 0	−0.005 1	0.976 0	−0.469 7	0.032 0
2018	0.117 1	0.737 0	0.145 7	0.392 0	0.188 6	0.469 0	−0.345 3	0.051 0
_cons	1.364 4	0.058 0	1.536 1	0.297 0	0.379 4	0.846 0	−0.301 8	0.845 0

注：*、**、*** 分别表示在 10%、5%、1% 的显著性水平下显著。

第 6 章　区域金融资源集聚对科技创新的空间溢出和关联效应分析

　　由本书第 3 章的分析可知,当各类型金融资源在不同的地域空间内不断集聚并达到一定程度后,在集聚效应、辐射效应、空间溢出效应、空间关联效应机制的共同作用下,其能促进各类型金融资源的内部优化组合,提升金融功能和金融运行效率。另根据本书第 5 章对区域金融资源集聚的科技创新效的个体与时间效应分析可以得知,金融资源在地域空间范围内集聚运动的过程中,集聚效应、辐射效应在空间上表现出通过空间溢出效应、空间关联作用对地理空间临近的科技创新活动产生空间的影响,体现了各个省域之间具有显著的空间相关性与空间关联特征。基于此,本章运用空间计量分析方法进一步考察区域金融资源集聚的空间运动对科技创新的空间溢出效应与空间关联效应的影响。

6.1　区域金融资源集聚的科技创新空间溢出效应理论分析

　　金融资源集聚产生的空间溢出效应有助于形成地区高效的区域创新系统,促进区域内产业的技术创新及扩散,提高区域整体科技创新水平。

6.1.1　区域金融资源集聚的科技创新空间溢出效应的形成

6.1.1.1　知识信息的积累与溢出提升科技创新能力

金融创新知识信息的积累与溢出最直接、最重要的表现形式,是通过金融机构之间进行技术合作以及非正式的互动关系往来实现的。首先,大量的金融机构在金融资源集聚区域内接近,更易形成密切的技术联盟与合作关系。其次,金融机构之间通过学习使知识信息不断积累并在集聚区中通过企业合作扩散,更容易让区域获得科技创新知识与信息,提高了科技创新的能力与水平,进而形成科技创新系统。再次,金融机构及组织之间的广泛合作,降低了交易成本与合作风险,可以分担金融创新等领域的开发成本与费用,实现信息知识在企业间的共享和流动,提高金融机构合作双方的创新能力。同时,伴随着货币资本、金融机构和组织等向周边近地区的扩散与溢出,金融机构和组织合作服务向周边临近地区逐渐扩散与转移,亦带动了金融创新知识的扩散与转移运动,一方面为科技创新发展带来了创新知识与信息资源动力,另一方面也为科技创新提供了金融资源保障,最终实现科技创新的扩散和转移发展。

6.1.1.2　人才流动带动科技创新知识的溢出与转移

人才是创新知识的创造者,由人才流动导致的知识流动是知识信息溢出的重要方式。首先,金融资源集聚区域集中了大量的人才,金融资源集聚溢出效应有助于企业和个人以较低的成本更有效地学习和掌握知识与信息,促进集聚区域内部的群体学习行为,激发了知识、信息、技术、管理经验等在知识溢出作用机制下的内外结合。其次,由于金融资源集聚区域内部存在大量的金融机构和组织,人才可以在较小的空间范围内流动,由于相似的金融制度体制与文化使得人才流动与转移的成本相对较低,不同金融机构的各个层次金融人才流动的速度通常较快,这样更易为创新不断带来新的活力。

6.1.1.3　空间关联效应拉动科技创新发展

本书 4.5、4.6 节对区域金融资源集聚的空间相关性与空间关联强度进行了空间格局分析,货币资金、金融机构、金融人力资源、金融信息资源等在空间关联网络中流动、集聚、互动,各个金融机构与组织、金融主体、企业等各个参与主体通过交易关联网络、社会关联网络、技术关联网络等在空间范围内形成了一定的复杂网络结构体系。金融资源集聚的空间关联效应产生的非正式网络通常是知识的传播实现隐性知识传播与共享的主要途径,具有正式网络不可替代的作用。金融资源集聚空间关联网络具有良好的沟通性和传播功能,有助于隐性知识和信息的迅速传播,进而为科技创新带来信息成本、交易成本的下降。复杂而紧密的网络结构模糊了企业边界,推动了不同区域之间的货币、知识、信息、技术、人才等要素的交流、互动与共享。当区域金融资源因过度拥挤时,通常会向周边临近地区或空间关联度较高的区域辐射与扩散,为周边地区带来了更为丰富的创新资源,优化了创新环境,使得新技术、信息,快速地传播到其他企业,进而提高科技创新。因此,集聚区域创新空间关联网络的形成与发展实现了高效的传递与共享,大大加速了知识与技术信息的沟通与交流,为企业的科技创新奠定了良好的基础。

图 6.1 是区域金融集聚的科技创新空间溢出效应机制。

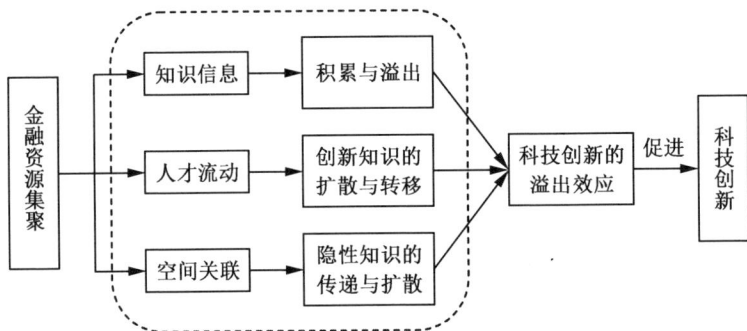

图 6.1　区域金融资源集聚的科技创新空间溢出效应机制

6.1.2　区域金融资源集聚的科技创新空间效应发展现状

"十三五"规划指出,我国将建设包括长三角城市群、珠三角城市群在内的 19 个城市群,广州、重庆、成都、武汉、青岛等十个核心城市明确提出了建设区域金融中心的规划。重点金融发展的空间结构伴随着经济的发展正在发生深刻变化,中心城市和城市群正在成为承载金融资源要素的主要空间形式。以北京、上海为代表的具有全球影响力科技创新中心建设的加速,粤港澳大湾区国际科技创新中心建设方案的落实……一批带动力强的创新型省份、城市和区域创新中心促成了创新要素聚集流动,构建了跨区域创新网络,这正是金融资源集聚对科技创新空间效应影响的充分体现。

依据本书 4.5.2 节对区域金融资源集聚水平空间演进特征的分析,区域金融资源集聚在空间上呈现出了向上海、北京、广东三地集聚的态势,东部地区省域金融资源集聚水平普遍较高,其余大部分省域金融资源集聚水平偏低,省域之间差距显著,具有典型的空间关联格局。区域金融资源集聚水平对科技创新产出的时空格局具有重要的影响,东部地区的科技创新产出遥遥领先,其他三大区域与之差距较大,科技创新产出空间分布极不平衡。为了阐明区域科技创新产出之间的空间分布特征与空间关联,本书选取 2001 年、2010 年、2018 年三个时间节点的万人专利授权数量、新产品销售收入金额做出空间分布图,分别将中国 29 个省域划分为 5 种类型,如图 6.2 与图 6.3 所示。

中国省域科技创新产出呈现明显的空间分布特征:首先,科技创新活动大部分集中在北京、上海、江苏、浙江、广东几个东部省域;其次,科技创新活动在地理空间上倾向于向东部发达地区集聚,科技创新活动密集度更高,东北、中西部地区呈现向东部沿海地区时空演进的发展特征,北京、广东、江苏、浙江、上海、山东等省域在三个时间截面(2001、2010、2018 年)均为"热点"的省域与本书 4.5.2 节金融资源集聚区域空间分布图在空间分布上相同,具有时间上稳定性与空间分布的一致性。

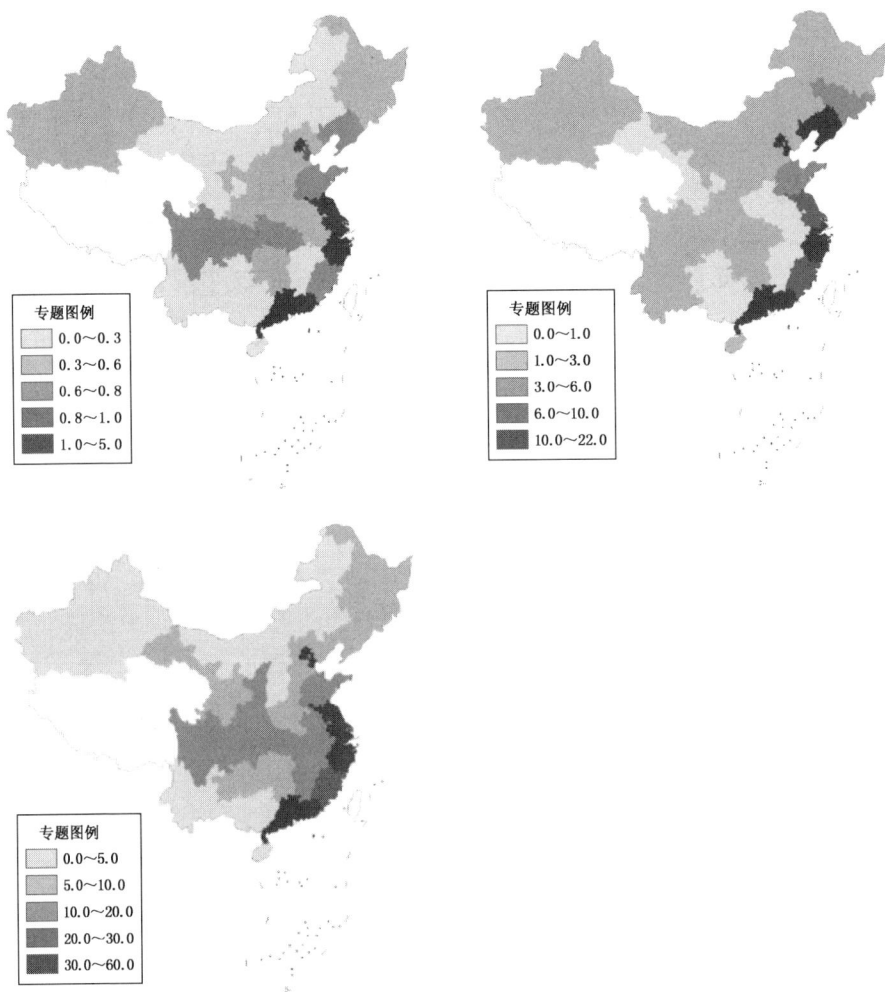

专题图例
0.0～0.3
0.3～0.6
0.6～0.8
0.8～1.0
1.0～5.0

专题图例
0.0～1.0
1.0～3.0
3.0～6.0
6.0～10.0
10.0～22.0

专题图例
0.0～5.0
5.0～10.0
10.0～20.0
20.0～30.0
30.0～60.0

注:基于自然资源部标准地图服务网站下载的审图号为 0081565828、0081534329、0081536750 的标准地图制作,底图无修改,作者自绘。

图 6.2   2001、2010、2018 年国家专利授权数量空间分布

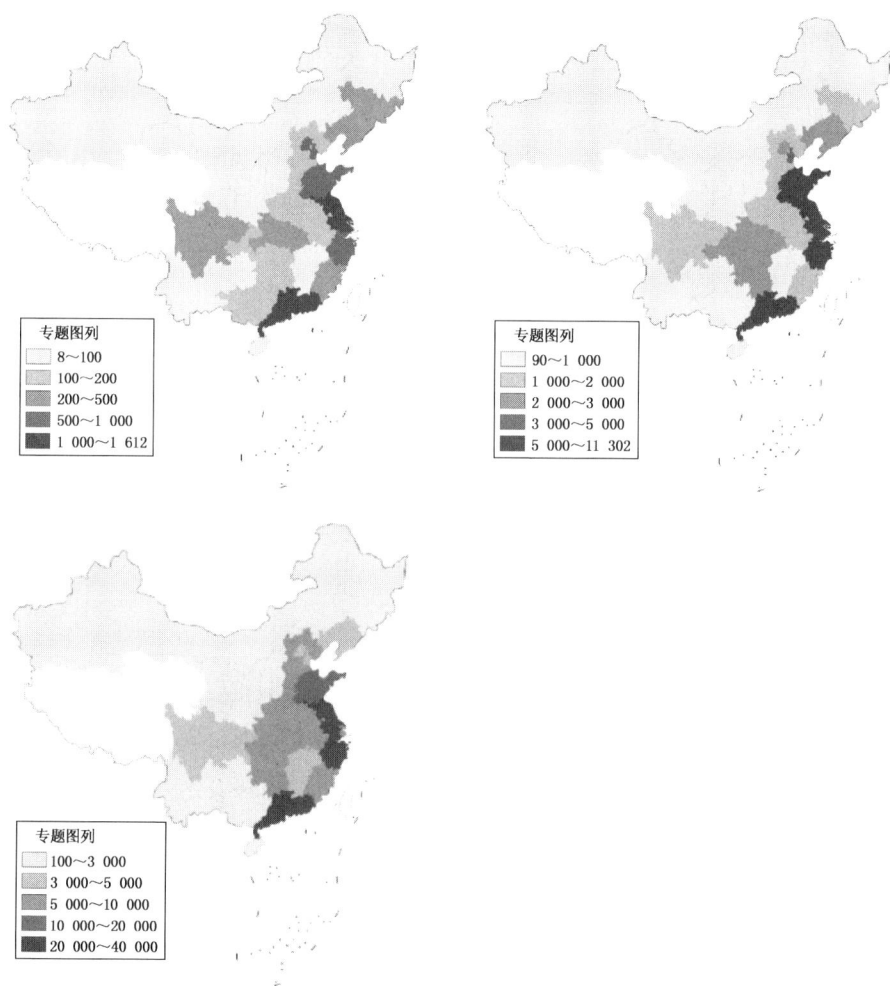

专题图列
8~100
100~200
200~500
500~1 000
1 000~1 612

专题图列
90~1 000
1 000~2 000
2 000~3 000
3 000~5 000
5 000~11 302

专题图列
100~3 000
3 000~5 000
5 000~10 000
10 000~20 000
20 000~40 000

注:基于自然资源部标准地图服务网站下载的审图号为 0081924636、0081929038、0081939338 的标准地图制作,底图无修改,作者自绘。

图 6.3 2001、2010、2018 年新产品销售收入空间分布

6.2 科技创新的空间相关性检验分析

从本书 6.1.2 节对我国 29 个省域的科技创新产出时序分析与省域科技创新"热点"的空间分布图可以看出,科技创新水平较高的省域在地理位置上大多位于临近区位,且处于较为集中的态势,例如京津冀、江浙沪、珠三角、成渝等区域,省域之间普遍存在着空间相关性。因此,利用空间数据分析方法分别对万人专利授权量与万人新产品销售收入两个科技创新产出指标进行全局和局部的空间相关性检验分析具有重要的意义。

本书 4.5.3 节对我国区域金融资源集聚的空间相关性进行了检验与分析,因此,对于科技创新产出也采用 Moran's I 考察我国区域科技创新空间相关程度,详细方法不再赘述。

6.2.1 基于 Moran's I 的科技创新全局空间自相关检验

根据 4.5.3.1 节中的公式(4−31),采用省域地理距离空间权重矩阵,分别计算 2001—2018 年万人专利授权量与万人新产品销售收入为科技创新产出指标的全局空间相关性检验,其中,I 为 Moran's I 值,Z 是正态统计量,P 为显著性水平,检验结果如表 6.1 与表 6.2 所示。

表 6.1   2001—2018 年科技创新产出 TE_1 全局空间相关性检验

年份	Moran's I	Z 值	P 值	年份	Moran's I	Z 值	P 值
2001	0.493	3.969	0.000	2010	0.495	3.694	0.000
2002	0.420	3.297	0.000	2011	0.510	3.799	0.000
2003	0.280	2.607	0.005	2012	0.490	3.723	0.000
2004	0.418	3.293	0.000	2013	0.522	3.924	0.000
2005	0.454	3.522	0.000	2014	0.556	4.165	0.000

续表

年份	Moran's I	Z 值	P 值	年份	Moran's I	Z 值	P 值
2006	0.543	4.117	0.000	2015	0.572	4.245	0.000
2007	0.538	4.124	0.000	2016	0.596	4.408	0.000
2008	0.581	4.319	0.000	2017	0.602	4.454	0.000
2009	0.500	3.752	0.000	2018	0.583	4.247	0.000

表 6.2　　　　　　　　　　2001—2018 年科技创新产出 TE_2 全局空间相关性检验

年份	Moran's I	Z 值	P 值	年份	Moran's I	Z 值	P 值
2001	0.354	3.358	0.000	2010	0.496	3.849	0.000
2002	0.328	3.125	0.001	2011	0.565	4.228	0.000
2003	0.236	2.318	0.010	2012	0.554	4.104	0.000
2004	0.557	4.552	0.000	2013	0.566	4.189	0.000
2005	0.376	3.273	0.001	2014	0.585	4.271	0.000
2006	0.413	3.535	0.000	2015	0.485	3.570	0.000
2007	0.728	6.653	0.000	2016	0.513	3.739	0.000
2008	0.818	6.102	0.000	2017	0.506	3.699	0.000
2009	0.636	4.716	0.000	2018	0.526	3.848	0.000

由表 6.1 与表 6.2 检验结果得知,2001—2018 年 TE_1 与 TE_2 的 Moran's I 均为正值,且均在 1% 水平下通过显著性检验,表明我国各省域科技创新产出存在显著的空间相关性,Moran's I 从 2001 至 2018 年呈稳步上升趋势,空间相关性之间逐渐增强,科技创新产出水平较高的省域相互临近,金融资源集聚水平较低的省域相互相邻。

6.2.2　基于 Moran's I 散点图的科技创新局部空间自相关检验

采用 Moran's I 散点图进一步研究我国省域科技创新之间的空间相关性,限于篇幅,本书选取 2001、2010 和 2018 年三个时间节点的 Moran's I 散点图(如图

6.4 与图 6.5 所示)。我国大部分省域分布在第三象限,呈现"低低"集聚特征,少部分省域分布在其他三个象限,省域的科技创新产出指标 TE_1 与 TE_2 具有正相关性,结果同全局自相关性检验一致,三个时间节点 Moran's I 散点图形中可以看出代表空间相关性高低的直线斜率呈现上升后趋势,表明中国各省域之间的空间自相关性出现先升高后降低的变化趋势。

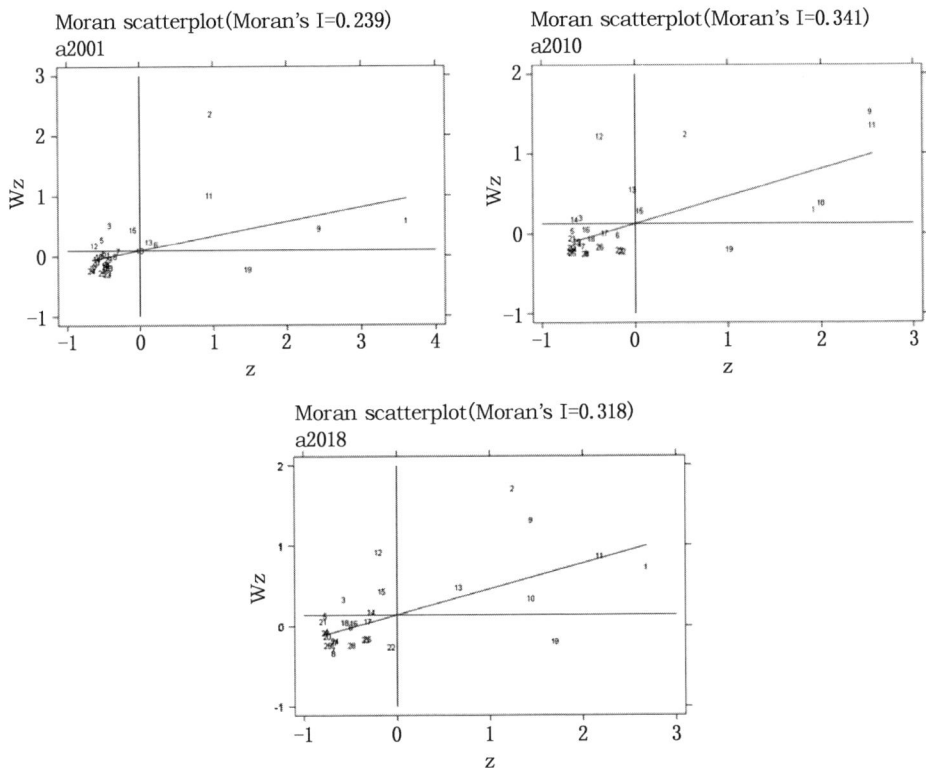

图 6.4 2001、2010、2018 年科技创新产出 TE_1 散点图

对于以万人专利授权量为衡量指标的 TE_1 来说,从 2001 至 2018 年,北京、天津、上海、江苏、浙江、福建位于第一象限,表示科技创新产出高水平省域被高水平省域所包围(HH),呈现"高高"相关趋势;河北、安徽、山东等省域位于第二象限,表示科技创新产出低水平省域被高水平省域所包围(LH),即为"低高"相关趋势;

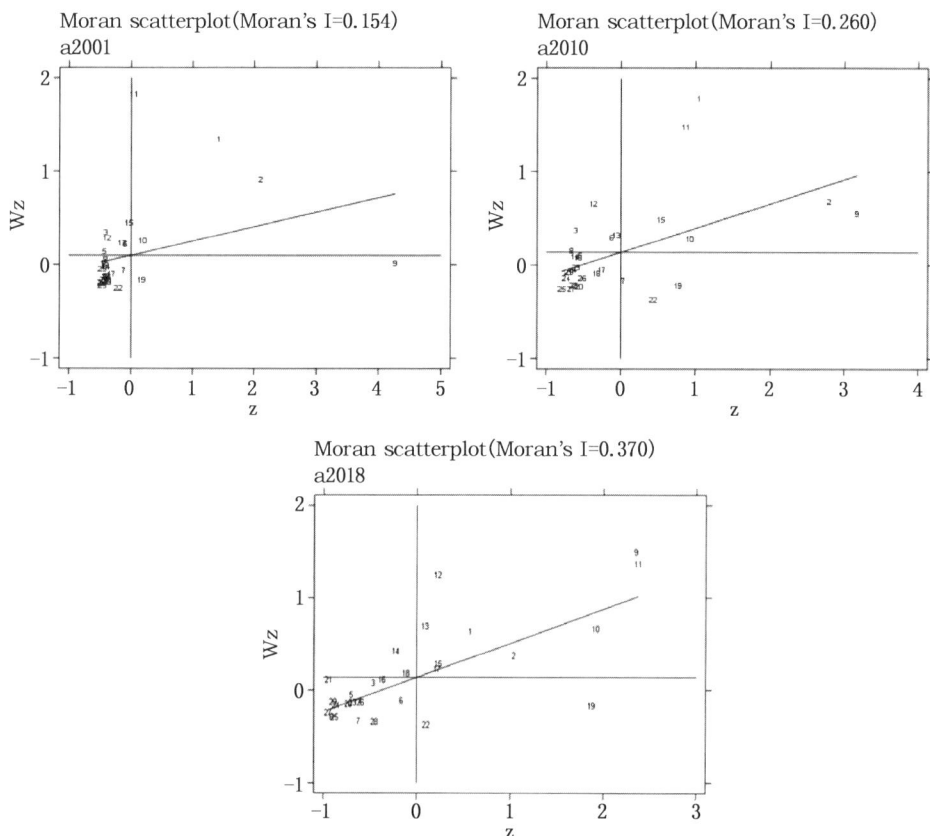

图 6.5 2001、2010、2018 年科技创新产出 TE_2 散点图

广东省位于第四象限,表示科技创新产出高水平省域被低集聚水平省域所包围(HL),即为"高低"相关趋势,其余大部分省域位于第三象限,该省域与临近省域的科技创新水平均较低,即"低低"相关趋势。

对于以万人新产品销售收入为衡量指标的 TE_2 来说,从 2001 至 2018 年,第一象限的"高高"集聚省域越来越多,从 2001 年的北京、天津、江苏到 2018 年增加了上海、浙江、安徽、福建、山东、湖北;2001 年,河北、内蒙古、辽宁、安徽、福建位于第二象限,至 2018 年减为江西与湖南两省处于"低高"相关趋势;从 2001 至 2018

年,第四象限由广东一省变为广东和重庆两省(市),表示科技创新高水平省域被低水平省域所包围,呈现"高低"相关,这与近年重庆作为西部科技创新中心快速发展直接相关;其余大部分省域位于第三象限,该省域与临近省域的科技创新水平均较低,即"低低"相关趋势。

综上,从上述分析结果可以看出,我国科技创新产出无论是以万人专利授权量,还是以万人新产品销售收入为指标进行空间相关性分析,均表现了显著的空间相关性,且相关性特征与表现与本书 4.5.3.1 节对我国区域金融资源集聚的空间相关性分析结构基本一致,呈现出较强的空间关联。因此,下文继续展开我国区域金融资源集聚对科技创新的空间溢出效应分析。

6.3　区域金融资源集聚的科技创新空间溢出效应分析

由空间引起的特性变化的计量方法是非常重要的探索空间相互关系的研究方法之一,在近年取得了长足发展。空间计量分析方法不同于以往的时间序列数据、截面数据等研究方法,它弥补了主流经济学对地理空间的均质性特征,地域之间经济活动是不存在相互影响的假设不足,充分考虑了空间的相关性、空间关联性、空间异质性等要素在不同地域之间产生不同的效应,体现了空间数据的重要特性。

6.3.1　空间溢出效应度量方法

前文通过全局与局部空间自相关分析验证了中国区域金融资源集聚的空间相关性是显著的,故可以继续采用空间计量模型对区域金融资源集聚对科技创新空间溢出效应进行研究。下面引入空间距离权重矩阵进行空间计量分析。常用的空间计量模型主要有包含空间因变量滞后的空间自回归模型(SAR),包含空间误差项自相关的空间误差模型(SEM)以及考虑了空间效应的传递,综上两种传导机制的空间杜宾模型(SDM)等。不同的空间计量模型有着不同的经济涵义:SAR 模型假设被解释变量会通过空间的相互作用而对其他区域产生影响；SEM 模型假设在随机冲击的作用下产生空间知识溢出误差项传导空间效应；而 SDM 模型同时考虑了上述两种空间的传导机制，且涉及了空间交互作用，一个省域的研究变量会同时受到本省域与相邻省域和自变量的影响。由此确定区域金融资源集聚的科技创新效应空间自回归模型（SAR）、空间误差模型（SEM）、空间杜宾模型（SDM）表达式[138]。

SAR 模型表达式为：

$$TE_{it} = \rho WTE_{it} + \beta FIN + \delta \sum X + \varepsilon \tag{6-1}$$

SEM 模型表达式为：

$$\begin{cases} TE_{it} = \beta FIN + \delta \sum X + \varepsilon \\ \varepsilon = \lambda W\varepsilon + \mu \end{cases} \tag{6-2}$$

SDM 模型表达式为：

$$TE_{it} = \rho WTE_{it} + \beta FIN + \delta_1 \sum X + \delta_2 WX + \varepsilon \tag{6-3}$$

其中，TE_{it} 为被解释变量科技创新产出，FIN 为核心解释变量，X 为一系列控制变量，ρ 为空间自回相关系数，β、δ 为参数向量，W 为 $n \times n$ 的空间权重矩阵，WX 是在空间杜宾模型中加入的一个空间滞后解释变量，ε 为误差向量。

6.3.2　变量选取与数据来源

为全面解释区域金融资源集聚对科技创新空间溢出效应的影响，同时便于实证结果的对比分析，模型中核心解释变量与被解释变量设定情况与本书第 5 章相同：解释变量为区域金融资源集聚水平，被解释变量为科技创新的研发产出与经济产出，即 TE_1 与 TE_2 两个指标，并同时选用了政府干预、市场化水平、人力资本、交通便利程度、信息传递水平、对外开放程度六个控制变量指标，此不赘述。

6.3.3 空间权重矩阵的设定

各省域的地理空间位置与空间相关性有着密切关系,两个省域之间的空间相关性与地理距离的远近呈现密切相关。空间地理邻接权重矩阵通常根据空间区位的邻接与否来确定,简单具有地理特征的空间邻接矩阵为:若区域 i 与区域 j 相邻,则 $W=1$,否则 $W=0$。一般来说,省域之间的相互作用与地理距离呈反比,地理距离越远,两省域之间的相关关系越小,反之则越大,本书采用两省域省会城市之间的距离的倒数构建地理距离权重矩阵[122],主对角线上元素均为 0,非主对角线上元素为 $1/d_{ij}$,具体形式如下:

$$W_{d_{ij}} = \begin{cases} \dfrac{1}{d_{ij}}, i \neq j \\ 0, i = j \end{cases} \qquad (6-4)$$

考虑到省域的经济与金融中心一般会设在省会,且经济生活最便利的交通运输途径为公路,其中 d_{ij} 选定为两省域省会城市之间的距离,公路最短里程数据采用百度地图。

6.3.4 省域层面空间溢出效应实证结果及分析

6.3.4.1 省域层面空间溢出效应实证结果

利用 2001—2018 年面板数据,对区域金融资源集聚对科技创新的溢出空间滞后模型(SAR)、空间误差模型(SEM)、空间杜宾模型(SDM)实证分析,实证结果如表 6.3 所示。

表 6.3   基于地理距离权重的双向固定效应空间溢出模型实证结果

模型 变量	SAR		SEM		SDM	
	TE_1	TE_2	TE_1	TE_2	TE_1	TE_2
$\ln FIN$	0.151** (3.18)	0.182** (2.72)	0.156*** (3.34)	0.174** (2.64)	0.110* (2.44)	0.130* (1.99)

续表

模型 变量	SAR		SEM		SDM	
	TE_1	TE_2	TE_1	TE_2	TE_1	TE_2
$\ln GOV$	0.131*** (4.29)	−0.049 0 (−1.18)	0.145*** (4.71)	−0.058 3 (−1.42)	0.064 1* (2.20)	−0.120** (−2.83)
$\ln MAR$	−0.090 5 (−1.35)	0.290** (3.09)	−0.126 (−1.77)	0.274** (2.81)	−0.041 2 (−0.65)	0.301** (3.24)
$\ln HR$	0.316*** (4.60)	−0.043 3 (−0.45)	0.316*** (4.59)	−0.039 2 (−0.40)	0.247*** (3.74)	−0.142 (−1.48)
$\ln TRAN$	0.506*** (6.38)	0.345** (3.12)	0.484*** (5.98)	0.346** (3.07)	0.483*** (6.39)	0.333** (3.03)
$\ln INFO$	0.517*** (6.17)	0.883*** (7.45)	0.509*** (6.13)	0.913*** (7.78)	0.463*** (5.78)	0.818*** (7.01)
$\ln FDI$	0.057 1 (1.49)	−0.035 3 (−0.66)	0.066 9 (1.74)	−0.037 8 (−0.70)	0.044 8 (1.25)	−0.034 9 (−0.67)
$W\ln FIN$	—	—	—	—	4 225.5* (2.27)	8433.6** (3.11)
$W\ln GOV$	—	—	—	—	2 290.8*** (3.64)	−687.3 (−0.75)
$W\ln MAR$	—	—	—	—	−8 768.9*** (−4.12)	−12 500.7*** (−4.03)
$W\ln HR$	—	—	—	—	2414.9* (2.54)	25.18 (0.02)
$W\ln TRAN$	—	—	—	—	836.2 (0.55)	4 596.7* (2.07)
$W\ln INFO$	—	—	—	—	−1 231.7 (−1.61)	−455.0 (−0.41)
$W\ln FDI$	—	—	—	—	−100.1 (−0.10)	670.3 (0.44)
$\sigma^2 e$	0.049 9*** (15.82)	0.0978*** (16.17)	0.049 7*** (16.14)	0.098 7*** (16.12)	0.043 6*** (16.16)	0.092 5*** (16.18)
N	522	522	522	522	522	522

注：*、**、*** 分别表示在 10%、5%、1% 的显著性水平下显著，括号内为渐进的 t 统计量。

　　基于地理距离权重矩阵,首先,对模型 TE_1 与 TE_2 分别进行 Hausman 检验统计,统计量为 142.49 与 376.83,且均在 1% 显著性水平下拒绝原假设。本书依据省级面板数据进行研究,当回归分析受一些特定个体的局限(省域具有自然、社会、经济等特点)时,固定效应模型是更好的选择,因此确定选择固定效应模型。其次,进行 LR 的联合显著性检验,其检验结果分别为 24.00 与 142.49,且在 1% 水平下显著,拒绝没有空间和时间固定效应的原假设;Wald 检验结果分别为 361.35 与 140.68,且在 1% 水平下显著,拒绝了杜宾模型可以简化为空间滞后模型(SAR)或空间误差模型(SEM),验证了空间杜宾模型(SDM)作为估计模型的最优性,因此,本书将在对比双向固定效应 SAR、SEM 、SDM 的实证结果基础上,运用空间杜宾模型结果进行实证分析。

6.3.4.2　省域层面空间溢出效应影响因素分析

　　由表 6.3 显示的实证结果可以得知,对于科技创新产出的两个产出指标,可以选择地理距离权重矩阵分别运用空间自回归模型(SAR)、空间误差模型(SEM)、空间杜宾模型(SDM)三种模型进行回归。从三种模型的估计结果来看,区域科技创新存在显著的空间溢出效应,空间杜宾模型中区域金融资源集聚每提高 1%,万人专利授权量与万人新产品销售收入分别提高 0.110 和 0.130 个百分点,科技创新的发展显著地受到区域内金融资源集聚的直接影响,区域金融资源集聚显著地推动了科技创新的发展;TE_1 与 TE_2 两个科技创新产出指标的空间滞后项系数(W$\ln FIN$)均显著为正,表明本地科技创新的发展还将受到临近区域金融资源集聚水平发展的影响,金融资源在地理空间层面上的集聚态势对科技创新具有显著的空间溢出效应,本地以及相邻区域金融资源集聚通过溢出效应作用机制对本地区的科技创新产生推动和促进作用,高水平金融资源集聚的省域地理距离临近彼此受益。以上结果与之前的区域金融资源集聚促进了科技创新发展的效应机制分析相吻合,验证了之前的假设。

　　对于 TE_1 产出指标来说,控制变量中的政府干预通过 10% 显著性检验,人力资源、交通便利程度、信息化水平对以万人专利授权量为衡量指标的科技创新产出指标均起到了正向促进作用,且均通过了 1‰ 显著性水平检验,表明我国政府对于金融业的发展仍然具有较为明显的干预与管制,但同时致使金融资源在政府的积极推动下实现集聚发展,对本地科技创新起到了支持作用,政府积极推动与鼓励专利的研发与授权,发挥了政府的宏观调控的积极作用,但可能由于区域政策支持差异而导致作用效果的差异;高素质的人力资源量是专利研发的基础,便捷的交通基础设施与信息化水平的提升为相邻区域之间的科技创新发展提供了良好的基础条件,极大地促进了本地科技创新的发展;市场化水平与对外开放程度对万人专利授权量的产出并未对本地科技创新发展起到显著影响作用,究其原因,可能是因为专利的授权数量主要来自政府、高校、企业的研发机构以及个人发明,并不依赖于市场化交易,对外开放程度的外商投资额并没有进入专利的研发与授权领域造成的。

对于 TE_2 产出指标来说,控制变量中的政府干预、人力资源、对外开放程度系数为负向,且未通过显著性检验,没有对科技创新起到正向促进作用,究其原因在于政府的干预与管制较多形成条块分割的地域限制,阻碍了新产品的销售与推广,没有形成较好的区域间辐射,不利于本地科技创新的发展,且新产品的销售并未直接受到人均受教育程度衡量的人力资源要素与对外开放程度的影响;市场化程度、交通便利程度、信息化水平对科技创新产出起到了显著的正向促进作用,市场化水平的提高有利于新产品政策销售流转,加快新产品价值的实现,发达的交通基础设施为新产品销售运输提供了便利,信息化水平的提升扩大了新产品信息的沟通与交流范围,减少了信息不对称,有力地实现了区域间资源的流动与转移,通过金融资源集聚的辐射效应与溢出效应,极大地促进了本地科技创新的发展。

6.3.5　四大经济区域空间溢出效应实证结果及分析

从我国金融资源的空间分布角度来看,区域之间分布具有明显的区域性差异,不平衡性显著,东部区域金融资源集聚水平明显高于中西部和东北地区,金融中心城市集聚水平与数量明显多于中西部和东北地区,科技创新产出亦呈现出此种分布特点,因此,为了能进一步探讨区域金融资源集聚对科技创新在空间的溢出效应,从四大经济区域视角展开进一步的讨论。为了结果的一致性和便于比较,四大经济区域层面金融资源集聚的科技创新空间效应测度指标体系与数据资料同本书6.3.2节保持一致,以东、中、西、东北四大区域的地域范围为划分标准整理数据后,分别对四大经济区域的空间溢出效应进行实证分析。由于现阶段我国大力推动区域金融中心建设,发挥区域金融资源的辐射能力,因此利用杜宾模型解释临近区域金融资源推动科技创新发展的空间溢出效应,更具有实际意义。此外,通过Hausman 检验,判断采用时间与空间双向固定效应模型进行实证分析。依据2001—2018 年面板数据,利用空间杜宾模型(SDM)分别对东、中、西、东北四大区域金融资源集聚的科技创新空间溢出效应进行实证分析,实证结果如表 6.4 所示。

表 6.4　　　　四大区域基于地理距离权重的双向固定效应空间溢出模型实证结果

模型 变量	东部		中部		西部		东北	
	TE_1	TE_2	TE_1	TE_2	TE_1	TE_2	TE_1	TE_2
lnFIN	−0.0942 (−0.91)	0.182** (2.72)	0.305** (2.93)	0.255* (2.47)	0.216** (3.05)	−0.0952 (−0.86)	−0.122 (−0.87)	0.0376 (0.20)
lnGOV	−0.0971** (−2.75)	−0.0490 (−1.18)	0.601*** (7.05)	−0.123 (−1.46)	−0.0567 (−0.55)	0.0426 (0.26)	−0.625*** (−3.49)	0.301 (1.23)
lnMAR	−0.691*** (−3.83)	0.290** (3.09)	−0.842** (−2.65)	0.197 (0.63)	−0.0472 (−0.47)	0.173 (1.11)	0.401* (2.35)	−1.172*** (−4.99)
lnHR	0.598*** (5.59)	−0.0433 (−0.45)	0.151 (0.91)	0.264 (1.60)	−0.0553 (−0.59)	−0.263 (−1.80)	−0.242 (−1.58)	−0.0769 (−0.37)
ln$TRAN$	0.424** (3.04)	0.345** (3.12)	−0.192 (−0.88)	−0.180 (−0.83)	0.452*** (4.42)	0.199 (1.25)	−2.601*** (−4.50)	1.773* (2.12)
ln$INFO$	0.232 (1.84)	0.883*** (7.45)	1.399*** (5.06)	2.051*** (7.49)	0.775*** (5.05)	−0.353 (−1.48)	−0.101 (−0.33)	−0.0666 (−0.16)
lnFDI	0.0805 (1.32)	−0.0353 (−0.66)	0.101 (1.07)	−0.0309 (−0.33)	0.0849 (1.76)	0.171* (2.29)	0.254 (1.78)	−0.858*** (−4.19)
WlnFIN	−2530.3 (−0.90)	1449.3 (0.38)	2085.4 (0.25)	10230.8 (1.23)	8468.0 (1.16)	−7711.6 (−0.68)	−8506.0 (−0.98)	238.6 (0.02)
WlnGOV	−202.8 (−0.31)	−26.43 (−0.03)	10524.5 (1.42)	12445.0 (1.70)	22626.2** (2.64)	−37022.9** (−2.77)	−40669.7*** (−4.16)	14776.6 (1.10)
WlnMAR	7301.0* (2.10)	5750.0 (1.23)	−37098.2* (−2.24)	−42615.5** (−2.60)	10434.9 (0.90)	18670.7 (1.03)	−23449.2 (−1.53)	−83866.4*** (−3.81)
Wlnhr	1098.3 (0.85)	1439.1 (0.83)	1089.9 (0.12)	24866.7** (2.73)	−5335.8 (−0.90)	21148.8* (2.30)	4057.7 (0.53)	−24046.2* (−2.12)

续表

模型 变量	东部		中部		西部		东北	
	TE_1	TE_2	TE_1	TE_2	TE_1	TE_2	TE_1	TE_2
$Wlntran$	−944.3 (−0.26)	−2 273.6 (−0.47)	7 550.8 (0.70)	−8 190.7 (−0.77)	9 842.9 (0.96)	−31 670.1* (−1.98)	−60 367.8*** (−3.84)	85 164.1*** (3.70)
$Wlninfo$	1 568.1 (1.20)	−1 200.8 (−0.68)	7 962.9 (1.89)	−905.4 (−0.22)	−8 889.7* (−2.31)	10 079.5 (1.68)	39 139.6*** (5.44)	−15 037.7 (−1.51)
$Wlnfdi$	2 030.1 (1.63)	978.5 (0.58)	15 554.8* (2.29)	11 246.2 (1.67)	15 264.4** (3.03)	2 968.5 (0.38)	10 542.1 (1.28)	−26 536.7* (−2.37)
Hausman 检验	101.42 (0.00)	41.29 (0.00)	1 852.64 (0.00)	249.12 (0.000)	435.77 (0.000)	35.10 (0.000)	2 174.49 (0.000)	−63.98
Wald 检验	377.67 (0.00)	113.37 (0.00)	93.96 (0.00)	40.16 (0.00)	41.83 (0.00)	18.42 (0.00)	1.0e+10 (0.00)	1.37 (0.503 6)
LM 检验	280.4 (0.00)	135.36 (0.00)	187.62 (0.00)	251.49 (0.00)	738.3 (0.000)	19.93 (0.000)	1.93e+10 (0.00)	1.06e+10 (0.000)
sigma2_e	0.049 9*** (15.82)	0.097 8*** (16.17)	0.020 4*** (6.25)	0.0200*** (7.21)	0.027 2*** (9.48)	0.066 0*** (9.25)	0.00454*** (5.03)	0.008 34*** (4.43)
N	180	180	108	108	180	180	54	54

注：*、**、*** 分别表示在 10%、5%、1% 的显著性水平下显著，括号内为渐进的 t 统计量。

首先，东部区域回归结果在地理距离权重下，对于万人专利授权量 TE_1 产出指标来说，区域金融资源集聚对科技创新并没有显著的空间溢出效应，东部地区金融资源集聚水平明显高于全国平均水平，集聚了全国大部分金融资源，反而对科技创新产出 TE_1 产生负向影响，这说明东部地区金融资源集聚在极化效应作用下可能产生了过度竞争效应，金融资源饱和引起市场供需失衡，货币资金与金融机构等金融资源因过度拥挤导致大量金融创新而加剧了金融风险，从而阻碍了资本市场对科技创新的投入，因此并没有对本地科技创新发展产生空间溢出效应。对于以万人新产品销售收入为科技创新产出的 TE_2 来说，区域金融资源集聚对本地科技创新产出具有显著的空间溢出效应，当金融资源集聚水平每提高 1%，科技创新产出提高 0.182%，且金融资源集聚的空间滞后项系数为正，说明东部地区的科技创新发展受到本地金融资源集聚发展水平直接影响，具有显著的空间溢出效应，东部地区整体较为发达的金融资源集聚水平对科技创新发展提供了必要的金融支持。控制变量中，人力资源、交通便利程度、市场化程度滞后项、信息化水平对科技创新产出均起显著的正向促进作用，表明随着本地与临近区域间人力资源素质的提高、交通便利程度的提升、市场化水平的提高,对本地科技创新发展的支持力度将不断得到加强,推动了科技创新的发展。

其次,中部地区回归结果显示,无论是万人专利授权量,还是万人新产品销售额的科技创新产出指标,中部地区金融资源集聚水平对于本地科技创新均产生了明显的空间溢出效应。金融资源集聚水平每提升 1%,TE_1 与 TE_2 分别提高了 0.305% 和 0.205%,在我国四大经济区域中空间溢出效应最显著,金融资源集聚的空间滞后项系数(WlnFIN)均为正,表明中部地区的科技创新发展受到本地及临近地区金融资源集聚水平的影响,对本地科技创新的提高与发展具有显著的空间溢出效应;对于 TE_1 而言,政府干预程度与信息化水平对科技创新产出具有显著的促进作用,且通过 1% 水平下显著性检验,对于 TE_2 而言,信息化水平同样对科技创新产出具有显著的正向促进作用,该结果验证与凸显了政府干预在金融资源流动与集聚中的重要规划引导作用,以及信息化水平的提升对于本地科技创新在专利的流动与转让、新产品的销售与价值的实现等空间溢出效应方面发展发挥了重要作用。

再次,从西部地区来看,本地及临近区域金融资源集聚水平对于以万人专利授权数量 TE_1 为指标的科技创新具有正向的空间溢出效应,金融资源集聚水平每提升 1%,科技创新产出提高 0.216%,金融资源集聚的空间滞后项系数(WlnFIN)为正值,交通便利程度与信息化水平均对科技创新产出具有显著的促进作用,且通过 1% 水平下显著性检验,政府控制与对外开放的空间滞后项系数均通过了 5% 水平下显著性检验,表明西部地区在国家西部大开发的政策推动下,本地金融资源集聚水平得到了提升,例如成渝区域金融中心的打造,本地及临近区域金融资源集聚对于本地的科技创新具有明显的空间溢出效应,依赖政府的作用较大;但对于以万人新产品销售为科技创新指标的 TE_2 来说,金融资源集聚并没有对科技创新产出起到正向的促进作用,仍然是滞后发展,表明西部地区可能由于仍然没有形成与地域特点相结合的金融文化与制度资源以及金融法律法规制度不健全,金融资源流动的壁垒形成,引起金融资源集聚成本增加,对于短期内回报率低、风险较大的科技创新项目缺乏资金投入,没有形成新产品的生产与销售渠道与途径,不利于企业的科技创新发展与科技创新价值的实现,从而抑制了科技创新发展。

最后,从东北地区来看,就万人专利授权量与万人新产品销售额两个科技创新产出指标而言,金融资源集聚水平对于本地科技创新均没有产生显著的空间溢出效应,由此前区域金融资源集聚对科技创新产生的负效应可知,在金融资源集聚的不平衡效应作用下,导致货币资金资源在"抽水机"的作用下从东北地区向东部发达地区单向流入,东北地区的金融资源集聚水平比较低,金融资源相对匮乏,科技创新缺乏货币资金支持而发展受阻,金融资源并未形成集聚优势,未能对本地科技创新产生空间溢出效应。控制变量中市场化水平与交通便利程度分别对科技创新产出发展产生了正向促进作用,且在 10% 水平下通过显著性检验,但政府侧重对于东北老工业基地的支持,地方保护主义盛行,人力资源流失较为严重,信息化水平偏低等原因导致产生金融资源集聚成本增加效应,未能对本地科技创新发展起到积极促进作用,TE_2 的金融资源集聚的空间滞后项系数($W\ln FIN$)为正值,表明东北区域金融资源集聚对科技创新对周边区域有一定的空间溢出效应,但效果不明显,有一定的发展空间和潜力。

6.4　区域金融资源集聚的科技创新空间关联效应分析

6.4.1　区域金融资源集聚的科技创新空间关联效应度量方法

根据前文对区域金融资源集聚度的计算结果,由运用引力模型测算的区域金融资源集聚空间关联强度系数可知,省域之间具有一定的空间依赖性,导致模型的空间相关性。再将其作为被解释变量权重矩阵进行空间计量分析,构建空间关联效应的自相关基本模型:

$$TE_{it} = \alpha + \rho WTE_{it} + \beta FIN + \sum X + \varepsilon \qquad (6-5)$$

式中,W 为省域金融资源集聚度的空间关联加权矩阵,X 为一系列控制变量,ε 为误差向量。

6.4.2　空间关联强度权重矩阵设定

区域金融资源集聚产生空间关联效应,必然对科技创新产生空间关联影响,仅采用地理距离将金融资源集聚的科技创新效应局限在"临近"或者"相近"省域上是不全面的。前文 4.6 节中国金融资源集聚的空间关联格局分析表明,省域金融资源集聚发展态势构成了空间关联格局,金融资源集聚运动在各省域之间,尤其是作为国家金融中心的上海、北京之间的空间联系密切,具有多线程、复杂的空间网络关联结构特征,因此,选用区域金融资源集聚的空间关联强度作为权重矩阵,对区域金融资源集聚的科技创新的空间关联效应进行空间计量分析,深入分析金融资源集聚对科技创新的空间关联效应具有重要意义。[122]

6.4.3　省域层面空间关联效应实证结果及分析

6.4.3.1　省域层面空间关联效应实证结果

区域金融资源集聚对科技创新具有一定的空间关联效应,测度解释变量为区域金融资源集聚水平,被解释变量为科技创新产出,为了结果的一致性和便于比较,本节选用的控制变量与本书 6.3.2 节保持一致,包括政府干预、市场化水平、人力资本、交通便利程度、信息传递水平、对外开放程度六个控制变量指标,故在此不做详细说明。利用 2001—2018 年面板数据对区域金融资源集聚对科技创新的溢出效应进行空间滞后模型(SAR)、空间误差模型(SEM)、空间杜宾模型(SDM)实证分析,结果如表 6.5 所示。

表 6.5　　　　　　　　　基于空间关联权重下双向固定效应空间溢出模型实证结果

模型 变量	SAR		SEM		SDM	
	TE_1	TE_2	TE_1	TE_2	TE_1	TE_2
$\ln FIN$	0.151** (3.21)	0.163* (2.51)	0.149** (3.18)	0.166* (2.51)	0.116** (2.60)	0.098 7* (1.56)
$\ln GOV$	0.132*** (4.20)	−0.032 7 (−0.77)	0.140*** (4.55)	−0.052 6 (−1.27)	0.070 4* (2.38)	−0.104* (−2.48)
$\ln MAR$	−0.090 5 (−1.35)	0.282** (2.99)	−0.113 (−1.59)	0.284** (2.79)	−0.084 7 (−1.32)	0.357*** (3.95)
$\ln HR$	0.316*** (4.60)	−0.046 9 (−0.49)	0.310*** (4.49)	−0.038 5 (−0.39)	0.283*** (4.29)	−0.088 0 (−0.94)
$\ln TRAN$	0.506*** (6.22)	0.303** (2.66)	0.493*** (6.11)	0.366** (3.27)	0.501*** (6.18)	0.223 (1.94)
$\ln INFO$	0.517*** (6.22)	0.897*** (7.75)	0.509*** (6.12)	0.925*** (7.89)	0.504*** (6.26)	0.809*** (7.11)
$\ln FDI$	0.057 1 (1.49)	−0.032 3 (−0.60)	0.060 1 (1.58)	−0.045 0 (−0.83)	0.038 6 (1.05)	−0.052 5 (−1.01)
$W\ln FIN$	—	—	—	—	−22 803.7 (−0.56)	83 302.0 (1.46)
$W\ln GOV$	—	—	—	—	40 571.9*** (3.88)	40 677.5** (2.75)
$W\ln MAR$	—	—	—	—	−154 914.0*** (−4.76)	−248 357.9*** (−5.40)
$W\ln HR$	—	—	—	—	29 609.5 (1.71)	−11 631.9 (−0.48)
$W\ln TRAN$	—	—	—	—	52 656.3 (1.75)	70 074.4 (1.64)
$W\ln INFO$	—	—	—	—	−17 145.8 (−1.22)	−19 589.8 (−0.99)
$W\ln FDI$	—	—	—	—	−35 634.1* (−2.35)	18 180.3 (0.85)
$\sigma^2 e$	0.049 9*** (15.75)	0.096 1*** (16.33)	0.049 8*** (16.15)	0.099 3*** (16.15)	0.044 1*** (16.16)	0.088 3*** (16.09)
N	522	522	522	522	522	522

注：*、**、***分别表示在10%、5%、1%的显著性水平下显著,括号内为渐进的 t 统计量。

基于地理距离权重矩阵,首先对模型 TE_1 与 TE_2 分别进行 Hausman 检验的统计量为 193.10 与 183.24,且均在 1%显著性水平下拒绝原假设,因此确定选择固定效应模型。其次,进行 LR 的联合显著性检验,其检验结果分别为 156.17 与 193.10,且在 1%水平下显著,拒绝没有空间和时间固定效应的原假设;wald 检验结果分别为 121.69 与 105.57,且在 1%水平下显著,拒绝了杜宾模型可以简化为空间滞后模型(SAR)或空间误差模型(SEM),验证了空间杜宾模型(SDM)作为估计模型的最优性,因此,最终采用双向固定效应的空间杜宾模型结果进行实证分析。

6.4.3.2 省域层面空间关联效应影响因素分析

由表 6.5 显示的实证结果可知,对于科技创新产出的两个产出指标,可以选择区域金融资源集聚空间关联强度作为权重矩阵,分别运用空间自回归模型(SAR)、空间误差模型(SEM)、空间杜宾模型(SDM)三种双向固定效应模型进行回归分析。估计结果表明,区域金融资源集聚对本地科技创新产出具有显著的空间关联效应,均在 10%显著性水平下,积极推动了科技创新的发展。其中,SDM 模型中区域金融资源集聚每提高 1%,万人专利授权量与万人新产品销售收入分别提高 0.116 和 0.098 7 个百分点;TE_1 与 TE_2 两科技创新产出指标的空间滞后项系数($WlnFIN$)均为正,表明区域金融资源在地理空间层面上的集聚态势对本地科技创新具有一定的空间关联效应,货币资金、金融机构、金融信息资源、金融人力资源等通过集聚效应在核心地区集聚,当集聚效应达到一定程度后,各类型金融资源则通过辐射效应向周边地区扩散、溢出,从而形成空间网络关联效应。金融资源在地域运动的过程中推动促进了科技创新,与金融资源集聚水平较高的省域地理距离邻近而彼此受益,这与之前的区域金融资源集聚促进了科技创新发展的效应机制分析相吻合,验证了之前的假设。

6.4.4 四大经济区层面空间关联效应实证结果及分析

从我国金融资源的空间分布角度来看,四大经济区域之间亦存在空间关联分布特征,为分析四大经济区域层面金融资源集聚的科技创新空间关联效应,并保证结果的一致性且便于比较,本节选用指标体系、数据资源与本书第 6.3.2 节部分保持一致,故在此不做详细说明。运用空间杜宾模型(SDM)解释临近区域金融资源推动科技创新发展的空间关联效应具有一定的优势,依据 2001—2018 年面板数据,分别对东、中、西、东北四大区域金融资源集聚对科技创新的空间关联效应进行实证分析,实证结果如表 6.6 所示。

表 6.6　四大区域基于地理距离权重的双向固定效应空间关联模型实证结果

模型 变量	东部 TE_1	东部 TE_2	中部 TE_1	中部 TE_2	西部 TE_1	西部 TE_2	东北 TE_1	东北 TE_2
$\ln FIN$	−0.099 7 (−1.01)	0.445** (2.73)	0.298** (2.78)	0.323** (2.86)	0.179* (2.35)	0.060 3 (0.46)	0.078 9 (0.32)	0.667* (2.23)
$\ln GOV$	−0.091 2** (−2.67)	−0.147** (−3.12)	0.523*** (4.74)	−0.128 (−1.10)	−0.108 (−1.08)	0.123 (0.78)	−0.290 (−1.69)	0.710** (2.75)
$\ln MAR$	−0.652*** (−3.53)	0.047 9 (0.14)	−0.419 (−1.13)	0.264 (0.71)	−0.047 9 (−0.46)	0.025 4 (0.15)	0.726** (2.83)	−0.367 (−1.11)
$\ln HR$	0.558*** (5.26)	0.419** (2.76)	0.233 (1.18)	0.070 0 (0.32)	−0.019 6 (−0.19)	−0.208 (−1.29)	0.101 (0.57)	−0.188 (−0.68)
$\ln TRAN$	0.486** (3.24)	0.247 (1.17)	−0.329 (−1.34)	−0.147 (−0.57)	0.556*** (5.26)	0.123 (0.71)	0.641 (0.36)	4.566*** (4.53)
$\ln INFO$	0.163 (1.33)	0.806*** (4.93)	1.225*** (4.00)	1.939*** (6.00)	0.584*** (3.77)	−0.234 (−0.96)	−0.163 (−0.36)	−0.104 (−0.15)
$\ln FDI$	0.055 0 (0.88)	−0.018 9 (−0.21)	−0.072 1 (−0.70)	−0.107 (−0.98)	0.066 2 (1.30)	0.165* (2.01)	0.199 (0.57)	0.210 (0.59)
$W\ln FIN$	−57 101.4 (−1.45)	3 663.7 (0.06)	419 831.2 (0.07)	22 922.3 (0.00)	804 132.0 (0.11)	−4.67e−11 (−0.00)	3 367 148.4 (0.18)	53 191 366.5** (2.84)
$W\ln GOV$	9 078.8 (0.86)	−7 269.3 (−0.50)	815 784.5 (0.14)	77 594.4 (0.01)	397 273.4 (0.06)	2.04e−09 (0.00)	−30 797 881.9* (−2.12)	38 086 453.6* (2.10)
$W\ln MAR$	114 109.9* (2.42)	121 001.4 (1.89)	−3 582 985.0 (−0.22)	104 854.3 (0.01)	377 119.9 (0.03)	3.65e−09 (0.00)	29 625 319.6 (1.81)	−23 546 024.5 (−1.08)
$W\ln HR$	18 563.6 (0.94)	−1 935.2 (−0.06)	1 865 251.8 (0.24)	108 530.4 (0.01)	−76 902.4 (−0.02)	2.16e−09 (0.00)	−10 593 888.2 (−0.34)	−54 280 221.7** (−3.17)
$W\ln TRAN$	−8 333.6 (−0.17)	60 890.3 (0.93)	−318 806.3 (−0.04)	84 024.1 (0.01)	11 307.0 (0.00)	1.44e−09 (0.00)	−5 510 642.9 (−0.24)	128 859 039.8*** (3.44)
$W\ln INFO$	11 070.7 (0.63)	−48 347.6 (−1.83)	1 324 222.2 (0.32)	57 010.1 (0.01)	−193 386.8 (−0.07)	9.41e−10 (0.00)	−6 636 618.4 (−0.81)	−37 117 990.9** (−2.89)
$W\ln FDI$	10 357.0 (0.62)	16 905.4 (0.52)	2 401 305.0 (0.46)	−12 467.6 (−0.00)	396 831.1 (0.10)	−7.20e−10 (−0.00)	9 887 293.5 (0.36)	57 927 401.7* (2.20)
Hausman 检验	96.71 (0.000)	70.31 (0.000)	90.85 (0.000)	94.47 (0.000)	230.11 (0.000)	60.73 (0.000)	22.75 (0.000)	−25.06 (0.000)
Wald 检验	186.86 (0.000)	66.75 (0.000)	76.15 (0.000)	73.11 (0.000)	372.02 (0.000)	114.27 (0.000)	1.34e+10 (0.000)	0.13 (0.936 3)

模型	东部		中部		西部		东北	
变量	TE_1	TE_2	TE_1	TE_2	TE_1	TE_2	TE_1	TE_2
LM检验	161.45 (0.000)	48.68 (0.000)	19.47 (0.001 6)	40.65 (0.000)	435.75 (0.000)	91.71 (0.000)	0.93 (0.627 8)	8.2e+09 (0.000)
sigma2_e	0.035 0*** (9.49)	0.061 3*** (5.41)	0.023 6*** (5.13)	0.025 9*** (5.07)	0.030 7*** (8.64)	0.079 2*** (7.28)	0.005 34 (1.52)	0.012 1*** (4.43)
N	180	180	108	108	180	180	54	54

注：*、**、***分别表示在10%、5%、1%的显著性水平下显著，括号内为渐进的t统计量。

首先，东部区域回归结果，在金融资源集聚的空间关联权重下，对于万人专利授权量为科技创新指标TE_1来说，区域金融资源集聚对本地科技创新没有显著的空间关联效应，表明东部地区专利授权数量的发展较少受到区域之间金融资源集聚空间关联效应的影响，人力资源、交通便利程度对TE_1产出均起显著的正向促进作用，表明东部地区专利授权量更多地受到本地与临近地区人力资源与交通便利程度的影响；但对于万人新产品销售额TE_2来说，区域金融资源集聚对本地科技创新具有显著的空间关联效应，金融资源集聚水平每提高1%，科技创新产出提高0.445%，本地科技创新显著地受到本地以及区域间金融资源集聚的空间关联效应的影响。东部地区空间关联效应形成空间的网络效应，促进了金融资源的区域间的空间流动与转移，促进了本地科技创新的发展；金融资源集聚的空间滞后项系数为正，说明东部地区的金融资源集聚对周边省域在空间关联效应作用下，具有一定的溢出效应；市场化水平、交通基础设施建设、信息化水平均对本地科技创新产生了显著正向促进作用，推动了科技创新的发展。

其次，中部地区回归结果显示，对于万人专利授权量与万人新产品销售额两个科技创新产出指标而言，金融资源集聚水平对于科技创新均产生了显著的空间关联效应，区域金融资源集聚水平每提升1%，TE_1与TE_2分别提高了0.298%和0.323%，金融资源集聚的空间滞后项系数（W$\ln FIN$）均为正，表明中部地区以及邻近区域的金融资源集聚在空间关联权重下，对本地科技创新产生了一定的空间关联效应，金融资源的空间关联效应带来的知识信息的扩散与转移，人力资源的流动与转移促进相应的科技创新发展；政府干预、对外开放程度对科技创新产出具有显著的促进作用，表明中部地区对政府政策的依赖较为明显，外商投资额对本地的科技创新的发展发挥了重要的推动作用。

再次，从西部地区来看，区域金融资源集聚对于以万人专利授权数量为产出指标的科技创新发展具有显著的空间关联效应影响，金融资源集聚的空间滞后项系数（WlnFIN）为正值，表明西部地区及邻近区域的金融资源集聚水平的提升，能在一定程度上促进本地科技创新的发展，具有一定的空间关联效应作用机制；交通便利程度与信息化水平的提升均对科技创新产出具有显著的促进作用，且通过 1％水平下显著性检验；但对于以万人新产品销售为科技创新产出指标的 TE_2 来说，金融资源集聚并没有对科技创新产出起到正向的促进作用，仍然是滞后发展，表明西部地区没有形成完善的区域金融资源集聚的空间关联网络效应，金融资源集聚区域不平衡效应明显，区域差异明显，不利于企业的科技创新发展与科技创新价值的实现。

最后，从东北地区来看，万人专利授权量为科技创新产出指标的回归结果没有通过显著性检验，而对于万人新产品销售额为科技创新产出指标，金融资源集聚水平对于科技创新具有空间溢出效应，且在 10％水平下通过显著性检验，其中政府干预与交通便利程度分别对科技创新产出发展产生了显著的正向促进作用，且分别在 5％与 1％水平下通过显著性检验。TE_2 的金融资源集聚的空间滞后项系数（WlnFIN）为正值，且通过显著性检验，表明东北地区及临近区域的金融资源集聚的空间关联效应对本地科技创新具有一定的提升作用，东北地区作为老工业基地，政府的干预和管制较多。虽然对本地科技创新发展形成了一定的支持，但同时也大量存在金融资源浪费与重复建设现象，无法形成金融资源集聚空间关联效应，抑制了科技创新的可持续发展。

6.5　稳健性检验

为了进一步检验区域金融资源集聚对科技创新影响空间溢出效应的稳健性，本书构建了经济距离权重矩阵替代地理距离权重矩阵，选择与前文一致的空间计量模型和估计方法，再次检验上述实证结果。

中国经济发展区域差异较大，东部沿海地区发展远超内陆，中西部、东北地区经济发展落后，但这些省域在地理上可能并不相邻或邻近，这使得单独使用地理距离矩阵具有一定的局限性，不能充分体现省域之间的空间联系，一般来说，金融影响会随着地理距离的增加而逐渐衰弱，有的发达地区省域之间经济活动的空间效应大于相邻省域的影响，因此本书选择经济距离空间矩阵作为权重来考察区域金融资源集聚对科技创新空间效应的重要性[162]，经济距离空间权重矩阵设定如下：对于省域 i 与省域 j，$W_{ij}=1/|PGDP_i-PGDP_j|$，其中 $PGDP_i$ 和 $PGDP_j$ 分别表示样本期内 i 省域和 j 省域人均 GDP 均值，当 $i=j$ 时，$w_{ij}=0$。

$$We_{ij}=\begin{cases}\dfrac{1}{|PGDP_i-PGDP_j|},i\neq j\\0,i=j\end{cases} \qquad (6-6)$$

6.5.1　省域层面在经济距离权重下的空间溢出效应分析

在经济距离权重下，运用 2001—2018 年面板数据对区域金融资源集聚对科技创新的溢出空间滞后模型（SAR）、空间误差模型（SEM）、空间杜宾模型（SDM）进行实证分析，实证结果如表 6.7 所示。

表 6.7　　　　　　　　　基于经济距离权重双固定空间溢出效应实证结果

模型 变量	SAR		SEM		SDM	
	TE_1	TE_2	TE_1	TE_2	TE_1	TE_2
$\ln FIN$	0.118* (2.29)	0.163* (2.19)	0.153** (3.26)	0.146* (2.12)	0.130* (2.56)	0.149* (2.09)
$\ln GOV$	0.130*** (4.49)	−0.055 7 (−1.34)	−0.095 7 (−1.44)	−0.057 1 (−1.37)	0.133*** (4.54)	−0.042 7 (−1.03)
$\ln MAR$	−0.119 (−1.74)	0.321*** (3.36)	0.316*** (4.59)	0.312*** (3.33)	−0.102 (−1.51)	0.365*** (3.85)
$\ln HR$	0.307*** (4.52)	−0.019 0 (−0.20)	0.498*** (6.29)	−0.013 4 (−0.14)	0.292*** (4.29)	−0.032 4 (−0.34)
$\ln TRAN$	0.515*** (6.62)	0.365** (3.25)	0.515*** (6.23)	0.371*** (3.33)	0.531*** (6.77)	0.390*** (3.52)
$\ln INFO$	0.569*** (6.34)	0.928*** (7.62)	0.055 5 (1.46)	0.932*** (7.99)	0.584*** (6.91)	0.952*** (7.97)
$\ln FDI$	0.052 8 (1.41)	−0.052 3 (−0.97)	−1.279 (−0.87)	−0.048 7 (−0.91)	0.042 9 (1.12)	−0.040 7 (−0.75)
$W\ln FIN$	—	—	—	—	−1.516 (−0.74)	−9.204** (−3.19)
σ_e^2	0.048 4*** (15.88)	0.099 6*** (16.16)	0.049 8*** (16.15)	0.099 4*** (16.15)	0.048 4*** (16.16)	0.096 4*** (16.14)
N	522	522	522	522	522	522

注:*、**、*** 分别表示在 10%、5%、1%的显著性水平下显著,括号内为渐进的 t 统计量。

从表 6.7 中可以看出,稳健性检验结果与前文的实证结果基本一致,某些变量的系数以及空间外溢系数的大小以及显著性有了一定的变动,但核心变量的估计结果没有显著变化,表明区域金融资源集聚对科技创新的增长与发展的影响效应是具有稳健性和可靠性的。

6.5.2 四大区域层面在经济距离权重下的空间关联效应分析

从表6.8中可以看出,稳健性检验结果与前文的实证结果基本一致,某些变量的系数以及空间外溢系数的大小以及显著性有了一定的变动,但核心变量的估计结果没有显著变化,表明区域金融资源集聚对科技创新的增长与发展的影响效应是具有稳健性和可靠性的。

表6.8　基于经济距离权重双固定空间溢出效应实证结果

模型 变量	东部 TE₁	东部 TE₂	中部 TE₁	中部 TE₂	西部 TE₁	西部 TE₂	东北 TE₁	东北 TE₂
$\ln FIN$	0.029 9 (0.32)	0.518*** (3.89)	0.162 (1.60)	0.241* (2.08)	0.096 8 (1.54)	0.041 7 (0.40)	−0.169 (−1.15)	0.033 8 (0.17)
$\ln GOV$	−0.134** (−3.18)	−0.160** (−2.78)	0.469*** (4.70)	0.051 0 (0.45)	−0.042 8 (−0.45)	0.023 1 (0.15)	−0.852*** (−4.27)	0.276 (1.03)
$\ln MAR$	−0.365* (−2.02)	−0.174 (−0.71)	−0.335 (−1.46)	0.015 4 (0.06)	−0.028 9 (−0.31)	−0.000 371 (−0.00)	0.147 (0.69)	−1.426*** (−4.79)
$\ln HR$	0.462*** (4.16)	0.344* (2.29)	0.147 (1.13)	0.226 (1.52)	0.003 27 (0.34)	−0.195 (−1.29)	−0.234 (−1.56)	−0.266 (−1.32)
$\ln TRAN$	0.536*** (4.08)	0.364* (2.05)	−0.350 (−1.25)	0.003 53 (0.01)	0.596*** (6.53)	−0.002 28 (−0.02)	−3.138*** (−5.24)	2.050* (2.36)
$\ln INFO$	0.216 (1.72)	0.763*** (4.48)	1.330*** (5.04)	1.838*** (6.09)	0.476*** (3.40)	−0.131 (−0.57)	0.429 (1.79)	−0.219 (−0.68)
$\ln FDI$	0.040 1 (0.58)	−0.042 0 (−0.45)	−0.111 (−1.64)	−0.165* (−2.12)	0.004 94 (0.10)	0.162* (2.00)	0.205 (1.55)	−0.889*** (−4.69)
$W\ln FIN$	271.1 (0.97)	1 206.4** (3.03)	−111.6 (−1.23)	−77.78 (−0.75)	−44.04** (−2.78)	−13.23 (−0.51)	−1 054.4 (−1.38)	91.06 (0.09)
$W\ln GOV$	−149.5 (−1.70)	−155.2 (−1.21)	−59.17 (−1.16)	122.7* (2.10)	14.05 (0.89)	−4.415 (−1.32)	−4 426.1*** (−4.28)	1 840.6 (1.21)
$W\ln MAR$	592.3 (0.99)	−496.8 (−0.61)	−216.9 (−1.39)	−127.1 (−0.71)	68.73*** (3.35)	−5.582 (−0.17)	−2 128.6 (−1.46)	−8 808.0*** (−4.15)
$W\ln HR$	−528.4* (−2.36)	50.38 (0.16)	−63.69 (−1.20)	−4.370 (−0.07)	−22.05 (−1.58)	18.69 (0.81)	−164.7 (−0.23)	−3 180.9** (−2.95)
$W\ln TRAN$	132.9 (0.53)	−748.2* (−2.04)	165.1** (2.59)	−76.70 (−1.05)	−34.39 (−1.46)	−97.30* (−2.51)	−7 085.2*** (−4.52)	10 004.0*** (4.32)
$W\ln INFO$	261.7 (1.62)	493.8* (2.22)	17.18 (0.52)	3.486 (0.09)	9.508 (1.11)	28.62* (2.02)	4 167.2*** (7.04)	−1 688.6* (−2.09)
$W\ln FDI$	−297.5 (−1.19)	159.8 (0.47)	−216.0*** (−4.33)	−74.20 (−1.30)	−25.76* (−2.19)	−17.02 (−0.88)	868.0 (1.26)	−2 777.8** (−3.02)
σ_e^2	0.034 1*** (9.24)	0.062 6*** (9.46)	0.018 0*** (7.21)	0.023 7*** (7.35)	0.026 3*** (9.30)	0.071 5*** (9.38)	0.003 26*** (4.81)	−3 303.5*** (−12.15)
N	180	180	108	108	180	180	54	0.005 84*** (4.26)

注:*、**、***分别表示在10%、5%、1%的显著性水平下显著,括号内为渐进的 t 统计量。

第7章　提升区域金融资源集聚的科技创新效应对策分析

　　根据前文的评价分析与实证研究结果可知,我国不同地区金融资源集聚水平差异加大,省域、四大经济区域金融资源集聚的科技创新个体效应、时间动态效应、空间溢出与空间关联效应都具有明显的差距。区域金融资源集聚对科技创新效应产生了正向的影响作用,但影响程度不一,有的区域甚至由于区域金融资源的分配不均衡而产生过度竞争、不平衡效应、成本增加等负效应影响,从而抑制了科技创新发展。应该说区域金融资源集聚对科技创新效应的影响有待进一步提升。因此本书针对实证分析结果提出区域金融资源集聚促进科技创新发展的对策建议,以提高我国区域金融资源集聚的水平,完善区域间金融资源的流动和整合,通过区域金融资源集聚的动态演进、协调发展,全面促进科技创新的发展。

7.1　完善金融资源集聚的需求拉动和供给推动机制

7.1.1　以创新和经济发展需求决定金融资源集聚的方式和形态

7.1.1.1　适应"双创"发展的金融资源集聚形态

"大众创新,万众创业"已成为推动我国经济增长的新生力量。在"双创"驱动发展的背景下,为满足"大众创新、万众创业"的发展需要,我们要从微观着手,因地制宜地改善金融资源集聚方式与形态,充分发挥各层级金融资源集聚区的优势,为科技创新发展奠定基础。例如,完善金融小镇、金融街、金融功能区等微观金融资源集聚形态,以政策创新为引导,结合本地经济发展规划、产业特色、大众创新等需求,效仿先进的金融体制,积极推进政策体制改革,结合金融小镇、金融街等区域金融资源集聚形态的特色积极进行新型产品创新,完善补充多层次的融资体系,重点扶持科技型小微企业的发展,缓解融资难问题,不断适应"双创"的需求,构筑国家稳固的科技创新微观主体,从而促进全国科技创新的全面发展与进步。

7.1.1.2　发展以科技金融中心为代表的区域金融资源集聚形式

作为区域金融资源集聚的一种表现形式,科技金融中心聚集了大量的金融资源与科技创新资源,在一定的地域范围内主导了配置、协调、组合的时空动态变化,具有典型的特征。地方政府应结合本区域金融发展与产业结构特点,在传统的区位、经济优势等基础上,叠加土地、财税、人才、落户等多方面优惠措施与支持政策,对金融机构与科技创新企业采取相应的减免税费等优惠政策,改进优化金融人才激励与奖励制度,吸引金融与科技人力资源不断流入,加强金融科技创新的同时注意金融风险的规避与防范,吸引金融机构、货币资金、金融人力资源等类型资源集聚,优化金融产业空间布局,促进各省域及地区形成各具特色的科技金融中心。要充分发挥金融资源集聚的集聚效应、辐射效应、溢出效应、空间关联效应,鼓励金融机构向科创型企业、创新能力活跃的中小微企业通过资本市场进行投资,完善创投和风投合作机制、股权融资机制,建立科技创新保障机制,提升金融机构和服务组织等对科创型企业服务水平,利用大数据平台、互联网、区块链等现代化的技术手段对金融赋新,打造与完善科创企业信息数据平台与数据库,为科技创新提升与发展提供更好的服务。

7.1.1.3　各省区金融资源集聚对区域内科技创新发展的带动作用

各省区应在国家区域经济发展战略规划政策下结合本地实体经济发展、产业结构优化调整、创新驱动发展战略的需要,做好自身定位,积极打造现代化的区域性金融资源集聚区,与国家区域金融中心发展定位相匹配,形成独具特色的金融资源集聚功能区。要通过相应政府政策规划、配套服务设施水平,吸引国内甚至国外的货币资金、金融机构、金融人力资源等资源要素流入与进驻,完善区域金融资源集聚区的协同性、系统性、整体性,不断提高区域金融资源集聚区的核心集聚力,提高区域金融资源集聚水平,强化金融资源的规模经济效应、融通资金、便利交易、风险控制等金融功能,对科技创新的研发、生产、成果转化等提供金融支持与服务,推动区域科技创新的发展。

7.1.2　以金融供给侧改革和创新推动金融资源集聚发展

金融有效供给是促进科技创新发展的重要环节。由前文实证分析可知,目前我国存在明显的金融供给侧不均衡状况,主要表现为金融供给成本过高、金融制度不完善、分配不均衡等情形。十九届五中全会提出要继续坚持供给侧结构性改革的战略方向,着力提高国内需求对供给体系要求的匹配性。在金融供给侧改革与创新等动因作用下,我们要进一步推动区域金融资源集聚的发展,实现金融资源的优化调整。

7.1.2.1　金融制度资源供给

金融供给侧改革主要是对金融服务供给(对金融制度资源供给)的缺陷进行调

整。我国东部地区具有较高的金融资源集聚水平,往往具有先进的金融制度与金融体制管理水平,金融制度资源丰富,中西部与东北地区政府应积极效仿金融资源集聚较高区域的先进制度与管理经验,打破僵化体制与思维,学习并推广先进的金融制度资源,结合本地区域经济特征,创新金融制度供给,吸引货币资金、金融机构和组织、金融服务机构等金融资源要素积极进驻,从科技创新发展需求侧的角度,健全与完善金融制度资源供给,提升金融制度资源供给侧与科技创新发展需求侧的匹配度,力图实现精准度对接,着力提升区域金融资源的科技创新发展支持与促进作用。

7.1.2.2   金融文化资源建设

在金融供给侧改革的背景下,着力加强金融文化资源的建设是金融资源集聚区建设与发展中的重要环节,形成社会的"形而上"文化特征,优化各个层级的金融文化环境,从大到国家,小到区域、省域、城市等层级加强金融资源文化建设,充分利用金融文化资源的非正式制度形式作为市场机制与政府机制的补充,通过金融文化资源的有效渗透,放大发挥金融市场体系与机制作用,实现金融体系的有效整合。金融文化资源的集聚,为金融资源的供给优化了平台,在一定范畴内增加了金融机构和组织等供给主体的数量、金融工具、金融人力资源、金融制度资源等各资源类型的供给数量,优化了金融资源供给结构,建设形成金融文化资源的集聚经济优势,提高了金融资源集聚与整合的效率与水平,从而推动金融资源集聚不断强化与扩张,进而为科技创新发展提供金融资源供给支撑。

7.1.2.3   金融信息资源建设

金融信息资源是金融资源的重要构成部分,单纯增加金融信息资源供给可能导致金融信息资源的冗余和浪费,无法提高金融信息资源的配置效率。因此,首先应完善信息资源集聚平台建设,增加金融信息资源的有效供给,通过高效、科学、透明的金融信息资源集聚平台的建设,提高金融信息资源的配置与利用效率,着力提高金融信息资源的管理质量,满足金融机构和组织与创新主体等个性化主体的需求,避免金融信息资源供给与需求的不匹配,减少信息不对称,降低金融创新与交易风险,从而吸引货币资金、金融机构、金融工具、金融人力资源等各类型金融资源向集聚区流动集中,大力提高区域金融资源集聚水平。其次,重点发展以 5G 基站、大数据中心、工业互联网等为代表的新基建,贯彻新发展理念,大力支持金融信息资源基础设施体系建设,依靠大数据、互联网等现代化技术手段大力提升金融信息资源的集聚,提升信息传递的速度与效率,优化金融信息资源的空间分布状态,挖掘金融信息资源潜在的最大效用,通过金融信息资源的空间关联度的提升,带动货币资金、金融机构、金融人力资源、金融制度资源等在空间范畴内集聚,并在一定范围内充分发挥区域金融资源集聚的空间溢出效应与空间关联效应,强化科技创新的支持与发展,在提升各层级区域金融资源集聚水平的同时增强区域金融资源集聚的科技创新空间溢出与空间关联效应,通过辐射效应与溢出效应的拉动,推动区域金融资源集聚对科技创新的支持作用的发展。

7.2　合理规划金融资源集聚区建设

7.2.1　合理定位金融资源集聚区域

7.2.1.1　合理统筹规划金融资源集聚区

由前文区域金融资源集聚水平综合评价结果可知,我国区域间金融资源集聚水平差异较大,金融资源配置不平衡问题非常突出,东部地区金融资源相对充裕,中西部、东北地区金融资源相对匮乏,资源分配不平衡。中央政府应充分发挥政府的主导作用,根据不同区域经济发展水平差异,在空间范围内合理规划不同层次、级别的金融资源集聚区,明确区域金融资源集聚发展定位,统筹规划全国金融资源,引导货币资金、金融机构、金融人力资源、金融信息资源等资源要素在全国乃至世界范围内合理流动。中央政府发挥金融资源宏观调控的作用,在不同区域相互协调,鼓励发达省域金融资源支持落后省域和地区,避免货币资金、金融机构等金融资源在发达地区因过度拥挤而出现重复建设、恶性竞争等,避免金融风险加剧和资源浪费情况以及落后区域因金融资源匮乏而产生哄抬资金价格的情形。

7.2.1.2　加强特色金融资源集聚区规划与建设

地方政府在根据自身优势发展金融产业的同时,应注重不同类型金融资源的合理分配,建立独具特色的金融资源集聚区,避免省域、市域等低级别金融资源集聚区的狭隘性与雷同性,保证对科技创新发展产生负向效应影响。政府应大力推广先进地区优越的金融制度和体制,采取优惠措施、减免税收等政策鼓励银行向欠发达地区发放贷款,同时在欠发达地区创办新企业,引导金融机构重点向新办企业、科创型企业、中小企业等倾斜。还要提高金融机构和组织各部门之间的相互配合默契度,形成一体化金融系统,根据不同科技创新体的发展特点、不同需求层次、发展阶段、资源禀赋、地理位置等因素的差异而予以不同力度与强度的金融支持,提供有针对性的精准服务,推动科技创新快速发展,避免金融资源的浪费,充分发挥区域金融资源集聚优势对科技创新的支持促进作用。

7.2.1.3　支持新兴金融资源集聚业态发展

政府应适当放松金融管制,改变传统固化思维,全面推进金融制度与体制创新,鼓励互联网金融、融资租赁、新型供应链金融等新兴金融业态集聚发展的同时,及时推出针对新兴金融业态的相应制度以及规章等制度性安排,形成良好的金融文化与制度环境,从而吸引货币资金、金融机构、金融人力资源等资源要素进驻。要积极打造企业的资金链、产业链、创新链的融合,区域新兴金融发展集聚高地,构建创新创业金融生态圈,为科技创新成长型、创新型企业服务,助推科技创新项目的落地、产业导入、企业成长的生命周期提供制度保障服务。

7.2.2　提高金融资源集聚效应与辐射效应

7.2.2.1　构建多层次区域金融中心格局

根据我国区域经济发展与规划要求,构建多层次的区域金融中心。我国不仅要打造国际金融中心,还要根据区域经济金融发展状况和要求,推动不同层次区域金融中心格局的形成。地方政府应根据自身经济金融发展状况与要求,制定符合实际的金融资源集聚发展的战略目标。从宏观角度来看,虽然上海、北京已经步入国际金融中心行列,但与纽约、伦敦等世界金融中心仍存在一定的差距,因此,要继续加强上海、北京国际金融中心建设,继续推进金融国际化改革,积极与国际接轨,增强资本的国际市场流动性,分阶段、有步骤地放宽资本项目交易,逐步实现人民币资本项目的自由兑换,在扩大国际金融交易合作基础上,吸引国内外金融分支机构的进驻,优化金融资源配置。从中观角度来看,继续巩固上海、北京、深圳国家金融中心地位的同时,发挥其在全国范围内的辐射作用,在重要核心城市,利用区域金融资源集聚及其区位等优势,设定区域金融中心的目标,为区域内科技创新及地方经济发展提供金融支持与服务。从微观角度来看,要大力开展金融街、金融产业园、地方特色金融小镇等金融资源集聚支点,弥补国家以及区域金融中心无法辐射扩散区域,融通活跃地方金融资源,为区域科技创新发展提供更广泛的金融支持平台,全力支持科技创新发展。

7.2.2.2　加强金融资源集聚的辐射效应

当区域金融资源集聚水平达到一定程度时,金融资源可能出现过度拥挤状况,导致金融风险加剧、成本增加等问题,反而不利于科技创新的发展。地方政府应在"政府推动、市场主导、创新机制、探索路径、互利共赢"的指导思想下,根据地区自身发展状况与特点,分层次、有步骤地推行区域金融合作,引导金融资源过剩区域向周边扩散与溢出,积极辐射周边区域。同时,金融资源匮乏区域的地方政府应积极加强与金融资源集聚水平较高区域之间的交流与互动,在市场机制作用下,破除区域间金融资源流动壁垒,积极探索新路径,大力吸引金融机构、货币资金、金融人力资源等资源要素的进驻,加强区域金融合作,突出地方特色,创新交流互动方式,开展互利共赢的模式展开积极合作。这样使得各类型金融资源在更大的范围内实现优化配置,扩大金融市场规模,完善金融市场一体化建设,大幅度降低交易成本,为区域内以及周边地区科技创新发展提供充足的货币资金支持以及更全面的金融服务,大力拓展科技创新科研合作的空间,促进科技创新成果的转化,进而实现金融发展与科技创新进步的双赢局面。

7.3　完善区域间金融资源流动与整合

7.3.1　消除金融资源流动地域分割

现阶段,中国金融资源的分配格局仍主要由政府机构掌控,金融市场的牌照发放与准入、金融市场体系均由国家政府相关部门控制,金融资源配置权限也在一定程度上由各级地方政府把控,制约着货币资金、金融机构、金融人力资源等资源的自由流动,形成区域间的地域分割,无法形成金融资源自由流动的空间关联,从而不能对科技创新的发展产生有效的空间溢出效应。因此,金融资源市场机制不能充分发挥资源配置的作用,进而导致科技创新领域缺乏活跃的货币资金、科技信贷等金融支持。

7.3.1.1　促进金融资源流动与整合

首先,政府应积极学习发达地区金融制度与规章措施并有效推行,破除货币资金、金融机构等金融资源有效运动与配置的行政干预以及制度性障碍,营造良好的政策环境,加强金融制度与金融文化资源的效仿与学习,在与本地域独特的金融文化相结合的同时,注重实现金融制度资源与文化资源的整合。其次,充分发挥政府的行政主导作用,积极组织金融资源集聚区域内各个金融机构和组织部门的协调运作,打造金融资源流动与转移的空间关联平台,加强地域间金融体系的联系与合作,引导货币资金等资源由区域金融资源集聚水平较高地区向较低区域的合理流动,提高区域间金融资源的流动效率,优化改进区域金融资源运动的地域阻碍,降低科技创新企业投融资成本,充分发挥区域金融资源集聚对科技创新的空间溢出与关联效应。再次,在发挥金融资源集聚的规模经济效应、辐射效应、溢出效应、空间关联效应对科技创新的作用的基础上,强化金融的融通资金、优化配置、信息揭示、风险管理、创新激励等功能,使得金融资源集聚区域内各个金融资源构成要素形成一个互相协调、相互配合的高效作用机制体系,推动区域金融资源集聚区的科技创新支持体系的有效金融资源运作模式的形成,逐步降低政府对金融资源自由流动的干预程度,完善区域间金融资源流动与整合。

7.3.1.2　深化利率市场化改革

作为金融资源最主要的构成部分之一,货币资金的流动是在金融效率的帕累托改进推动下依托利率水平为工具进行的。利率是资金价格,在市场机制的作用下引导货币资金在地域间运动,从而带动金融机构、金融人力资源在地域间运动。利率市场化改革可以实行结构合理的弹性利率水平体系,使存款利率与贷款利率市场化,推动融资多元化发展,提高金融资源配置效率和使用效率,优化金融市场环境,有效地吸纳社会闲散资金,降低企业的融资成本,充分发挥市场机制的作用。政府逐步放开贷款利率、存款利率等金融管制,实施差别化利率促进金融市场化的运作,依靠市场机制改变信贷资源的投资流向格局,使信贷货币资金资源更多流向科技创新型企业主体,为科技创新活动与发展提供更多的金融支持。

7.3.2　完善金融市场体系

7.3.2.1　构建统一金融市场

金融资源的流动与整合要以完善的金融市场体系为支撑。由于我国经济发展区域不平衡,金融市场也呈现出二元结构,地方政府应打破区域金融市场之间的割裂局面,改变区域内金融资源流动性不足、沉淀与浪费等情况。首先,积极推行国家统一的宏观金融调控措施,构建完善的金融市场体系,为金融业的发展带来强大的活力与动力,促进创新金融工具的发展,增加金融资产数量,带来金融产品结构的变化,为金融资源集聚区(中心)的发展提供必要的条件。其次,积极提高金融市场对各类型金融资源的调配职能,让实体经济资源在各个部门之间流转,综合考虑证券市场、保险市场等金融子市场的发展状况,优化调整金融市场结构,消除金融市场门槛性限制,提高金融市场融通资金的能力与规模,平衡金融市场体系的各个环节。再次,推动统一的公开市场业务发展、统一区域再贴现率体系等,建立统一的全国金融市场体系,并逐步与国际金融市场接轨,加速货币资金、金融机构、金融人才等金融资源的自由流动,提高科技创新融通资金的使用效率。

7.3.2.2　建立多层次的开放性金融市场

区域金融资源的多层次化结构决定了金融市场的多层次化特征,在现代市场经济条件下,资金市场、信贷市场、证券市场、保险市场、外汇市场等实现同步的完善与多层次发展,优化配置各类型金融资源,各个金融子市场及其构成要素之间相互配合与协调,是推动形成区域金融资源集聚的重要动因。加快推进多层次区域金融市场构建,改变落后地区因缺乏本地货币资金融资,反而被大量"虹吸"流向发达地区的倾向。逐步扩大开放科创企业在多层次资本市场融资渠道,改善科创型企业的融资环境,改变我国科创型企业主要通过银行单一融资渠道。进一步规范创业风险投资,确立与完善资金筹集、风险管控、运行管理、激励保障、资本退出等制度,鼓励创业风险投资市场健康快速发展。继续深化与完善保险市场的发展,为科技创新初创期、成长期、成果转化等不同阶段提供不同的风险担保业务,为科技创新发展保驾护航。

7.3.2.3　规范民间金融正规化发展

民间金融通常游离于正规金融组织之外,属于金融资源的一个重要组成部分,也是正规金融的补充。民间金融主要指民间的流动性货币资金,在一定范围内具有较强的流动性与普遍性,但因其"非正规"的发展模式,使其具有较大风险性与盲目性,并不能为企业以及经济发展提供更规范、及时的金融支持。因此,规范民间金融的发展,合理引导民间金融的流向,使得区域金融资源能得到合理使用,能缓解落后地区正规金融资源供给匮乏且不能满足多元化金融服务需要的情况,具体弥补措施如下：第一，改变落后的金融意识形态，创新民间金融制度。要充分认识到民间金融存在的客观性，取消原有行政管制的整治措施手段，改变其"地下金融"身份，遵循市场的需求与供给，遵循自下而上的金融制度变迁。国家要出台规范民间金融的法律法规，对民间金融的注册程序、组织形式、监管机构、民间金融借贷主体的权益与责任进行相应的规定与约束，地方政府也要根据当地民间金融发展状况制定因地制宜的法规。2013 年温州市推出的《温州民间融资管理条例》是我国第一部民间金融管理条例，是民间金融改革与制度变迁的有益探索与理性的选择，从制度上保障了当地民间金融资源的正规化、合理化发展。第二，积极推动民间金融的正规化发展。在积极推动国家金融组织形式的同时，降低民间金融市场准入门槛限制，推动民间金融多样化发展，逐步放开民营资本进入银行业，改变国有银行绝对主导银行业的情况，重点发展村镇银行、社区银行、小额贷款公司，使其成为所在区域金融资源的重要组成部分，充分调动民间金融的积极性。对民间金融资源进行合理规范，促进其健康发展，缓解落后地区金融资源供需上的矛盾，可以缩小发达地区与落后地区在金融资源供给上的差距，在一定程度上解决科创型企业初创期、成长期的融资困境，有力推动科技创新的发展。

7.4　优化金融资源生态环境建设

货币资金、金融机构、金融人力、金融信息、金融制度、金融文化等各个类型的金融资源是一个开放的复杂系统，受到金融系统及其外部环境的影响。金融生态环境是指与金融体系生存、发展具有互动关系的外部金融环境，是金融运行的基础条件，具体包括经济环境、法治环境、市场环境、信用环境、社会环境、服务环境等方面。金融资源各个构成部分能充分融合在金融生态环境中，前文的实证分析分别检验了政府干预、交通便利程度、信息传递水平、对外开放程度对科技创新的作用，因此我们应优化金融生态环境，改善制约因素与缺陷，为科技创新发展奠定良好的发展基础。

7.4.1 优化金融资源创新环境

优越的金融生态环境是金融资源实现优化配置与集聚运动的必要条件。政府应扩大经济体规模与总量,推动经济持续、健康、稳定发展,为区域金融资源的集聚提供良好的经济基础,保证金融业的稳定发展。政府应创造良好的法治环境,保护投资人、债权人合法权益,打击违法行为,保证经济社会有序运行,同时加大知识产权保护力度,维护良好的科技创新法律与制度环境;应完善市场运行功能、运转协调机制,优化市场环境,降低交易成本,提高金融资源配置效率;应优化金融文化与意识、道德法治精神、创业环境、诚信传统、企业社会责任等诸多方面在内的社会环境,形成金融文化意识形态对金融市场主体与行为产生重要的影响;应营造良好的社会环境,为政府机关、金融机构和组织、企业、科技创新主体等社会生产行为参与者提供良好的责任意识与行为约束,优化社会经济运行的整体效率,通过良好的社会环境吸引大量金融资源的集聚,为企业科技创新活动提供融资支持,从而推动促进科技创新的发展。

7.4.2 引导金融人力资源的培养与优化配置

金融人力资源是推动金融发展与科技创新的根本动力,应坚持自主培养和引进金融高端人才相结合方式,完善金融人力资源的培养机制与模式,创新金融人才的引进与流动机制,创造良好的人才发展环境。首先,各层次金融资源集聚区应加大金融高端人才的政策扶持力度,推出人才引进补贴等优惠政策,吸引金融领域、金融科技领域、企业高管等多领域以及海外的金融高端人才加入,打造金融领域职业经理人和金融领域的领军人才团队。应通过高端人才带动中低端人才整体素质提高,优化金融人力资源团队层次结构。其次,创新金融人才培养机制,大力培养跨行业、懂技术、具有专业素养、熟悉国际金融交易规则的复合型金融人才。当今国际金融领域市场风云变换,各国金融交易政策与规则不断更新,我们应以我国金融市场需求为导向,设置与时俱进的高等院校金融人才培养机制,开设跨行业复合型金融人才专业,积极与国际金融教育人才培训机构合作,引入金融职业资格考试认证系统,完善产学研结合的复合型人才培养模式。最后,建立统一金融人力资源市场,充分发挥人才市场化的资源配置方式的基础性作用,改进人才聘用、选拔方式,科学规划金融人力资源队伍的薪酬制度与激励机制,实现个人收入与绩效、贡献挂钩,激发人才的积极性,建立健全人才服务机制,为金融资源的集聚与科技创新发展提供人力资本保障。

7.4.3 提升信息化服务水平

金融信息资源是金融资源的重要组成部分,信息化水平的高低,信息传递的搜集、整理、传递、溢出以及衰减等均会影响金融资源集聚的发展以及溢出扩散的效率,故应构建综合金融信息化服务平台,加强金融信息化的"硬件"基础设施建设和信息化服务的"软件"建设,充分利用互联网金融、云计算、大数据等现代信息科技技术全面提升信息化水平和区域金融资源集聚水平,实现区域金融资源与科技创新的有效对接,发挥金融资源集聚对科技创新的研发、科技成果转化、新产品销售以及产业化等科技创新各个阶段和环节的支持作用。应利用空间关联网络与信息化服务平台,将金融中介各个服务机构,包括会计师事务所、律师事务所、信用担保公司、金融信息服务机构等联结起来,降低信息获取成本,为知识、信息、技术等的收集与处理提供便利,识别有发展前景的生产技术、新工艺、新产品等,为科技创新提供资金支持。还要规范金融中介组织和机构的服务,为金融资源集聚区的健康发展奠定良好的服务基础,提供完备的中介服务体系建设。

7.4.4 完善信用体制体系建设

首先,完善信用体制体系建设,解决金融机构、企业、科技创新主体等部门在投融资过程中的信息不对称问题,通过完善信用制度来规范信息的搜集整理、鉴别使用、传递扩散等,发挥信用信息对经济主体行为的约束作用,降低交易成本。其次,构建良好的信用环境,完善征信体系建设,深化推进征信服务、金融消费权益保护、企业信用信息"三位一体"的融资对接金融服务一体化平台,降低企业与金融机构沟通过程中的交易风险,提高金融机构贷款资金的回报率与利润率,降低金融机构呆账坏账率,提高货币资金流动周转效率。有效解决企业因信用问题导致的融资难、融资慢、融资贵等难题的同时,着力提高货币资金对科技创新项目的投融资回报率,引导货币资金支持科技创新发展。再次,规范各地区信用评价衡量标准,形成良好的金融信用制度与金融文化体系,形成良好的信用意识和信用环境,构建全国统一的信用评价指标体系,减少信息成本和交易成本,降低交易风险,提高金融货币资金资源的投资回报率,全面提升金融服务企业的能力和水平。

7.4.5　防范与监管金融集群风险

想要优化金融生态环境,还应逐步打破金融资源流动壁垒,在逐步实现跨区域流动、跨行业合作的同时注重金融资源流动性增大带来的金融风险。第一,政府应充分利用现代化技术手段,创新监督管理的模式,采用具体量化的方法与模型全面提升金融风险监管能力,提高金融监管效率,防范和化解金融风险。第二,政府监管部门应与时俱进,在金融创新不断推出的同时,吸取国内外先进经验和教训,广泛征求相关金融专业人员、法律咨询机构、相关监管部门等意见和建议,不断完善监管措施条例,以保证监管措施行之有效。第三,逐步取消金融业的分业经营限制,加快不同类型金融机构的兼并重组,促进金融机构规模扩大与功能扩张,实现金融资源集聚的集聚效应。第四,鼓励金融创新与金融监管相互协调配合发展,稳定金融市场发展。政府应转变行政职能,消除不符合市场规律的金融管制与行政干预,形成政府主导监管、行业自律、市场机制约束与社会监督的全方位金融监管体系,全面提高金融风险管理的水平,为科技创新构筑稳定的基础。

7.4.6　引导外商投资

我国区域之间经济差异较大,东部地区经济发达,营商环境优良,投资回报率较高,致使 80% 以上外商投资集中在东部地区。外商曾经拥有低税率优惠的超国民待遇,挤压了民间投资的同时,也造成东部地区金融资源的过度拥挤,致使我国东、中、西、东北区域之间金融资源集聚水平差距日益拉大,且外商投资主要投向技术密集度不高的生产能力过剩的消费品加工业,对我国科技创新领域并没有过多涉及。不能否认,外商投资以及跨国公司的建立在"以市场换技术"的方针指导下取得了一定的效果,但核心技术仍然掌握在外资企业手中,重要的关键技术仍处于封锁状态,这样的技术外溢不能从根本上促进我国的科技创新发展与进步。2018年开始的中美贸易摩擦,加剧了全球贸易保护主义和经济民族化倾向,世界各国对资本的争夺与国家安全相关的技术领域冲突日益严重。在此背景下,我国应继续扩大对外开放的基本国策,鼓励外商投资进驻中西部、东北地区的区域金融中心、金融小镇、金融产业园等多层次金融资源集聚区应多渠道地参与高新技术产业园区建设,规划建设国际金融产业合作园区,同时,政府应采取税率优惠、用地倾斜等政策引进高新技术外商投资项目,进一步提高中西部、东北地区的外商投资规模,弥补国内资金缺口,以促进我国区域经济全面均衡发展。

结　论

在界定和分析金融资源集聚的相关理论的基础上,本书从区域金融资源集聚的科技创新效应研究的逻辑出发,建立了区域金融资源集聚的科技创新效应研究框架,构建了区域金融资源集聚水平综合评价体系并进行时空动态分析。在此基础上,分别运用面板交互固定效应模型、空间计量模型对区域金融资源集聚的科技创新效应进行研究,并得出以下主要结论:

(1)金融资源的构成主要包括货币资金与资本、金融机构组织及金融工具、金融人力资源、金融信息资源、金融制度资源、金融文化资源几个部分,各个金融资源构成要素是有机组合的统一,相互影响又相互独立。金融资源集聚即金融资源各个构成要素在一定区域内达到一定规模和相对静止状态,也是各类型金融资源在地域空间内形成的动态趋势与变化结合。区域金融资源集聚具有空间非均质性、空间层次性、区域间流动和整合、空间辐射性的空间特征,同时具备金融资源集聚的极化与金融功能优化的时空演进特征。区域金融资源集聚是在多种动因以及影响因素的综合作用下的结果,主要包括区位优势、产业集聚带动、规模经济动因、信息溢出与共享、总部经济带动、优越的政策制度与环境等几个方面,在供给推动机制和需求拉动机制两个路径作用下实现。

(2)从金融资源集聚的集聚效应、辐射效应、溢出效应、空间关联效应四个角度展开区域金融资源集聚的科技创新效应的形成机制分析可知,集聚效应通过规模经济效应创新激励功能,辐射效应通过极化与涓流作用融通资金功能提升,溢出效应通过信息知识溢出、信息揭示以及风险管理功能,空间关联效应强化协作与溢出效应,便利交易功能,不断强化金融资源的作用的发挥。对科技创新的不同阶段给予重要的金融支持,能推动科技创新的进步与发展。同时,金融资源集聚造成的金融资源过度竞争、分布不平衡、成本增加等原因也会对科技创新产生负效应影响。我们应遵循区域金融资源集聚的科技创新效应的作用机制规律,提升金融功能,合理配置金融资源,强化区域金融资源集聚对科技创新的促进作用。

(3)基于最小离差法和最大广义联合熵的最优组合赋权方法对 Topsis 法进行改进,本书测度了我国 29 个省域 2001—2018 年间的区域金融资源集聚水平综合评价值,并运用引力模型分析了我国区域金融资源集聚的最大引力联结线。结果表明,我国区域金融资源分布极不均衡,区域间差异较大,以上海、北京为代表的核心城市金融资源集聚水平最高,紧随其后的是广东、天津、浙江、江苏四个省市。东部地区金融资源集聚程度显著高于中西部与东北地区,金融资源持续从中西部、东北地区向东部发达地区省份和城市集聚。我们应合理统筹全国的金融资源,根据不同区域经济发展水平差异,在空间范围内合理规划不同层次、级别的金融资源集聚区,避免区域金融资源分布不平衡产生的负效应。

(4)区域金融资源集聚显著地推动了科技创新的进步与发展。我国省域之间金融资源集聚的科技创新个体效应差距明显,北京、上海区域金融中心对科技创新的促进作用显著,而中西部、东北地区因金融资源的单向流出而很难形成集聚效应,导致不能对区域内科技创新发挥良好的促进作用。同时还应看到,江苏、浙江、广东等发达省域和区域的金融资源缺乏引导与规划,产生了区域金融资源集聚的负向效应,未能对科技创新发展发挥良好的促进作用,造成了金融资源的浪费;区域金融资源集聚对科技创新具有一定的时间动态效应,随着时间的推移,具有动态性发展特征。区域金融资源集聚与科技创新具有显著的空间相关性,产生了显著的空间溢出效应与空间关联效应,区域金融资源集聚水平较高的省域和区域向周边地区形成溢出与辐射效应,有效地带动科技创新发展。

(5)促进科技创新要发挥区域金融资源集聚的作用机制,完善金融资源集聚的需求拉动和供给推动机制,以金融供给侧改革和创新推动金融资源集聚发展。要从宏观整体层面提出合理规划金融资源集聚区建设,完善区域间金融资源流动与整合;从微观层面提出优化金融资源生态环境建设,优化区域金融中心、区域金融资源集聚功能区等建设环境。要多维度、多角度、多层次地提出对策建议,着力提升我国区域金融资源集聚水平,构筑科技创新发展的金融支撑,全面促进我国科技创新发展。

区域金融资源集聚对科技创新的影响研究跨越金融、科技、管理等多个领域,具有一定的理论复杂性和操作难度。本书区域金融资源集聚水平的评价指标体系和科技创新的研究受限于相关数据的欠缺,还需要进一步利用数据挖掘技术搜集与整理数据并进行实证研究。本书还需从宏观层面展开区域金融资源集聚对科技创新的影响进行分析和评价,例如以城市角度为研究主体开展更深入的研究,这些也是作者未来研究的方向。

参考文献

［1］白钦先,姚勇,崔满红,等. 金融可持续发展研究导论［M］.北京:中国金融出版社,2001:31—60.

［2］Alfred Marshall. Some Aspects of Competition［J］. Journal of the Royal Statistical Society,1890,53(4):612—643.

［3］C. P. Kindleberger. The Formation of Financial Centers:A Study in Comparative Economic History［J］. Princeton Studies In Internatioal Finance,1974(36):1—80.

［4］Davis E P. International Financial Centers:An Industrial Analysis［R］. London:Bank of England,Discussion Paper,1990(51):1—23.

［5］Tschoegl A E. International Banking Centers Geography and Foreign Banks［J］. Financial Markets Institutions & Instruments,2000,9(1):1—32.

［6］［美］丝奇雅•沙森. 全球城市:纽约、伦敦、东京［M］.周振华,译. 上海:上海社会科学院出版社,2005:156—166.

［7］T. Gehrig. Citiesand the Geographyo of Financial Centerfor Economic Policy Reserch［R］. Discussion Paper,1984. Washington,D. C. 1998.

［8］Park Y S. The Economics of Offshore Financial Centers［J］. Columbia Journal of World Business,1984,17(4):31—35.

［9］Davis L E,Gallman R E. Evolving Financial Markets and International

Capital Flows: Britain, the Americans, and Australia(1865—1914)[M]. Cambridge University Press,2001:427—482.

[10][瑞士]瑞斯托·劳拉詹南. 金融地理学:金融家的视角[M]. 孟晓晨,译. 北京:商务印书馆,2001:181—204.

[11]Bossone B,Mahajan S,Zahir F P. Financial Infrastructure, Group Interests,and Capital Accumulation:Theory,Evidence,and Policy[M]. New York:Internaitional Monetary Fund Press,2003:33—34.

[12]Leyshon A. Progress reports. Geographies of Money and Finance Ⅱ[J]. Progress in Human Geography,1997(21):381—392.

[13]Porteous,D. J. The Development of Financial Centers:Location,Information Externalities and Path Dependence[M]. Money and the Space Economy,1999:34—65.

[14]Dufey G Giddy. Financial Centers and External Financial Markets,Appendix of The International Money Market[M]. Prentice-Hall,1978:35—47.

[15]Reed H C. The Preeminence of International Finance Center[M]. New York:Praeger Firms,and Jobs,1978:51—72.

[16]Kaufman. Emerging Economics and International Financial Centers[J]. Review of Pacific Basin Financial Markets and Policies,2001,4(4):365—377.

[17]J J Woo. Beyond the Neoliberal Orthodoxy:Alternative Financial Policy Regimes in Asia's Financial Centers[J]. Critical Policy Studies 2015,9(3):297—316.

[18]Jan Fichtner. The Anatomy of the Cayman Islands Offshore Financial Center:Anglo-America,Japan, and the Role of Hedge Funds[J]. Review of International Political Economy,2016,23(6):1034—1063.

[19]Photis Lysandrou,Anastasis Nesvetailova & Ronen Palan. The Best of

Both Worlds:Scale Economies and Discriminatory Policies in London's Global Financial Centre[J]. Economy and Society,2017,46(2):159—184.

[20]Laura-Marie Töpfer & Sarah Hall. London's Rise as an Offshore RMB Financial Centre:State-finance Relations and Selective Institutional Adaptation [J]. Regional Studies,2018,52(8):1053—1064.

[21]Xiaoyang Wang . The Dynamics and Governmental Policies of Shanghai's International Financial Center Formation:A Financial Geography Perspective[J]. The Professional Geographer,2019(1):639—658.

[22]N Economides. The Economics of Trademarks[J]. Economics of Intellectual Property,1988:523—539.

[23]Park Yoon S,Musa Essayyad. International Banking and Financial Center[M]. Boston,Kluwer,1989:68—84.

[24]Pandilt N R,Gary. A Comparison of Clustering Dynamics in the British Broad[J]. International Journal of the Economics of Business,2002(2):195—224.

[25]Marius B,Nicole A M. Sectoral Agglomeration Econo mies in a Panel of European Regions[J]. Regional Science and Urban Economics,2008(38):360—376.

[26]Gehrig T. Cities and the Geography of Financial Centers[M]. New York:Cambridge University Press,2000:23—30.

[27]Naresh R P,Gary A S. Cook & G M Perter Swann. The Dynamics of Industrial Clustering in British Financial Services[J]. The Service Industrial journal,2001(21):33—61.

[28]Martin P & G I P Ottaviano. Growing Locations:Industry Location in a Model of Endogenous Growth[J]. European Economic Review. 1996,43(2):281—302.

[29]Beck T, Levine R. New Firm Formation and Industry Growth-Does Having A Market-or Bank-based System Matter? [R]. Policy Research Working Paper,2000.

[30]Rioja F & N Valev. Does One Size Fit All?:a Reexamination of the Finance and Growth Relationship[J]. Ssrn Electronic Journal,2004,74(2):429—447.

[31]Apergis N, Filippidis I, Economidou C. Financial Deepening and Economic Growth Linkages:A Panel Data Analysis[J]. Review of World Economics, 2007,143(1):179—198.

[32]Ye Changhua,Sun Chuanwang,Chen Litai. New Evidence for the Impact of Financial Agglomeration on Urbanization from a Spatial Econometrics analysis [J]. Journal of Cleaner Production,2018,200(1): 65—73.

[33]Audrestch D,Feldman M P. R&D Spillovers and the Geography o f Innovation and Production[J]. American Economic Review, 2010,86(3):630— 640.

[34]Rousseau S,Rousseau R. Data Envelopment Analysis as a Tool for Constructing Scientometrics Indicators [J]. Scientometrics,1997,40(1):45—56.

[35]Hartmann G C. Linking R&D Spending To Revenue Growth[J]. Research Technology Management,2003,46 (1):39—46.

[36]Timmer M P. Technological Development and Rates of Return to Investment in a Catching-up Economy:the Case of South Korea[J]. Structural Change and Economic Dynamics,2003(14):405—425.

[37]Wang E C,Huang W. Relative Efficiency of R&D Activities:A cross-country Study Accounting for Environmental Factors in the DEA Approach[J]. Research Policy,2006(11):14—28.

[38]Gaoke Liao,Dequan Yao & Zhihao Hu. The Spatial Effect of the Efficiency of Regional Financial Resource Allocation from the Perspective of Internet

Finance:Evidence from Chinese Provinces[J]. Emerging Markets Finance and Trade,2019(1):128—136.

[39]滕春强.金融企业集群:一种新的集聚现象的兴起[J].上海金融,2006(5):14—17.

[40]黄解宇,杨再斌.金融集聚论[M].北京:中国社会科学出版社,2006:37—48.

[41]丁艺.金融集聚与区域经济增长的理论及实证研究[D].长沙:湖南大学,2010.

[42]王曼怡.北京金融产业集聚效应研究[M].北京:中国金融出版社,2010:25—42.

[43]谭朵朵.金融集聚的演化机理与效应研究[D].长沙:湖南大学,2012.

[44]赵建吉,王艳华,吕可文,等.内陆区域中心城市金融产业集聚的演化机理——以郑东新区为例[J].地理学报,2017,72(8):1392—1407.

[45]吴茂国,陈影.金融集聚对我国区域经济增长的空间溢出效应研究[J].上海金融,2018(11):72—81,86.

[46]王艳华,赵建吉,刘娅娜,等.中国金融产业集聚空间格局与影响因素——基于地理探测器模型的研究[J].经济地理,2020,40(4):125—133.

[47]张凤超.金融等别城市及其空间运动规律[J].东北师大学报:自然科学版,2005(1):125—129.

[48]孙国茂,范跃进.金融中心的本质、功能与路径选择[J].管理世界,2013(11):1—13.

[49]王宇,郭新强,干春晖.关于金融集聚与国际金融中心建设的理论研究——基于动态随机一般均衡系统和消息冲击的视角[J].经济学,2014,14(1):331—350.

[50]陈祖华.金融中心形成的区位、集聚与制度探析[J].学术交流,2010(5):

76—79.

[51]周天芸,岳科研,张幸.区域金融中心与区域经济增长的实证研究[J].经济地理,2014,34(1):114—120.

[52]张明喜,赵秀梅.科技金融中心的内涵、功能及上海实践[J].科学管理研究,2016,34(4):101—105.

[53]胡苏迪,蒋伏心.科技金融中心发展模式的国际比较与启示[J].新金融,2017(4):39—42.

[54]刘红.金融集聚影响区域经济增长的机制研究[D].上海:同济大学,2008:33—35.

[55]韩霜.金融极化效应和扩散效应的研究[D].武汉:武汉理工大学,2010.

[56]王有鸿,费威.金融集聚效应与区域经济增长的关系探讨[J].财经视线,2011(35):67—69.

[57]赵晓霞.金融集聚视角下的中国大城市经济增长方式探究[J].管理世界,2014(5):174—175.

[58]高小龙,杨建昌.开放经济下金融集聚对技术创新的影响[J].首都经济贸易大学学报,2017,19(1):25—32.

[59]张玄,冉光和,陈科.金融集聚对区域民营经济生产率的空间效应研究——基于空间面板杜宾模型的实证[M].管理评论,2019,31(10):72—84.

[60]白钦先.面向 21 世纪知识经济时代的新金融观——论金融可持续发展[M]//白钦先.白钦先——经济金融文集(第二版),北京:中国金融出版社,1999.

[61]陆家骝.货币分析的结构与变迁[M].成都:西南财经大学出版社,1998.

[62]崔满红.金融资源理论研究(二):金融资源[J].城市金融论坛,1999(5):10—14.

[63]张荔,姜树博,付岱山,等.金融资源理论与经验研究[M].北京:中国金融出版社,2011:26—35.

[64]高朋.金融集聚影响因素研究[D].成都:西南财经大学,2013.

[65]张清正.异质性视角下中国金融业集聚及影响因素研究[J].经济问题探索,2015(6):162－169.

[66]王认真.基于金融资源空间配置非均衡的经济欠发达地区金融改革发展[M].北京:经济科学出版社,2018:34－36.

[67]吴涛,李宏瑾.我国各地区金融资源配置效率及其与金融发展的关系[J].南方金融,2011(12):37－40.

[68]安烨,刘力臻,周蓉蓉.中国区域金融非均衡发展的动因分析[J].社会科学战线,2010(11):51－57.

[69]何风隽.中国转型经济中的金融资源配置[M].北京:社会科学文献出版社,2010.

[70]唐松.中国金融资源配置与区域经济增长差异——基于东、中、西部空间溢出效应的实证研究[J].中国软科学,2014(8):100－110.

[71]王宇伟,盛天翔,周耿.宏观政策、金融资源配置与企业部门高杠杆率[J].金融研究,2018(1):36－52.

[72]李宛聪,袁志刚.中国金融资源配置模式及其影响[J].学术研究,2018(12):90－98.

[73]杨友才,王希,孙亚男.金融资源配置效率、TFP增长与中国经济发展的演进——基于面板数据的PVAR研究[J].管理评论,2019,31(6):36－42.

[74]孙英杰,林春."互联网＋"对金融资源配置效率的影响——基于省级面板数据的经验分析[J].大连理工大学学报:社会科学版,2019,40(6):28－36.

[75]闫彦明.金融资源集聚与扩散的机理与模式分析——上海建设国际金融中心的路径选择[J].上海金融研究,2006(9):38－46.

[76]丁艺,李林,李斌.金融集聚与区域经济增长关系研究[J].统计与决策,2009(6):131－134.

[77]李延军,李海月.京津冀区域金融集聚影响因素的空间计量经济分析[J].河北工业大学学报:社会科学版,2016,8(3):19—24.

[78]张帆,中国金融产业集聚效应及其时空演变[J].科研管理,2016,37(S1):417—425.

[79]周凯,刘帅.金融资源集聚能否促进经济增长——基于中国31个省份规模以上工业企业数据的实证检验[J].宏观经济研究,2013(11):46—53.

[80]黄解宇,张秀娟,孙维峰.金融集聚影响区域经济发展的机制研究[M].北京:中国社会科学出版社,2015.

[81]张克雯.我国金融产业集聚与经济增长关系的实证分析[J].统计与决策,2018,34(18):136—139.

[82]何宜庆,李政通.金融集聚、要素流动与区域经济增长空间效应分析——基于生态效率视角[M].北京:科学出版社,2019.

[83]杨志群.金融集聚、金融发展对企业技术创新的影响研究[D].天津:南开大学,2013.

[84]戚湧,郭逸.基于SFA方法的科技资源市场配置效率评价[J].科研管理,2015,36(3):84—91.

[85]王仁祥,白旻.金融集聚能够提升科技创新效率吗?——来自中国的经验证据[J].经济问题探索,2017(1):139—148.

[85]张玉喜,赵丽丽.中国科技金融投入对科技创新的作用效果——基于静态和动态面板数据模型的实证研究[J].科学学研究,2015,33(2):177—184.

[87]潘娟,张玉喜.政府、企业、金融机构科技金融投入的创新绩效[J].科学学研究,2018,36(5):831—838.

[88]王凯,庞震.我国金融集聚促进了科技创新吗?——基于时空异质性的视角[J].当代经济管理,2019,41(9):92—97.

[89]张甜迪.金融集聚与科技创新:促进还是挤出?——基于湖北省17个地

市州的面板门限研究[J].科技管理研究,2019,39(5):8—14.

[90]郭文伟,王文启.金融聚集能促进科技创新效率提升吗?——基于粤港澳大湾区空间杜宾模型的实证分析[J].南方金融,2020(4):3—15.

[91][美]阿兰·兰德尔.资源经济学——从经济角度对自然资源和环境政策的探讨[M].北京:商务印书馆,1989.

[92]雷蒙德.W.戈德史密斯.金融结构与金融发展[M].上海:上海人民出版社,1996.

[93]中国支付清算协会金融大数据研究组.金融大数据创新应用[M].北京:中国金融出版社,2018:6.

[94]吕庆华.文化资源的产业开发[M].北京:经济日报出版社,2006.

[95]支大林,于尚艳.区域金融理论与实证研究[M].北京:商务印书馆,2008:248.

[96]黄家骅.论非均质空间的经济分析[J].东南学术,2010(2):4—12.

[97]Perroux F. Economic Space:Theory and Application[J]. Quarterly Journal of Economics,1950(64):89—104.

[98]Merton, Robert C. & Bodie Zvi. A Conceptual Framework for Analyzing the Financial Environment,in the Global Financial System:A Functional Perspective[M].Boston:Harvard Business School,1995:3.

[99]李嘉晓.我国区域金融中心发展研究[D].咸阳:西北农林科技大学,2007.

[100]王坦.跨国公司总部与中国金融中心发展——金融地理学的视角与应用[J].城市规划,2006(S1):23—28.

[101]鲁继通.京津冀区域科技创新效应与机制研究[D].北京:首都经济贸易大学,2016.

[102]杨武,王玲.技术创新溢出的乘数效应与加速效应研究[J].科学学研究,

2005(3):425—428.

[103]Cooke P,Uranga M G,Xtxebarria G. Regional systems of innovation: an evolutionary perspective[J]. Environment and Planning,1998(3):1563—1584.

[104]谷建全.科技创新是区域经济发展的根本动力[J].区域经济评论,2014(3):103—105.

[105]慕丽杰,武岩.我国区域金融中心的定位选择和层次发展战略[J].国际金融,2011(3):72—74.

[106]鄢琨.金融资源区位流动影响因素分析[J].商,2013(5):112—113.

[107]Pandilt N R,Gary A S,Cook G M,Peter Swann, The Dynamic of Industrial Clustering in British Financial Services[J]. The Service Industrial, 2001, 21(4):33—61.

[108]Porteous D J. The Development of Financial Centers: Location,Information Externalities and Path Dependence[M]. Money and the Space Economy, 1999:34—65.

[109]赵弘.总部经济:北京经济发展新思路[J].中国城市经济,2004(5):10—13.

[110]余秀荣.国际金融中心历史变迁与功能演进研究[D].沈阳:辽宁大学, 2009.

[111]Patrick. Financial Development and Economic Growth in Underdeveloped Countries. Economic Development Cultural Change[J]. Finance and Economic, 1966(14):174—189.

[112]Pan Juan,Zhang Yuxi1,Zhao Lijuan. Food Nutrition Analysis and Financial Support for Technological Innovation of Green Food Enterprises[J]. Archivos Latinoamericanos de Nutricion,2019(69):84—92.

[113]Saint-Paul G Technological Choice,Financial Markets and Economic Development [J]. European Economic Review,1992,36(4):763—781.

[114]和瑞亚.科技金融资源配置机制与效率研究[D].哈尔滨:哈尔滨工程大学,2014.

[115]肖振红,范君荻.科技人力资源投入对区域创新绩效的影响研究[J].科学学研究,2019,37(11):1944－1954.

[116]潘娟,张玉喜.中国研发投入科技创新效率的 PP-SFA 分析——基于中国 30 个省域实证研究[J].系统工程,2019,37(2):12－19.

[117]秦晟.金融产业集聚形成演化机制与上海国际金融中心建设[D].上海:上海社会科学院,2009.

[118]刘程军,王周元晔,杨增境,周建平,蒋建华.多维邻近视角下长江经济带区域金融空间联系特征及其影响机制[J].经济地理,2020,40(4):134－144.

[119]周干峙.城市及其区域——一个典型的开放的复杂巨系统[J].城市规划,2002,12(12):7－8.

[120]冯晓峰.试论城市功能区社区网站的特点与运营机制——以北京金融街网为例[J].现代传播(中国传媒大学学报),2012,34(12):153－154.

[121]刘红.金融集聚对区域经济的增长效应和辐射效应研究[J].上海金融,2008(6):23－26.

[122]白俊红,蒋伏心.协同创新、空间关联与区域创新绩效[J].经济研究,2015,50(7):174－187.

[123]陈长石,姜廷廷,刘晨晖,产业集聚方向对城市技术创新影响的实证研究[J].科学学研究,2019,37(1):77－85.

[124]陈珽.决策分析[M].北京:科学出版社,1987.

[125]魏敏,胡振华.湖南新型城镇化与产业结构演变协调发展测度研究[J].科研管理,2019,40(11):67－84.

[126]徐建中,贯君.基于二元语义组合赋权的制造企业绿色创新能力评价模型及实证研究[J].运筹与管理,2017,26(4):124－131.

[127]迟国泰,李鸿禧,潘明道.基于违约鉴别能力组合赋权的小企业信用评级[J].管理科学学报,2018,21(3):105−126.

[128]石宝峰,程砚秋,王静.变异系数加权的组合赋权模型及科技评价实证[J].科研管理,2016,37(5):122−131.

[129]张亚京,迟国泰.基于集对分析的城市经济社会发展评价及实证[J].科研管理,2019,40(11):46−56.

[130]赵广军,迟国泰.基于集对分析的社会评价模型及副省级市实证[J].运筹与管理,2010,19(4):121−130.

[131]徐泽水,达庆利.多属性决策的组合赋权方法研究[J].中国管理科学,2002(2):4−5.

[132]陈华友.多属性决策中基于离差最大化的组合赋权方法[J].系统工程与电子技术,2004(2):194−197.

[133]张国权.基于离差函数和联合熵的组合赋权方法[J].管理学报,2008(3):376−380.

[134]李刚,李建平,孙晓蕾,赵萌.主客观权重的组合方式及其合理性研究[J].管理评论,2017,29(12):17−26.

[135]张凌,傅毓维.我国区域核心竞争力评价研究[J].技术经济,2004(8):26−27.

[136]郭韬,王晨,王淞,毕和清.基于组合赋权 Topsis 的军工集团军民两用技术推广能力评价研究[J].科研管理,2017,38(6):76−83.

[137]何波,殷旅江.互联网资源丰度的最优组合赋权 TOPSIS 评价方法[J].统计与决策,2019,35(18):36−40.

[138]曹霞,张路蓬.金融支持对技术创新的直接影响及空间溢出效应——基于中国 2003—2013 年省际空间面板杜宾模型[J].管理评论,2017,29(7):36−45.

[139]Rey S J. Murray A T,Anselin L. Visualizing Regional Income Distri-

bution Dunamics[J]. Letters in Spatial and Resources Sciences,2011,4(1):81－90.

[140]才国伟,钱金保.解析空间相关的来源:理论模型与经验证据[J].经济学,2013,12(3):869－894.

[141]Zipf G K. The P1 P2/D Hypothesis:On the Intercity Movement of Persons[J]. American Sociological Review,1946(11):677－686.

[142]段金龙.科技创新的公共金融支持研究[D].哈尔滨:哈尔滨工程大学,2016:6.

[143]史修松,赵曙东,吴福象.中国区域创新效率及其空间差异研究[J].数量经济技术经济研究,2009,26(3):45－53.

[144]刘钒,邓明亮.基于改进超效率 DEA 模型的长江经济带科技创新效率研究[J].科技进步与对策,2017,34(23):48－53.

[145]张可.经济集聚与区域创新的交互影响及空间溢出[J].金融研究,2019(5):96－114.

[146]余泳泽,宣烨,沈扬扬.金融集聚对工业效率提升的空间外溢效应[J].世界经济,2013,36(2):93－116.

[147]苏屹,李柏洲.基于随机前沿的区域创新系统创新绩效分析[J].系统工程学报,2013,28(1):125－133.

[148]王江,刘莎莎.基于 SDM 模型的金融集聚对区域科技创新水平的影响研究[J].科技管理研究,2019,39(10):66－73.

[149]修国义,朱悦,刘毅.金融集聚对科技创新效率影响的双重特征分析[J].科技进步与对策,2019,36 (17):122－127.

[150]王小鲁,樊纲,刘鹏.中国经济增长方式转换和增长可持续性[J].经济研究,2009,44(1):4－16.

[151]周国富,夏祥谦.中国地区经济增长的收敛性及其影响因素——基于黄

河流域数据的实证分析[J].统计研究,2008(11):3—8.

[152]陈庆江,李启航.社会研发资本积累提高了企业技术创新效率吗？[J].产业经济研究,2017(1):62—74.

[153]王仁祥,白旻.金融集聚能够提升科技创新效率么？——来自中国的经验证据[J].经济问题探索,2017(1):139—148.

[154]卜元超,吴利华,白俊红.高铁开通是否促进了区域创新？[J].金融研究,2019(6):132—148.

[155]李健旋,赵林度.金融集聚、生产率增长与城乡收入差距的实证分析——基于动态空间面板模型[J].中国管理科学,2018,26(12):34—43.

[156]黎杰生,胡颖.金融集聚对技术创新的影响——来自中国省级层面的证据[J].金融论坛,2017,22(7):39—52.

[157]孙早,宋炜.中国工业的创新模式与绩效——基于2003—2011年间行业面板数据的经验分析[J].中国工业经济,2013(6):44—56.

[158]姚惠泽,张梅.要素市场扭曲、对外直接投资与中国企业技术创新[J].产业经济研究,2018(6):22—35.

[159]吕朝凤,陈汉鹏,Santos López-Leyva.社会信任、不完全契约与长期经济增长[J].经济研究,2019,54(3):4—20.

[160]王永水,谢婼青.面板因子误差结构模型下人力资本增长效应的再检验[J].统计研究,2018,35(6):85—96.

[161]牛宝春,崔光莲,张喜玲.金融结构、宏观风险与经济增长——基于41个亚投行成员的实证分析[J].金融论坛,2020,25(4):38—48.

[162]蒙大斌,徐勤凤,刘小军.产品密度、空间溢出效应与区域产业升级[J].软科学,2020,34(5):124—130.

附录 A

金融资源集聚相关调查问卷

尊敬的专家：

您好！

感谢您百忙之中参与此次调查问卷，请您依据实践经验和专业知识对以下问题进行回答：金融资源主要由货币资金、金融机构和组织、金融人力资源和规模、金融服务机构规模、金融基础设施和条件等要素构成，您认为在以上各个要素当中，对于金融资源集聚的产生，哪个要素起到了相对重要的作用？请您客观、完整地对问卷进行作答，您的回答对于我们的研究具有十分重要的意义，在此表示衷心的感谢！

一、打分标准

含义	分数
前者与后者相比，具有同等重要性	1
前者比后者稍重要	3
前者比后者明显重要	5
前者比后者强烈重要	7
前者比后者极端重要	9
前者比后者稍次要	1/3
前者比后者明显次要	1/5
前者比后者强烈次要	1/7
前者比后者极端次要	1/9
注：2,4,6,8,1/2,1/4,1/6,1/8 表示上述相邻判断的中间值	

二、举例

将货币资金与金融机构和组织相比,如您认为货币资金比金融机构和组织明显重要,请对照打分表在问题末尾的括号里填写分数(5);如果您认为前者比后者重要程度在稍重要和明显重要之间,可以对照打分表底部的中间值打分(4);假如您认为前者比后者稍次要,请对照打分表填写分数(1～3)。

三、问题

1. 金融资源构成要素,请比较前者比后者的相对重要程度。

(1)货币资金规模与金融机构和组织。(　　　)

(2)货币资金规模与金融人力资源规模和结构。(　　　)

(3)货币资金规模与金融服务机构规模。(　　　)

(4)货币资金规模与金融基础设施和条件。(　　　)

(5)金融机构和组织与金融人力资源规模和结构。(　　　)

(6)金融机构和组织与金融服务机构规模。(　　　)

(7)金融机构和组织与金融基础设施和条件。(　　　)

(8)金融人力资源规模和结构与金融服务机构规模。(　　　)

(9)金融人力资源规模和结构与金融基础设施和条件。(　　　)

(10)金融服务机构规模与金融基础设施和条件。(　　　)

2. 货币资金规模

货币资金规模当中选取金融机构年末存款总额、金融机构年末贷款总额、股票(A股)筹资额、保险费收入四个指标。请比较前者比后者的相对重要程度。

(1)金融机构年末存款总额与金融机构年末贷款总额。(　　　)

(2)金融机构年末存款总额与股票(A股)筹资额。(　　　)

(3)金融机构年末存款总额与保险费收入。(　　　)

(4)金融机构年末贷款总额与股票(A股)筹资额。(　　　)

(5)金融机构年末贷款总额与保险费收入。(　　　)

（6）股票（A 股）筹资额与保险费收入。（　　　）

　3.金融机构和组织

　　金融机构和组织当中选取银行类金融机构数量、证券公司数量、保险公司数量、基金管理公司、创投和风投公司数量。请比较前者比后者的相对重要程度。

　　（1）银行类金融机构数量与证券公司数量。（　　　）

　　（2）银行类金融机构数量与保险公司数量。（　　　）

　　（3）银行类金融机构数量与基金管理公司、创投和风投公司数量。（　　　）

　　（4）证券公司数量与保险公司数量。（　　　）

　　（5）证券公司数量与基金管理公司、创投和风投公司数量。（　　　）

　　（6）保险公司数量与基金管理公司、创投和风投公司数量。（　　　）

　4.金融人力资源规模与结构

　　金融人力资源规模与结构选取区域金融业就业人数占全国金融业就业人数比重与区域金融从业人员总数占区域内所有企业就业总数的比重。请比较前者比后者的相对重要程度。

　　区域金融业就业人数占全国金融业就业人数比重与区域金融从业人员总数占区域内所有企业就业总数的比重。（　　　）

　5.金融服务机构规模

　　金融服务机构规模选取金融信息服务机构数量、信用担保公司的数量、评估机构的数量、会计师事务所和律师事务所的数量。请比较前者比后者的相对重要程度。

　（1）金融信息服务机构数量与信用担保公司的数量。（　　　）

　（2）金融信息服务机构数量与评估机构的数量。（　　　）

　（3）金融信息服务机构数量与会计师事务所和律师事务所的数量。（　　　）

　（4）信用担保公司的数量与评估机构的数量。（　　　）

　（5）信用担保公司的数量与会计师事务所和律师事务所的数量。（　　　）

(6)评估机构的数量与会计师事务所和律师事务所的数量。(　　)

6.金融基础设施和条件

金融基础设施和条件选取金融业固定资产投资额、通信系统电信光缆长度、移动电话普及率。请比较前者比后者的相对重要程度。

(1)金融业固定资产投资额与通信系统电信光缆长度。(　　)

(2)金融业固定资产投资额与移动电话普及率。(　　)

(3)通信系统电信光缆长度与移动电话普及率。(　　)

变异系数赋权法计算结果

表 1

年份	B1-C				B2-C				B3-C			B4-C				B5-C		
	C1	C2	C3	C4	C5	C6	C7	C8	C9	C10	C11	C12	C13	C14	C15	C16	C17	C18
2001	0.038 7	0.034 0	0.055 4	0.034 3	0.070 1	0.136 9	0.051 9	0.142 7	0.028 3	0.014 8	0.088 4	0.065 9	0.031 9	0.036 7	0.041 7	0.066 8	0.015 2	0.046 2
2002	0.038 7	0.034 0	0.055 4	0.034 3	0.070 1	0.136 9	0.051 9	0.142 7	0.028 3	0.014 8	0.088 4	0.066 0	0.031 9	0.036 7	0.041 7	0.066 8	0.015 2	0.046 2
2003	0.038 7	0.033 9	0.055 4	0.034 3	0.070 1	0.136 9	0.051 9	0.142 7	0.028 3	0.014 8	0.088 4	0.066 2	0.031 9	0.036 7	0.041 6	0.066 8	0.015 2	0.046 2
2004	0.038 7	0.033 9	0.055 4	0.034 3	0.070 1	0.136 9	0.051 9	0.142 6	0.028 3	0.014 8	0.088 4	0.066 3	0.031 9	0.036 7	0.041 6	0.066 8	0.015 2	0.046 2
2005	0.038 7	0.033 9	0.055 4	0.034 3	0.070 1	0.136 8	0.051 9	0.142 6	0.028 3	0.014 8	0.088 4	0.066 4	0.031 9	0.036 7	0.041 6	0.066 8	0.015 2	0.046 2
2006	0.038 7	0.033 9	0.055 4	0.034 3	0.070 1	0.136 9	0.051 9	0.142 6	0.028 3	0.014 8	0.088 4	0.066 3	0.031 9	0.036 7	0.041 6	0.066 8	0.015 2	0.046 2
2007	0.038 7	0.033 9	0.055 4	0.034 3	0.070 1	0.136 9	0.051 9	0.142 6	0.028 3	0.014 8	0.088 4	0.066 3	0.031 9	0.036 7	0.041 6	0.066 8	0.015 2	0.046 2
2008	0.038 7	0.033 9	0.055 4	0.034 3	0.070 1	0.136 9	0.051 9	0.142 7	0.028 3	0.014 8	0.088 4	0.066 0	0.031 9	0.036 7	0.041 6	0.066 8	0.015 2	0.046 2
2009	0.038 7	0.033 9	0.055 4	0.034 3	0.070 1	0.136 9	0.051 9	0.142 7	0.028 3	0.014 8	0.088 4	0.066 2	0.031 9	0.036 7	0.041 6	0.066 8	0.015 2	0.046 2
2010	0.038 7	0.033 9	0.055 4	0.034 3	0.070 1	0.136 9	0.051 9	0.142 7	0.028 3	0.014 8	0.088 4	0.066 3	0.031 9	0.036 7	0.041 6	0.066 8	0.015 2	0.046 2
2011	0.038 7	0.033 9	0.055 4	0.034 3	0.070 1	0.136 9	0.051 9	0.142 7	0.028 3	0.014 8	0.088 4	0.066 2	0.031 9	0.036 7	0.041 6	0.066 8	0.015 2	0.046 2
2012	0.038 7	0.033 9	0.055 4	0.034 3	0.070 1	0.136 9	0.051 9	0.142 7	0.028 3	0.014 8	0.088 4	0.066 4	0.031 9	0.036 7	0.041 6	0.066 8	0.015 2	0.046 2
2013	0.038 7	0.033 9	0.055 4	0.034 3	0.070 1	0.136 9	0.051 9	0.142 7	0.028 3	0.014 8	0.088 4	0.066 2	0.031 9	0.036 7	0.041 6	0.066 8	0.015 2	0.046 2
2014	0.038 7	0.033 9	0.055 4	0.034 3	0.070 1	0.136 9	0.051 9	0.142 7	0.028 3	0.014 8	0.088 4	0.066 2	0.031 9	0.036 7	0.041 6	0.066 8	0.015 2	0.046 2
2015	0.038 7	0.033 9	0.055 4	0.034 3	0.070 1	0.136 9	0.051 9	0.142 7	0.028 3	0.014 8	0.088 4	0.066 2	0.031 9	0.036 7	0.041 6	0.066 8	0.015 2	0.046 2
2016	0.038 7	0.033 9	0.055 4	0.034 3	0.070 1	0.136 9	0.051 9	0.142 7	0.028 3	0.014 8	0.088 4	0.066 1	0.031 9	0.036 7	0.041 6	0.066 8	0.015 2	0.046 2
2017	0.038 7	0.033 9	0.055 4	0.034 3	0.070 1	0.136 9	0.051 9	0.142 7	0.028 3	0.014 8	0.088 4	0.066 1	0.031 9	0.036 7	0.041 6	0.066 8	0.015 2	0.046 2
2018	0.038 7	0.033 9	0.055 4	0.034 3	0.070 1	0.136 9	0.051 9	0.142 7	0.028 3	0.014 8	0.088 4	0.066 2	0.031 9	0.036 7	0.041 6	0.066 8	0.015 2	0.046 2

变异系数法

表2 熵值法赋权计算结果

年份	B1-C					B2-C			B3-C			B4-C			B5-C			
	C1	C2	C3	C4	C5	C6	C7	C8	C9	C10	C11	C12	C13	C14	C15	C16	C17	C18
2001	0.0302	0.0242	0.0592	0.0313	0.0889	0.2201	0.0757	0.2136	0.0146	0.0014	0.0527	0.0301	0.0206	0.0213	0.0301	0.0355	0.0268	0.0239
2002	0.0335	0.0271	0.0713	0.0326	0.0908	0.2189	0.0699	0.2190	0.0147	0.0014	0.0481	0.0301	0.0187	0.0225	0.0272	0.0277	0.0257	0.0213
2003	0.0346	0.0303	0.0758	0.0327	0.0917	0.2165	0.0573	0.2199	0.0150	0.0017	0.0434	0.0326	0.0208	0.0248	0.0280	0.0249	0.0219	0.0283
2004	0.0344	0.0302	0.0780	0.0289	0.0922	0.2171	0.0591	0.2212	0.0160	0.0016	0.0372	0.0314	0.0215	0.0255	0.0309	0.0261	0.0207	0.0281
2005	0.0343	0.0314	0.0889	0.0307	0.0911	0.2145	0.0572	0.2190	0.0160	0.0016	0.0343	0.0313	0.0213	0.0258	0.0297	0.0274	0.0183	0.0271
2006	0.0328	0.0313	0.1126	0.0287	0.0878	0.2142	0.0545	0.2184	0.0164	0.0019	0.0332	0.0311	0.0209	0.0253	0.0292	0.0264	0.0155	0.0195
2007	0.0329	0.0308	0.1237	0.0286	0.0855	0.2117	0.0526	0.2160	0.0167	0.0020	0.0341	0.0346	0.0206	0.0255	0.0270	0.0293	0.0126	0.0156
2008	0.0336	0.0331	0.0921	0.0285	0.0807	0.2241	0.0546	0.2238	0.0184	0.0021	0.0368	0.0348	0.0218	0.0275	0.0275	0.0286	0.0111	0.0208
2009	0.0337	0.0329	0.0992	0.0296	0.0812	0.2175	0.0544	0.2211	0.0190	0.0020	0.0394	0.0353	0.0228	0.0284	0.0268	0.0251	0.0099	0.0215
2010	0.0346	0.0336	0.0812	0.0315	0.0811	0.2127	0.0562	0.2243	0.0203	0.0022	0.0457	0.0389	0.0240	0.0300	0.0275	0.0243	0.0092	0.0228
2011	0.0327	0.0308	0.0668	0.0294	0.0811	0.1973	0.0533	0.2152	0.0202	0.0021	0.0514	0.0405	0.0229	0.0289	0.0268	0.0240	0.0085	0.0679
2012	0.0315	0.0293	0.0642	0.0290	0.0793	0.1937	0.0529	0.2173	0.0203	0.0024	0.0552	0.0426	0.0222	0.0288	0.0274	0.0224	0.0087	0.0729
2013	0.0304	0.0278	0.0673	0.0282	0.0777	0.1874	0.0510	0.2171	0.0195	0.0032	0.0605	0.0474	0.0222	0.0287	0.0289	0.0213	0.0082	0.0723
2014	0.0300	0.0262	0.0491	0.0285	0.0775	0.1807	0.0513	0.2181	0.0198	0.0036	0.0701	0.0551	0.0223	0.0291	0.0307	0.0214	0.0083	0.0781
2015	0.0312	0.0236	0.0511	0.0266	0.0737	0.1719	0.0485	0.2151	0.0190	0.0038	0.0990	0.0553	0.0215	0.0277	0.0310	0.0199	0.0079	0.0734
2016	0.0308	0.0236	0.0555	0.0292	0.0718	0.1693	0.0473	0.2110	0.0196	0.0041	0.0991	0.0576	0.0214	0.0274	0.0368	0.0199	0.0072	0.0679
2017	0.0311	0.0244	0.0663	0.0263	0.0735	0.1706	0.0484	0.2072	0.0194	0.0052	0.0942	0.0592	0.0223	0.0278	0.0341	0.0203	0.0068	0.0626
2018	0.0289	0.0402	0.1379	0.0231	0.0667	0.1562	0.0436	0.1856	0.0185	0.0044	0.0843	0.0558	0.0206	0.0246	0.0256	0.0186	0.0124	0.0531

表 3

离差法赋权计算结果

年份	B1-C				B2-C				B3-C			B4-C				B5-C		
	C1	C2	C3	C4	C5	C6	C7	C8	C9	C10	C11	C12	C13	C14	C15	C16	C17	C18
2001	0.052 2	0.033 4	0.119 0	0.038 2	0.103 0	0.076 3	0.065 9	0.245 5	0.014 2	0.010 9	0.040 8	0.021 2	0.017 5	0.021 0	0.023 8	0.031 3	0.083 3	0.002 6
2002	0.069 8	0.043 6	0.031 5	0.043 5	0.119 4	0.091 5	0.047 6	0.266 9	0.014 5	0.011 0	0.043 7	0.030 2	0.016 3	0.024 4	0.023 2	0.027 6	0.092 8	0.002 6
2003	0.055 2	0.042 0	0.107 7	0.041 3	0.118 4	0.091 5	0.041 5	0.241 7	0.013 8	0.010 0	0.036 3	0.034 8	0.016 3	0.024 8	0.019 8	0.024 6	0.078 2	0.002 1
2004	0.068 8	0.047 6	0.035 8	0.038 8	0.131 2	0.105 7	0.044 5	0.261 8	0.018 9	0.005 0	0.033 4	0.034 4	0.017 5	0.030 4	0.019 8	0.022 8	0.081 9	0.001 7
2005	0.070 7	0.049 7	0.033 6	0.069 0	0.116 9	0.105 6	0.045 0	0.264 4	0.018 7	0.004 9	0.030 6	0.029 2	0.017 3	0.032 8	0.018 7	0.020 8	0.070 5	0.001 7
2006	0.058 0	0.041 4	0.256 3	0.035 2	0.091 6	0.086 5	0.038 1	0.203 0	0.017 6	0.005 9	0.022 4	0.022 1	0.013 7	0.029 0	0.014 9	0.015 2	0.047 9	0.001 2
2007	0.052 8	0.036 8	0.301 2	0.031 9	0.083 2	0.086 2	0.038 4	0.196 2	0.018 4	0.006 3	0.021 6	0.019 4	0.013 0	0.030 2	0.014 7	0.014 9	0.033 6	0.001 3
2008	0.055 0	0.041 3	0.253 0	0.027 5	0.089 3	0.096 4	0.043 5	0.214 9	0.021 2	0.006 6	0.022 4	0.019 3	0.014 3	0.035 5	0.015 8	0.015 8	0.026 2	0.001 3
2009	0.059 1	0.043 5	0.219 1	0.030 7	0.090 6	0.104 3	0.044 7	0.226 9	0.023 7	0.006 4	0.022 7	0.018 4	0.014 8	0.039 3	0.016 0	0.015 2	0.023 4	0.001 4
2010	0.060 8	0.044 6	0.195 0	0.035 9	0.081 9	0.112 5	0.046 6	0.226 6	0.026 5	0.007 4	0.023 9	0.019 0	0.016 0	0.044 0	0.018 3	0.015 8	0.023 5	0.001 6
2011	0.064 6	0.044 3	0.138 4	0.031 4	0.096 8	0.125 9	0.049 3	0.218 8	0.034 9	0.014 0	0.026 2	0.020 7	0.016 9	0.048 7	0.021 8	0.017 2	0.027 3	0.002 7
2012	0.063 2	0.041 6	0.113 5	0.033 6	0.095 0	0.128 2	0.048 6	0.231 1	0.040 7	0.018 8	0.026 1	0.021 0	0.016 6	0.048 7	0.021 9	0.017 0	0.031 8	0.002 8
2013	0.061 2	0.041 2	0.073 3	0.033 7	0.097 5	0.136 0	0.050 2	0.245 6	0.043 2	0.025 6	0.027 3	0.022 5	0.017 2	0.051 8	0.022 9	0.017 4	0.030 5	0.002 9
2014	0.053 5	0.035 1	0.161 3	0.030 7	0.085 8	0.117 3	0.043 3	0.229 6	0.040 7	0.024 9	0.023 5	0.020 2	0.015 2	0.045 9	0.020 5	0.015 3	0.034 7	0.002 3
2015	0.061 2	0.033 3	0.136 7	0.029 6	0.087 2	0.119 9	0.043 3	0.242 6	0.042 2	0.023 5	0.025 5	0.020 4	0.015 4	0.046 4	0.021 6	0.015 4	0.033 6	0.002 2
2016	0.062 6	0.034 1	0.071 8	0.033 8	0.091 5	0.132 7	0.045 8	0.266 5	0.044 8	0.023 4	0.027 5	0.022 2	0.016 7	0.049 7	0.025 6	0.016 8	0.032 3	0.002 2
2017	0.059 8	0.033 0	0.094 5	0.030 8	0.090 7	0.140 4	0.045 6	0.258 3	0.046 6	0.021 7	0.026 4	0.021 5	0.016 9	0.048 9	0.020 2	0.016 6	0.026 0	0.002 2
2018	0.055 7	0.026 3	0.194 7	0.024 1	0.081 3	0.127 3	0.041 3	0.230 9	0.042 2	0.017 7	0.024 0	0.019 8	0.015 7	0.044 0	0.015 7	0.015 1	0.022 2	0.001 9

离差法

表 4　标准差贡献率法赋权计算结果

	年份	B1-C					B2-C			B3-C					B4-C			B5-C	
		C1	C2	C3	C4	C5	C6	C7	C8	C9	C10	C11	C12	C13	C14	C15	C16	C17	C18
标准差贡献率法	2001	0.039 5	0.034 1	0.059 6	0.039 3	0.084 1	0.178 9	0.080 0	0.154 7	0.025 3	0.007 9	0.056 0	0.035 4	0.031 0	0.032 6	0.033 4	0.035 6	0.036 9	0.035 6
	2002	0.041 8	0.036 4	0.074 2	0.039 3	0.085 4	0.178 0	0.069 0	0.158 5	0.025 5	0.007 8	0.052 6	0.035 3	0.029 6	0.034 1	0.028 3	0.033 7	0.036 9	0.033 7
	2003	0.041 6	0.038 7	0.068 2	0.038 7	0.085 3	0.175 5	0.057 5	0.158 4	0.025 5	0.008 6	0.048 5	0.037 6	0.031 0	0.036 0	0.031 4	0.042 0	0.033 2	0.042 0
	2004	0.040 9	0.037 5	0.068 2	0.035 4	0.082 2	0.169 8	0.058 3	0.153 9	0.025 4	0.008 0	0.043 2	0.034 9	0.030 8	0.035 5	0.063 8	0.040 2	0.031 2	0.040 2
	2005	0.041 9	0.039 4	0.075 8	0.038 0	0.085 5	0.173 4	0.059 3	0.156 5	0.026 0	0.008 2	0.041 9	0.034 7	0.031 4	0.036 6	0.041 5	0.040 1	0.029 6	0.040 1
	2006	0.041 7	0.039 9	0.093 8	0.037 1	0.085 2	0.177 2	0.059 1	0.161 1	0.026 7	0.009 5	0.040 6	0.035 6	0.031 7	0.036 7	0.033 9	0.031 6	0.027 0	0.031 6
	2007	0.041 5	0.039 6	0.109 1	0.037 0	0.082 5	0.174 5	0.057 6	0.159 3	0.027 0	0.009 6	0.040 6	0.038 7	0.031 4	0.036 7	0.037 2	0.027 1	0.023 3	0.027 1
	2008	0.041 1	0.040 5	0.086 5	0.036 3	0.077 2	0.177 0	0.058 0	0.157 8	0.028 1	0.009 6	0.041 2	0.038 0	0.031 9	0.037 4	0.050 8	0.033 8	0.020 9	0.033 8
	2009	0.042 3	0.041 5	0.084 8	0.037 8	0.079 6	0.177 1	0.059 1	0.157 1	0.029 4	0.009 6	0.043 9	0.040 2	0.033 7	0.039 1	0.035 4	0.034 7	0.020 0	0.034 7
	2010	0.042 9	0.042 0	0.074 3	0.039 1	0.075 9	0.172 6	0.060 2	0.151 4	0.030 6	0.010 3	0.048 4	0.044 5	0.034 5	0.040 2	0.039 8	0.037 1	0.019 0	0.037 1
	2011	0.039 8	0.038 4	0.058 0	0.036 3	0.075 3	0.156 4	0.055 9	0.138 3	0.029 4	0.009 6	0.050 4	0.045 6	0.032 0	0.037 7	0.038 2	0.070 7	0.017 5	0.070 7
	2012	0.038 5	0.037 0	0.056 2	0.035 6	0.073 3	0.152 2	0.055 0	0.140 0	0.029 2	0.010 0	0.052 4	0.047 3	0.031 2	0.037 1	0.041 1	0.073 0	0.017 6	0.073 0
	2013	0.036 9	0.035 2	0.069 9	0.034 6	0.070 9	0.144 8	0.053 3	0.139 5	0.027 4	0.011 3	0.056 2	0.051 1	0.030 5	0.036 2	0.042 3	0.071 6	0.016 7	0.071 6
	2014	0.036 2	0.033 8	0.052 2	0.034 7	0.070 2	0.139 5	0.052 4	0.140 9	0.027 7	0.012 0	0.067 2	0.058 1	0.030 4	0.036 1	0.041 0	0.075 3	0.017 0	0.075 3
	2015	0.037 4	0.032 0	0.050 3	0.033 6	0.068 1	0.134 9	0.050 5	0.142 0	0.027 2	0.012 2	0.089 4	0.059 2	0.029 9	0.035 0	0.037 4	0.072 3	0.016 3	0.072 3
	2016	0.037 4	0.032 3	0.053 8	0.035 9	0.067 3	0.133 7	0.050 2	0.140 6	0.027 6	0.012 8	0.090 2	0.061 9	0.030 1	0.035 3	0.038 0	0.068 7	0.015 5	0.068 7
	2017	0.037 9	0.033 3	0.054 3	0.033 6	0.068 7	0.134 2	0.050 9	0.139 8	0.027 7	0.014 5	0.086 6	0.064 5	0.031 3	0.036 0	0.040 8	0.065 5	0.014 9	0.065 5
	2018	0.036 7	0.049 8	0.105 7	0.031 7	0.065 6	0.129 3	0.048 4	0.132 2	0.027 3	0.013 2	0.082 2	0.063 6	0.030 3	0.034 2	0.036 3	0.028 9	0.024 2	0.060 1